LIQUIDITY THEORY AND MARKET PRACTICE

流动性理论与市场实践

明 明◎著

中国金融出版社

责任编辑：肖 炜 董梦雅
责任校对：李俊英
责任印制：丁淮宾

图书在版编目（CIP）数据

流动性理论与市场实践/明明著．—北京：中国金融出版社，2021.5
ISBN 978－7－5220－1194－3

Ⅰ.①流… Ⅱ.①明… Ⅲ.①货币政策—研究②金融市场—研究
Ⅳ.①F821.0②F830.9

中国版本图书馆 CIP 数据核字（2021）第 110337 号

流动性理论与市场实践
LIUDONGXING LILUN YU SHICHANG SHIJIAN
出版
发行 中国金融出版社
社址 北京市丰台区益泽路 2 号
市场开发部 （010）66024766，63805472，63439533（传真）
网 上 书 店 www.cfph.cn
（010）66024766，63372837（传真）
读者服务部 （010）66070833，62568380
邮编 100071
经销 新华书店
印刷 北京市松源印刷有限公司
尺寸 169 毫米×239 毫米
印张 23.25
字数 300 千
版次 2021 年 7 月第 1 版
印次 2021 年 7 月第 1 次印刷
定价 75.00 元
ISBN 978－7－5220－1194－3

序

近年来，流动性成为一个备受理论界和实务界广泛关注的问题。流动性并不是一个新出现的概念，早在20世纪30年代，凯恩斯就提出了这个概念，并且成为宏观经济学和国际经济学等诸多学科中的重要研究内容。20世纪90年代中期以来，随着金融市场的迅猛发展，金融工具的杠杆功能不断增强，金融资产快速增长，甚至有些时点上泛滥“成灾”，2008年国际金融危机的出现就是一例，流动性时松时紧波动过大，资产泡沫形成又被刺破，造成了严重后果。因此，流动性问题日益受到关注，理解其生成规律、把握其影响机理、约束其负面作用，已经成为全球经济、金融运行的一个核心问题。

我国情况与国际情形相比，有相似性也有特殊性。特殊性的一个表现就是其形成过程。流动性对我国的影响源于加入世贸组织后长期持续的国际收支双顺差，相关讨论遍及国内决策层、学术界和金融、产业部门。特殊性的另一个表现是总量上的流动性充裕和时时出现的“钱荒”、产业界普遍感到“缺钱”这些现象并存。我个人感到，流动性问题与中国经济中的许多问题在深层次上是同源的，在经济扩张时期，流动性供给和需求快速增加，但在经济收缩时期，或者为了控制经济过热、抑制价格上涨而需要保持流动性相对偏紧的时期，流动性需求却不能有效调整收缩，流动性供需缺口不断扩大，导致流动性均衡机制缺乏弹性，同时，金融体系存在的缺陷也会进一步加剧失衡。今后经济全球化还将深入发展，流动性问题更加错综复杂，把握的难度、失控的风险都在增加。

既然流动性如此重要，就有必要对其进行深入、系统的研究。我本人不从事这个领域的研究工作，但在长期的观察中感到，国内有关流动性的研究水平在持续提高，有些研究的分析框架讲究，数据系统、细节深入，但仍然存在研究框架对主要影响因素的容纳度不够、对一些重要变量及它们之间关系的解释力不够、与经济现实的贴切度不够、所提建议的操作性不够等问题，有必要进一步加强学术研究。

明明博士长期从事与流动性相关的实践工作和学术研究，他对这个领域很热爱，很专心，很投入，立志做出新的研究成果。他在职攻读博士学位，工作学习的忙碌程度可想而知，却是历届学生中读书最多、写学术随笔最多、和老师交流讨论最多的学生。因此，他的博士论文有比较好的理论含量和学术增量。本书是在他博士论文的基础上修改完善形成的，主要有以下内容。一是流动性理论的起源和发展，厘清了流动性问题的理论脉络；二是建立了流动性供需框架，对研究流动性问题的基本方法和研究框架做了创新性的探索；三是对流动性各影响因素和流动性总量变化进行实证研究，证明了外汇占款是首要因素，但财政收支的重要性不断提升；四是关于对冲政策的原理、效应的研究，对国际收支顺差必然导致流动性过剩这个观点提出质疑，同时证明了货币政策存在同时实现内外均衡双目标的最优均衡解；五是研究流动性对货币市场利率和债券收益率的影响，对主要影响因素与市场利率的关系进行了理论研究和实证检验；六是关于全球流动性及其对国内流动性影响的研究，提出了计算我国外汇增长的一个改进模型。通观全文，作者努力做到既具有理论上的严谨推导，也有系统的数据证明。希望读者通过阅读此书，可以加深对流动性问题的理解。

全国人大常委，社会建设委员会副主任　江小涓
清华大学公共管理学院院长

自　序

2021年1月22日，这是一个周五，资金交易员从2020年12月开始享受了一个多月资金宽松的日子。因为春节将近，央行一般都会进行流动性维稳操作，所以大家的心情早就离开了"流动性供求"、DR07，开始准备欢度周末。然而就在这天，公开市场7天期逆回购操作悄然从上一日的2500亿元投放变成了20亿元投放，但这时大家早就沉浸在欢快的周末气氛中，谁会注意到这个细节？谁会想到下周股票、债券、资金市场会剧烈波动呢？

愉快的周末一晃而过，1月25日周一公开市场逆回购操作还是20亿元，在交易员的QQ群中已经隐隐出现了一丝不安。晚上10点多，媒体上一则关于房价、股价泡沫与货币政策转向的文章彻底将交易员紧张的情绪点燃，"你的隔夜还有10个多小时到期了！"，这句玩笑话似乎一点也不好笑了。果然第二天又是20亿元的逆回购操作量，叠加税期、春节前的取现需求，更重要的是市场的情绪因素，回购利率如火箭般上升，隔夜利率很快到了5%，周四的时候交易所回购GC01到了10%！国债期货应声下跌，股票市场也一改此前的高歌猛进，出现大幅调整，前两天还被投资者追捧的板块现在却成为被集中抛售的对象。而每到市场紧张的时候，银行间市场的神秘力量"段子手"又出现了。“段子手”的打油诗都会给精神紧张的交易员带来片刻安宁，这次也一样。“银行间虞美人，清早九点又发疯，跪借隔夜直到五点钟；股债双杀几多愁？恰似48元满仓中石油。”不得不赞叹，在如此紧张的时候，交易员还能够吟咏出如此有韵律的诗句。流动性究竟怎么了？在本书的第一版中曾讨论过的2013年“钱荒”似乎并不遥远，2021年春节前的这一次流动性紧张是不是又押着相同的韵脚？

为何会出现“钱荒”呢？大家首先想到的是宏观的原因，比如2013年的影子银行和2020年底至2021年初的部分一线城市房价上涨。这里大家忽略了一点，不管是2013年，还是2021年初的资金市场波动，其不仅仅是宏观意义上的政策转向导致市场收紧，更重要的是这种波动具有突发性、幅度大、超预期的特点，从而在短期内产生了一种类似“风暴眼”的集中调整。那么为何会周而复始的出现这种集中波动？究其原因是“流动性的量价矛盾”所产生的。本书在第一版的基础上更新了几个章节，其中用大量的篇幅介绍了流动性的量与价，比如流动性的量可以表示为商业银行的超额准备金余额，央行的公开市场操作量，财政、外汇等影响流动性的因素；流动性的价格可以表示为货币市场的资金利率，比如OMO7天利率、DR07利率、SHIBOR利率等。具体到“流动性的量价矛盾”说的是从央行公开市场操作的角度，流动性的量和价格就好像“鱼和熊掌不可兼得”。最直接的例子就是欧美央行的利率走廊机制，因为欧美央行的短期操作都是遵循价格机制，所以它们的操作可以理解为是为了实现价格目标，而牺牲了数量的操控性。比如欧美央行的公开市场操作均是为了实现具体的价格目标，而开展短期的高频

OMO 操作，是为了保证市场利率高度的贴近政策目标，OMO 操作的数量和方向基本上是取决于市场流动性缺口；最典型的例子就是利率走廊的上廊或下廊，为了实现利率不超过上下廊，央行完全放弃量的目标，即承诺以无限量的规模投放或者回笼流动性，从而保证了利率走廊的稳定性。回到“钱荒”这个问题上，数量的可操控性和价格的稳定性出现了什么矛盾才导致市场波动的放大？首先，目前我国货币政策框架是一个数量和价格并重的货币政策框架，并不是说央行采用什么工具就是什么框架，理论上是通过中介目标来区分货币政策框架的，比如央行采用 M_2 作为中介，目标对应的就是数量框架，采用市场利率或者收益率曲线作为中介，目标对应的就是价格框架。当前的货币政策框架应是一个混合框架，因为实际上社融、信贷增速、市场利率都承担了中介目标的功能。其次，再来讨论货币政策工具的量价问题，基于中介目标的混合框架，同时也是历史的沿革，实践中的货币政策操作都是量、价兼备的。公开市场操作利率是重要的利率目标，央行会通过调整 OMO、MLF 等利率影响市场利率、LPR 利率等，最终传导至债券利率、信贷利率等中长期资产价格。同时，央行也会通过调整 OMO、MLF 的操作量释放政策信号，比如 2021 年 1 月 15 日的 MLF 操作缩量、1 月 22 日的 OMO 操作缩量其实都是接下来紧缩的前瞻信号。那么，这种量价并重的框架是否有效呢？这个问题其实是一个“双刃剑”，它既给予央行更大的操作空间，但同时也一定程度上牺牲了稳定性。比如，在平稳期，量价基本统一，政策利率不变，而操作数量基本与流动性缺口相等；但是在拐点或者分歧比较大的阶段，量价就很难统一，因为即便是央行不进行加息或者降息的操作，只要操作数量发生变化，就会导致市场利率发生巨大的变化，所以只要调整操作数量，价格目标的有效性和稳定性就会被削弱。

在上述过程中，市场预期的力量就变得非常重要。关于市场预期理论，大家都非常熟悉，尽管理性预期学派非常流行，但是实践当中，适应性预期或者说线性外推却更为简单易行。也就是说，大部分时间市场参与者对未来的预期都是对过去和现在的简单复制。回到流动性量价矛盾的问题上来，因为流动性的价格，特别是政策利率这个指标非常敏感。然而在实践当中，政策利率却很少发生变化，那么理论上就会给市场一个适应性预期政策不会调整，或者不会大幅调整。但是我们知道预期的一个重要特点就是自我实现和自我加强，在市场中就会形成趋势交易，而一旦预期被打破就会产生踩踏，甚至产生流动性危机和资产价格下跌的循环。所以，现在再去思考资金市场波动就会清楚得多。2021年初这场波动最初是源于房价上涨所导致的政策调整，但是流动性量价矛盾和市场预期自我强化，导致了市场稳定性的丧失，甚至在极短的时间内产生了恐慌情绪。

这中间还有一个重要的问题是杠杆。2016 年以来的去杠杆成为了金融市场的深刻记忆，杠杆是流动性的一个衍生问题，而且变得越来越重要。杠杆本意是超过自有资金的融资，在债券市场上，杠杆投资是基本策略，投资者一般会在货币市场融资，并投入更长期的债券，所以杠杆交易的核心是市场流动性的变化。当市场的杠杆过高的时候，就会使得流动性需求成倍的扩大，杠杆越高，市场流动性就越脆弱，因为一个微小的流动性供需变化，就会导致市场价格的大幅波动。央行作为流动性的主管部门，可以通过收紧流动性控制市场杠杆，但是流动性过度收紧又可能导致市场风险的扩大。所以实践操作中，对流动性的管控变得非常重要，比如央行提出过流动性短缺框架，通过市场流动性供给净缺口提升央行的操控力。在此基础上，笔者认为近年来央行还通过提高流动性的波动率来避免市场过度加杠杆，也就是在总体中性的取向下，松紧交替，使得机构投资者不能持续加杠杆，从而实现了流动性操控对市场杠杆的约束。

综上所述，流动性量价矛盾的产生也可以理解为，政策利率要保持稳定，但是操作数量却需要对短期外部变化进行反应，比如房价、通胀、经济过热情绪等，并在预期作用下加大了市场波动。如果政策利率和数量保持一致就可以解决这个问题吗？比如减少流动性投放的同时加息，就可以做到量价的一致，量价矛盾就不会出现，市场也不会出现分歧和预期波动。我们将利率变化和数量变化做一个四象限分析，在第一象限和第三象限都会是量价一致的方向，第二象限和第四象限就是不一致的区间。在现实当中，由于利率目标函数是非常复杂的，并具有很强的黏性，一旦调整就会有很强的方向性和政策宣示效果。在实践中，货币政策都已经是事实上的多目标制度。在 20 世纪 80 ~90 年代，特别是在美联储格林斯潘前半期，中央银行多采取单一目标制，即通胀目标制度，比如格林斯潘就提到过货币政策应该只对通胀进行反馈，而不应该对其他变量，特别是资本市场进行反馈。而也有人认为恰恰是 90 年代后期全球通胀机制的变化，如全球贸易压低通胀导致美联储长期宽松，从而催生了房价上涨，并最终导致了 2008 年国际金融危机的出现。所以 2008 年之后，基本所有的中央银行都越来越关注资本市场变化，特别是将金融稳定加入了货币政策目标函数之中。除此之外，将结构性的功能，比如收入分配、中小企业支持、危机应对等都加入了货币政策目标之中。所以，当货币政策需要关注如此之多的目标时，传统的利率工具反而变得左右为难，大大增加了利率工具的黏性。除了多目标的问题之外，还有一个是货币政策的规则制度，一般来说货币政策包括了两种规则，单一规则和相机抉择。单一规则一般对应于单一目标制，相机抉择一般对应于多目标制度，而且相机抉择还有时间的维度，即在不同时间需要有不同政策反应函数。有一个简单的例子就是自动驾驶和人工驾驶的区别，自动驾驶就像单一规则，人工驾驶就像相机抉择。自动驾驶就是我们把程序、交规输入计算机，然后就由计算机控制汽车行驶，而人工驾驶就需要驾驶员实时根据路况操控汽车。虽然这些年自动驾驶概念非常火热，特别是在股票市场相关概念已经被多次炒作，而且在实践中也有许多公司都在试验自己的自动驾驶技术。但短期来看大面积推广还很困难，最重要的原因并不是技术，而可能是法律和制度的问题。如果出现了交通事故，应该是提供自动驾驶技术的公司承担法律责任，还是坐在驾驶员位置，但并没有操控的人来承担呢？所以，在现实当中，单一规则（自动驾驶）确实很难实现。从更深层次来说，多目标制和相机抉择的政策框架也是导致利率稳定性和数量可调控性矛盾的原因，因为多目标制度和相机抉择要求政策多变，但是政策又需要保持持续性和稳定性。结果就是利率政策保持稳定，数量政策保持灵活，而当二者不兼容时，市场就会出现波动，再叠加一些其他扰动因素，也可能出现小型“钱荒”。

从本书的第一版开始，就以“钱荒”作为一个典型案例，进行流动性的深入研究，6 年过去了，流动性市场变得更加复杂了，包括利率市场化改革的再启动，外汇市场和跨境资本的流动性，还有广义流动性变化所引出的“资产荒”等概念，使得我们有必要进一步研究流动性这个资本市场最重要的基础变量。所以，本书在上一版的基础上增加了新的章节，希望可以把流动性研究做好，给大家提供更多参考。这次再版，要感谢中国金融出版社的肖炜老师，从本书的第一版，到后来的《货币政策理论与分析》和《全球货币政策与大国兴衰》，多亏了肖老师的鼎力支持笔者才能完成“货币政策三部曲”。同时，这次再版更新的章节，笔者的同事周成华完成了大部分写作工作，他是一位非常优秀的年轻人，年轻人永远是中国经济和资本市场最大的财富。最后，更要感谢的是各位读者一直以来的支持，这些年笔者的个人发展和变化很大，其中的艰辛自知，但是有大家的陪伴永远不会觉得孤单，再难的路，如果有朋友的陪伴，也将是阳光灿烂的。

明明

2021 年 5 月

目　　录

引　言

流动性是国际间经济、金融联系的关键环节，也是我国经济、金融运行中的核心问题。从国际环境看，金融危机以来流动性危机凸显且不断恶化，同时流动性也成为各国经济联动、金融市场联通，甚至危机传导的主要渠道。从国内情况看，当前我国处于改革和经济结构调整的关键时期，以往依靠外需和地方政府主导的高投资增长模式面临转型，但新的经济增长动力尚待形成，经济、金融运行面临不少风险和挑战。在以往国际收支持续顺差条件下，国内流动性总体充裕，为以投资为主导的经济增长模式创造了宽松的金融环境，经济运行的内在逻辑和循环方式得以顺利实现。但随着我国经济总体杠杆率大幅提高，房地产、地方政府债务等问题日益突出，调整经济结构和转变经济发展方式已刻不容缓，而在经济、金融改革中，流动性是一个无法回避的关键性问题：一方面，欧美发达国家经济增速放缓导致外需减弱，且发达国家在实施与退出宽松货币政策之间来回反复，同时我国经济结构逐步调整，国际收支相对均衡，流动性供给趋于减少；另一方面，我国经济总体负债率高企，而且债务滚动到期压力进一步加大了经济的债务负担，全社会的流动性需求相应提高。在此背景下，流动性的供需缺口被不断扩大，并可能影响金融稳定和宏观经济运行。

为了有效管理流动性，分析和预测流动性未来走势，从而为政策制定和投资决策提供参考，就需要深入研究流动性理论，并建立科学的分析框架。从流动性理论的发展来看，1936 年凯恩斯发表了《就业、利息和货币通论》，首次提出了流动性概念，此后，国内外学者不断完善和创新流动性理论。同时，随着金融市场发展，金融资产规模快速增长，但在流动性不足的情况下，资产价格将下跌，而且资产价格下跌与流动性枯竭还将循环恶化，因此流动性的重要程度越来越高，特别是2008年爆发的国际金融危机更是将流动性问题提到了新的高度。从我国情况看，在全球经济一体化进程的推动下，以中国为代表的新兴市场国家凭借廉价劳动力资源和低廉的制造业成本成为世界工厂，国际收支长期保持顺差；而美国的贸易逆差不断扩大，大量跨境资本流入新兴市场国家，成为流动性供给的主渠道。而近年来随着我国经济结构逐步调整，国际收支趋于均衡，流动性供需之间的关系再次出现新变化。可以看出，关于流动性的实践和理论均处于不断发展和变化的过程，因此只有掌握了正确的方法，才能科学地研究和分析该问题。

流动性有如孕育经济生命的水源，“水能载舟、亦能覆舟”，流动性枯竭或泛滥都可能导致危机和风险，通过研究流动性理论和建立科学的分析框架，可掌握其运行规律，为政策制定、投资实践和理论研究提供有效支持，也有助于更加有效地管理流动性，为新常态下的中国经济、金融发展创造有利的货币金融环境。

第一章　定义及研究框架

第一节　流动性定义

在经济学或商业活动中，我们经常在一系列相关但不尽相同的意义上使用“流动性”一词。例如，流动性的本意是指某种资产转换为支付清偿手段的难易程度，由于现金不用转换为其他资产就可直接用于购买，因此被认为是流动性最强的资产。由此推而广之，可以产生市场流动性和宏观流动性的概念。某个具体市场的流动性可以理解为在几乎不影响价格的情况下迅速达成交易的能力，这往往与市场交易量、交易成本、交易时间等因素有关。而在宏观经济层面上，我们常把流动性直接理解为不同统计口径的货币信贷总量。居民和企业在商业银行的存款，乃至银行承兑汇票、短期国债、政策性金融债、货币市场基金等其他一些高流动性资产，都可以根据分析的需要而纳入不同的宏观流动性范畴。流动性的具体形式深受金融机构及其实际活动方式变化的影响，其复杂多变性可能使传统货币数量论所理解的货币与经济的关系变得不再稳定。

而宏观流动性又可分为银行体系流动性和全社会的流动性。作为负责宏观经济总量平衡的货币当局，中央银行有效管理流动性对于货币政策实施非常重要。中央银行流动性管理所涉及的流动性主要指范围较窄的宏观流动性，通常特指银行体系流动性，即存款性金融机构在中央银行的存款，主要包括法定准备金和超额准备金，中央银行通过调节银行体系流动性进而调控货币信贷总量；从全社会的角度来看，宏观流动性可以划分为三个层次：（1）流通中现金，即 M_0（2）狭义货币供应量 M_1，即 M_0 + 单位活期存款（3）广义货币供应量 M_2，即 M_1 + 企事业单位定期存款 + 居民储蓄存款 + 证券公司客户保证金 + 其他定期存款。

本书在研究流动性时，将主要研究对象限定为中央银行可以主动调控的流动性，即银行体系流动性（商业银行的准备金）。又因为准备金分为法定准备金和超额准备金两部分，其中法定准备金是商业银行必须按比例缴存在中央银行的，不能随意使用，所以这部分资金并不能算作商业银行的（可用）流动性，因此将超额准备金定义为银行体系流动性，且作为本书的研究对象。这么选择的主要原因有两个：一是因为准备金是基础货币的主要组成部分，而基础货币是所有货币中最为活跃的部分，也是全社会流动性的基础。基础货币（monetary base）是中央银行的负债，基础货币 = 社会公众手持现金 + 法定准备金 + 超额准备金，根据货币乘数理论，基础货币运动的结果能够产生数倍于其自身的货币量，即派生出全社会的流动性。二是因为银行体系流动性（超额准备金）是货币政策调节的主要对象，央行可以通过银行体系流动性的变化影响全社会流动性（货币供应量）的多寡，因此将其作为研究对象具有重要的政策和实践意义。

第二节　研究逻辑和框架

流动性是一个复杂且庞大的系统，该系统包括各种行为主体和大量经济变量。从微观层面的企业结售汇行为、商业银行在银行间市场的外汇交易，到政策层面的中央银行购售汇、公开市场操作等对冲操作，再到宏观层面的市场流动性、货币供给、货币市场和债券市场利率，这一体系涉及的主体之广、变量之多、与国内外经济的联系之紧密，与金融市场运行的关系之复杂，都使其成为经济、金融研究中的一个难点。为了抓住重点、厘清脉络，本书以流动性供求为主线、流动性数量到价格为逻辑顺序进行研究。

1. 研究主线：流动性供求

任何经济问题归根结底都可以分为供给和需求两个方面，流动性问题也不例外。为此，本书以流动性供求为研究主线，首先建立流动性供求框架，再分别对流动性数量、价格、相关政策等内容进行研究。每部分研究中，也以流动性供求为基本方法，把影响流动性的因素分为供、求两类，进行均衡研究或分别将流动性供、求与其他经济变量相联系进行研究。

2. 逻辑顺序：数量到价格

任何金融产品都包括数量和价格两方面特征，流动性也是如此。从数量上看，在流动性各影响因素共同作用下，流动性总量增加或减少，同时流动性也是基础货币的重要组成部分，通过货币创造过程会产生全社会的货币供应量，并最终作用于社会总产出和价格总水平；从价格上看，货币市场利率反映了市场流动性的松紧状况，可以将其作为流动性价格的参考指标，同时流动性变化还会影响到中长期的债券收益率。因此，本书对流动性的研究也将分为数量和价格两个方面。首先，在流动性供求的基础上，研究流动性数量变化，并引入对货币政策的研究，以分析我国流动性运行的根本运行机制——货币政策框架；其次，研究流动性供求与货币市场利率的关系，并进一步研究流动性对债券收益率的影响。

从内容安排来看，第二章总结流动性理论的发展情况，第三章将建立流动性供求研究框架，第四章至第七章主要研究与流动性数量有关的问题，包括流动性数量变化及影响因素、外汇占款产生的原理以及货币政策研究，第八章和第九章主要研究与流动性价格有关的问题，分别研究了货币市场利率，债券收益率与流动性的相互关系，第十章从全球范围和人民币国际化的视角，对流动性的计量和研究做出一些前沿性的探索。

第二章　流动性理论综述

从流动性理论发展的历史阶段来看，可以将其分为四个阶段：第一个阶段是流动性理论的起源，在20世纪30年代，以凯恩斯、纽曼为代表的学者首次明确提出了流动性的概念和相关理论；第二个阶段是宏观经济学对流动性问题的研究，在20世纪六七十年代，凯恩斯学派建立了IS－LM宏观经济模型，研究流动性、投资、产出之间的关系，此后，以蒙代尔、克鲁格曼为代表的学者，提出了内外均衡理论、国际收支危机模型等理论，将国际收支与资本流动性、国内经济增长、投资、货币供应等因素相结合，从内外均衡的角度来研究流动性问题；第三个阶段是对流动性过剩的研究，2000年以来，随着国际贸易和国际金融的快速发展，贸易与金融的融合更加密切，特别是我国加入世界贸易组织以来，国际收支持续顺差成为影响国内流动性的首要因素，以江小涓、余永定为代表的学者从内需和外需的角度分析了出口、经济增长、储蓄、投资等因素之间的关系，同时许多学者将国际收支顺差作为导致流动性过剩的主要原因进行研究；第四个阶段是金融危机以来的最新进展，2008年国际金融危机爆发，流动性的重要性大大提升，流动性的量、价变化以及政策应对也成为理论研究的焦点，如金融危机传导理论、全球流动性理论、货币政策框架转型理论等都对流动性的量、价关系和相关政策进行了研究。

第一节　流动性理论的起源

“流动性”最早是由凯恩斯和纽曼于1936年提出的。

凯恩斯在其著作《就业、利息和货币通论》中提出了他的货币需求理论，而其货币需求理论的核心就是流动性偏好理论。流动性偏好（Liquidity Preference）是指人们愿意以货币形态保存其收入或财富的心理动机，流动性偏好理论在凯恩斯的货币需求理论中具有非常重要的地位，它使凯恩斯的货币需求理论不同于传统理论将货币纯粹作为交易媒介的观点，首次将货币作为一种资产，与其他生息资产并列研究。按照凯恩斯的货币需求理论，作为价值尺度的货币具有两种职能，一种是交换媒介或支付手段，另一种是价值贮藏。货币需求就是人们宁愿牺牲持有生息资产（如各种有价证券）会取得的利息收入，而把不能生息的货币保留在身边。由于货币与其他资产相比，具有流动性，即使用更加方便灵活，所以人们愿意持有货币，而持有货币可以满足人们三种动机，包括交易动机、预防动机和投机动机。所以凯恩斯把人们对货币的需求称为流动性偏好，流动性偏好表示人们喜欢以货币形式保持一部分财富的愿望或动机。具体来看，凯恩斯的流动性理论是现代流动性理论的基础，凯恩斯指出人们之所以宁愿持有不能生息的货币，是因为与其他的资产形式相比，货币具有使用方便灵活的特点，而货币的这种特点正是现代流动性理论所说的某种资产转换为支付清偿手段的难易程度，当然凯恩斯的流动性偏好理论特指货币，而现代流动性理论泛指各种资产转换为支付清偿手段的能力，即资产变现的能力。

与此同时，纽曼于同年在“流动性学说”一文中更加系统地研究了流动性理论。纽曼在一般意义上定义了流动性，即流动性是资产拥有的在某个给定的时点毫无损失地转换成现金的性质，这一概念在教科书中较为流行。根据此定义，纽曼认为完全流动性意味着存在可以在任何时间毫无损失地将资产转换成现金的可能性，而完全无流动性则意味着完全不可能在给定的时间获得现金，介于这两者之间存在着不同程度的流动性。同时，他还区分了单一资产（或一组资产）的流动性和主体（个人或一组人）的流动性，单一资产的流动性与上面纽曼对流动性在一般意义上的定义一致，而主体流动性定义为社会经济的行为主体拥有的资产总价值，该主体可以利用这种资产在跨区、跨期、不同资产品种之间进行配置，从而最优地应付未来可能出现的支付。同时，纽曼还给出了衡量流动性的方法。他将流动性定义为在给定的时间内资产变现的损失程度，即资产的现值在未来任何时刻可以用现金实现的百分比来表示，这个百分比就是流动性的量化计算形式。另外，纽曼还指出了资产的流动性与盈利性的矛盾统一关系。他认为一般来说流动性与盈利性是矛盾的，流动性越好的资产盈利性越差，反之亦然，投资主体会根据自身约束，将投资收益最大化与保持最低的流动性需求结合起来，当二者达到稳定均衡时，经济可以平稳增长，但在经济周期波动和经济主体过度逐利性的影响下，这种均衡往往会被打破，从而会影响到经济的稳定均衡，并使其受到严重的打击。实际上，这种失衡的情况也正是 2008 年国际金融危机爆发的真实写照。

总的来看，流动性理论起源于 20 世纪 30 年代，此时的流动性理论已经具备现代流动性理论的基本含义。

第二节　宏观经济学中关于流动性的研究

凯恩斯学派在凯恩斯经济理论基础上发展出一个包括流动性因素的宏观经济模型，同时，以蒙代尔、克鲁格曼为代表的学者更加注重研究在开放条件下的流动性问题。

上一节中指出凯恩斯的货币需求理论是流动性偏好理论，凯恩斯学派在此基础上建立了其经济分析模式，即 IS - LM 模型，此模型中包括了流动性因素（货币需求）。随着国际贸易和国际金融的发展与融合，流动性与国际收支的联系越来越紧密，理论上也需要将凯恩斯的传统理论扩展到开放经济的条件下来进行研究。蒙代尔—弗莱明模型就满足了这种扩展需求，并将流动性与国际收支放在同一个理论框架中进行研究。具体来看，蒙代尔和弗莱明将传统凯恩斯理论模型，“IS - LM”模型发展为开放经济条件下的“蒙代尔—弗莱明模型”，该模型的一个基本分析框架就是“IS - LM - BP”模型，即在“IS - LM”模型的基础上增加了国际收支“BP”曲线。1963 年蒙代尔的“固定和浮动汇率下的资本流动和稳定政策”一文发表在《加拿大经济学杂志》上。这是一篇具有划时代意义的论文，文中蒙代尔分析了开放经济中货币政策和财政政策的效应。他的基本结论是，宏观政策的效果会随国际资本流动的情况而产生变化。在不同的汇率制度下，宏观政策的效果是不同的。比如，在浮动汇率制度下，货币政策有效而财政政策无效；在固定汇率制度下，财政政策有效，而货币政策无效。此后，弗莱明也对开放经济中的宏观政策进行了研究。而这两人的模型被合称为“蒙代尔—弗莱明模型”，该模型被认为是“IS - LM”模型在开放经济中的形式。

几年之后，克鲁格曼于 1979 年提出了国际收支危机模型，也被称为第一代货币危机模型，他将国际收支作为传导货币危机的渠道进行了研究，更加具体地分析了国际收支变化、汇率制度、外汇储备流失之间的传导和影响关系。从我国情况看，外汇占款是流动性的主要影响因素和供给渠道，虽然外汇储备和外汇占款并不完全一样，但在克鲁格曼提出国际收支危机模型的年代，已经可以将其看做是开放条件下研究流动性理论的雏形。事实上，根据克鲁格曼的模型，当外汇储备大量流失时，除了对本国货币造成严重冲击，还将导致国内流动性枯竭，从而为国际收支对流动性的影响提供了有力证明。

总的来看，在20世纪末，流动性理论成为宏观经济学的一个重要研究对象，凯恩斯学派建立了“IS－LM”宏观经济模型，此模型中包括了流动性因素（货币需求），并提出流动性陷阱等相关概念，而蒙代尔、克鲁格曼等学者在前人模型的基础上结合开放条件的特征，研究流动性问题，比如将国际收支作为传导货币（流动性）危机的渠道进行了研究。

第三节　流动性过剩理论

进入21世纪以来，受国际分工格局变化和新兴经济体大多采用固定式盯住汇率制度的影响，国际收支顺差与流动性过剩的关系愈发密切并成为研究的焦点。

一、内外均衡理论

内外均衡理论是从宏观的角度研究国际收支和流动性。国际收支代表了外部均衡，而流动性代表了内部均衡，从内需与外需的角度看，国际收支是外需，流动性是国内信贷的基础，与投资相关联，所以流动性可以代表内需。同时，也有学者在其中加入了货币政策因素进行研究，即“三元悖论”理论。具体来看，内外均衡理论是根据国民收入恒等式 $X-M=S-I$ 来研究国际收支与国内储蓄和投资（流动性）的关系，江小涓（2010）将内需和外需作为大国经济增长的两个引擎，分析了内需和外需对大国经济增长的贡献比率，并从大国优势、开放优势、发展阶段优势和体制优势4个方面分析这种模式的特点和可持续性。余永定（2006）提出了一个分析中国双顺差问题的理论框架，即（国内私人储蓄 - 本土企业投资） + （政府储蓄 - 政府投资） + （进口 - 出口投资收益汇出 + 再投资利润 - FDI） =0，并指出双顺差的国际收支格局意味着中国未能真正利用外国储蓄为国内投资提供融资支持，相反中国通过经常项目盈余成为了资本输出国。郭树清（2007）从全球的角度历史地分析了中国经济的对外失衡和内部失衡，郭树清认为贸易顺差和储蓄剩余不是判断一国经济强弱的绝对标准。中国国际收支持续较大顺差反映了中国独特的经济结构和增长方式，暴露了收入分配、要素价格和资源配置方面存在的深层矛盾。在促进高速增长的同时，中国经济的失衡也延缓了产业升级，加剧了通货膨胀与资产泡沫威胁。在“三元悖论”理论方面，克鲁格曼（1999）在其著作《萧条经济学的回归》一书中对这一理论进行了论述。政府的三个经济目标，包括货币政策独立性、汇率稳定、资本自由流动。但在实践中，政府不可能同时实现这三个目标，最多可以达到两个目标。在此基础上，许多学者还研究了短期资本流动，比如热钱。Chari 和 Kehoe（2003）建立了一个模型分析短期国际资本流动，该模型指出在国际金融市场上，摩擦信息和拖欠还款会导致出现短期国际资本集中流动的羊群现象。Kumhof（2004）运用数理手段，证明了降低国内利率是一国政府应对由短期国际资本大量流入所导致的通货膨胀的有效手段，主要原因是提高利率影响国内经济的效果存在较大不确定性。徐爽（2007）分析指出国家可以通过增加汇率的波动率，以及汇率与国际资本市场的相关性提升汇率风险溢价，进而缓解“三元悖论”，实现三元和谐，这为我国当前货币政策操作提供了一个新的思路。因此，如果央行放弃汇率的稳定性，则在人民币升值预期下，物价稳定和热钱控制两个目标是可以实现的。胡再勇（2011）指出贸易盈余、持续的外国直接投资流入和受市场因素驱动的热钱流入，加上政府为维持人民币汇率有限弹性和缓慢升值的目标，使得货币政策的自主性受到挑战。

二、现代流动性理论（流动性过剩）

现代流动性理论是研究流动性的定义、影响、应对措施的理论，在现代流动性理论之中，对流动性过剩的研究成为热点，是现代流动性理论中最具活力和影响力的部分。21 世纪初，在当时的国际分工格局之下，新兴经济体成为世界工厂，生产大量廉价商品销往欧美国家，并收取外汇，而新兴经济体大多实行固定和盯住汇率制度，从而导致其外汇储备增长，并大量投放基础货币，形成国内流动性。由于这一格局的严重失衡，大量新兴经济体国际收支持续顺差，导致国内流动性大量增长，进而产生资产泡沫和通货膨胀压力。在此背景下，流动性过剩理论应运而生，并一度成为学术界甚至大众关注的热点。

从国外学者的研究来看，Frank Hahn（1990）提出流动性是资产相互转换的难易程度。Simon T. Gray（2006）指出中央银行的净负债就是过剩流动性。Saxegaard（2006）认为流动性过剩是超过法定存款准备金水平的超额准备金和商业银行库存现金。Ganley（2006）指出流动性是指商业银行持有的易于变现的资产，包括其存在中央银行的准备金和流动性强的证券资产类投资。S. Gouteron 和 D. Szpiro（2005）用货币差额法来测量流动性过剩的程度，具体来看是用实际货币存量减理论水平的差额作为流动性过剩的水平。此外，为了改进货币差额法的缺点，学者们又发明了货币悬挂法，即根据货币需求长期方程计算均衡货币存量水平，然后用模型估计货币存量真实水平。其他计量方法有：（1）信用利差，即信用债与无风险债的利差水平（T. Slk 和 M. Kennedy，2004）。（2）货币供给除以 GDP 的比率，以及该值与长期趋势值的差异（C. Borio、N. Kennedy 和 S. D. Prowse，1994；G. Kaminsky 和 C. Reinhart，1999；M. Borio 和 P. Lowe，2002）。（3）贷款余额与 GDP 的比率（从另一个角度看是货币与 GDP 的比率）。

（4）J. J. Hallman、R. D. Porter 和 D. H. Small（1991）提出的价格差额法，将流动性过剩的程度等于长期均衡价格水平减短期实际价格水平。对于导致流动性过剩的原因，D. Dollar 和 M. Hallward - Driemeier（2000）指出，危机期间总需求缩减，导致信用缩减，最终导致流动性过剩。P. R. Agénor、J. Aizenman 和 A. Hoffmaister（2004）认为减少银行信用供给将导致超额储备增加（基于亚洲金融危机期间泰国的情况）。C. Wyplosz（2005）认为欧元区借款不足导致了流动性过剩。关于流动性过剩的影响，M. Nissanke 和 E. Aryeetey（1998）认为在流动性过剩的条件下，法定存款准备金政策和货币乘数效应是失效的，所以货币政策紧缩是无效的。J. Sousa 和 A. Zaghini（2003）认为实行宽松货币政策的效果较好，相反在存在全球流动性的条件下，紧缩性货币政策将会失效。欧央行在 2004 年指出流动性过剩和信用增长导致了实际资产价格上升。A. Bruggeman（2007）研究了流动性与资产价格的关系。R. Rüffer 和 L. Stracca 对全球流动性进行了研究，分析了全球过剩流动性的计量方法和特点。J. Sousa 和 A. Zaghini 用结构 VAR 分析了外部流动性对欧元区的影响，并引入了关于此的溢出效应。

从国内研究的情况看，余永定（2007）认为流动性过剩的含义是，商业银行拥有过多的超额准备金和库存现金。李稻葵（2007）指出流动性过剩就是货币余额超出了实际需求。易宪容（2007）认为，流动性过剩是指金融市场的资金超过了股票和债券融资，从而导致过多的资金追逐相对少的资产。夏斌、陈道富（2007）认为，可以从价格和数量两个方面判断一国流动性是否过剩。在数量上，包括超额储备、央行票据除以存款的比例、流动资产与银行总资产的比例、M_2、GDP 和 CPI 的关系等。在价格上，包括货币市场利率、资产价格，等等。张军（2007）认为，流动性过多是指货币供应增长过快，究其原因是由于某种原因导致货币需求过多，比如投资增长过快等。魏杰（2007）认为，理论上的流动性过剩主要指存在持续性的超量货币供应，从而导致物价水平上升。但需要说明的是，超额货币供给并不等价于流动性过剩。要产生流动性过剩还需要另外两个条件存在：一是长期持续的超额货币供给；二是大量刚性的货币需求。只有存在刚性的货币需求，才会使货币供给产生流动性过剩，并导致通货膨胀上升和资产泡沫。中国社科院金融所课题组（2007）认为金融机构的贷存比和存贷差是反映流动性过剩程度的最直接指标。谢百三（2007）认为，流动性过剩是指货币存量超过了需求，衡量指标是银行的存贷差。从流动性过剩的产生原因来看：项俊波（2007）认为，国际收支双顺差是导致流动性过剩的主要原因。卜永祥（2007）指出在国际收支持续顺差的情况下，央行为维护汇率稳定被动购汇，导致外汇占款增加，并最终使银行扩张信贷，是产生流动性过剩的主要原因。任碧云（2007）对此进行了格兰杰因果检验，从结果看流动性过剩的原因既不是存贷差也不是外汇占款，同时 M_2 与 M_1 的差额不断扩大也不是流动性过剩的原因，而是金融深化和金融市场发展的表现，造成流动性过剩的真正原因是货币政策的失误。陆磊（2007）指出，短期、中期和长期因素共同作用导致了我国流动性过剩。在短期，国有银行股份制改造导致其可用资金快速上升；在中期，人民币汇率升值导致外汇流入；在长期，我国高企的储蓄率是银行体系流动性过剩的根源。

总的来看，随着国际贸易和国际金融的快速发展，现代流动性理论变得更加丰富和复杂，而且其与国际收支理论紧密相关，国际收支导致的流动性过剩问题成为流动性理论的重要分支和研究方向。

第四节　金融危机以来的最新进展

2008 年爆发的国际金融危机成为了 21 世纪以来最大的经济事件，它对世界经济、国际贸易、国际金融的影响之深远至今仍难以估计。相应地，金融危机也推动了原有理论的发展和新理论的诞生。近年来的理论发展具有危机应对的特点，而且研究的方向也更加具体和创新，如金融危机传染理论、全球流动性理论、货币政策框架转型理论都是近年来流动性理论的最新进展。

一、金融危机传染理论

金融危机传染机制包括贸易传导机制和流动性机制，该理论研究的目的是说明一国为什么发生金融危机以及如何传染到其他国家或地区，该方面的研究内容主要是国际金融危机传染的原因、传染（或传导）机制或渠道和传染程度的度量等。在与流动性相关的方面，金融危机传染理论主要包括两方面内容：

第一，贸易传导机制。由于贸易是世界各国之间联系的主要纽带，因此贸易传导机制被认为是金融危机特别是国际货币危机的主要传染机制之一。对金融危机贸易溢出渠道的研究比较充分，比较一致的观点是一国发生的金融危机可以通过直接或间接的贸易关系传导至其他国家。Forbes（2000）将贸易传染机制系统地归纳为贬值效应（competitive effect）、收入效应（income effect）和廉价进口效应（cheap - import effect）。Summers（2000）指出危机发生国的货币贬值效应和收入效应导致其贸易伙伴国出口恶化、贸易逆差扩大，在危机的传染中起主要作用。其中，贬值效应也称为相对价格效应（ price effect），即主要是通过贬值引起的相对价格变化（ 贸易条件的变化）使得贸易伙伴在国外市场上竞争力下降；收入效应是指本国发生危机后，以外国货币衡量的本国收入下降，而造成对国外产品进口需求下降。

第二，流动性机制。在流动性与金融市场危机的研究方面，很多文献指出，金融市场的流动性都会在市场低迷期严重下降，危机期间甚至会出现流动性枯竭的现象。近年来，研究者开始关注不同市场间以及不同部门间流动性的依存关系。有观点认为金融危机在本质上是由于宏观经济衰退和资产泡沫破裂冲击所导致的流动性危机。Goldfajn和Valdes（1995）认为外部或内部冲击导致了金融危机，并通过金融体系传染经济其他部门。Kaminsky和Reinhart（1999）指出一国外汇市场遭到冲击时，往往会导致货币危机发生。Diamond和Rajan（2000）认为，单个银行破产可能蔓延，并导致整个金融市场爆发流动性危机，最终引发整个金融体系崩溃。Bernardo和Welch（2004）认为，市场担忧未来可能发生流动性冲击，并最终导致了金融危机爆发。

二、全球流动性理论

近年来，特别是国际金融危机以来，流动性的国际间流动越来越频繁，规模和影响力也越来越大，全球流动性已成为国际经济、金融研究的焦点问题。从现有研究的主要观点来看，一方面全球流动性的发展对各因素与流动性之间的联系造成了一定影响，比如在原有理论基础上需要加上全球流动性因素；另一方面全球流动性既是国际金融危机爆发的重要驱动因素和传播媒介，也是影响危机后各国经济复苏和世界经济再平衡的关键因素。具体来看，有关全球流动性的理论研究主要包括以下几个方面的内容：第一，流动性过剩的跨国溢出效应（赵爱清，杨五洲，2009；马明，白雅，2010）。第二，全球流动性的量价研究（左小蕾，2006；巴曙松，2007；张云和刘俊民，2008；徐震宇，2010；BIS，IMF，2011）。第三，国际收支与全球流动性（蒙代尔，2003；麦金农，2005；冯蕾，金永军，2008；朱太辉，2010；明明，2012）。

三、对冲型货币政策研究

对冲型货币政策主要指在国际资金大规模流入背景下本国中央银

行采取相应的数量型或价格型货币政策工具以调节国内货币供给和金融市场，从而维持国内宏观经济稳定运行的货币政策操作。在我国国际收支持续顺差、国内流动性增长较快的背景下，关于对冲型货币政策的研究得到快速发展，如货币政策对国际收支与流动性关系的影响、货币政策工具的效用研究以及相关的政策建议等都是近年来学术研究关注的焦点。

彭兴韵（1997）考察了结售汇下国际收支是如何作用国内货币供给的，然后以一般模型来表明在浮动汇率制下，不同的外汇管理体制中，国际收支状况对国内货币供给具有怎样的差别性影响，并进一步分析在完全自由的外汇管理体制下，国际收支对国内货币供给的影响仍然是内生的。杨胜刚和刘宗华（2001）认为随着金融全球化程度的不断加深，国际资本流动对一国国内货币供给造成的影响和冲击不断增大，这给中央银行实施货币政策带来新的难度，并运用国际资本流动条件下的货币供给模型结合我国外汇体制改革的实际情况，分析了国际资本流动对我国货币供给造成的影响。朱光健和汤志江（2002）分析了我国国际收支对货币供给的影响渠道；并利用实证分析，描述了我国国际收支对货币供给乃至国内经济的影响。并指出这种影响存在的负面作用；最后提出央行如何在维持汇率稳定的同时减轻这种负面影响。谢平和张晓朴（2002）从货币政策与回笼政策冲突的角度分析了外汇储备与国内货币供给的关系。他们认为 1994 年以来，货币政策和汇率政策出现了三次明显的冲突：1994 年至 1996 年，外汇储备快速增加和较高的通货膨胀之间的冲突；1998 年外汇储备增幅快速下降和物价持续下降之间的冲突；1998 年至 1999 年，汇率稳定和本外币利差倒挂之间的冲突。可以看出汇率政策和货币政策的协调问题已越来越不容忽视。范从来（2003）认为在我国现行的有管理浮动汇率制度下，国际收支状况通过储备资产的变动对中央银行基础货币投放量产生冲击，这种冲击随着我国经济开放度的提高有进一步增强的趋势，为增强中央银行对货币供应量的控制能力，应该改变以再贷款为主的冲销操作，建立起主要依靠公开市场业务的冲销体系。陈全功和程蹊（2004）认为在不同的经济周期中，国际收支状况影响着货币供给，使得货币供给的“内生性”增强。徐明东和田素华（2007）从国际收支货币分析法（MABP，Monetary Approach to Balance of Payment）和央行资产负债表出发，根据1994～2007年的季度数据计量检验了基于抵消系数和冲销系数模型的国际收支双顺差与央行货币供给动态关系，采用递归参数方法估计了中国的动态冲销系数，并讨论了央行冲销政策工具的有效性。唐安宝和何凌云（2007）从静态和动态两个角度研究人民币汇率的变动，尤其是汇率改革之后的运行态势及其与经济变量之间的关系，以发现阻滞人民币汇率有效传导的原因。李扬、殷剑峰和刘煜辉（2007）认为外汇储备的持续巨额增长是造成国内货币供应增长过快、流动性不断积累的直接原因。而从国民经济平衡关系上看，外汇储备增长主要是国际收支长期顺差的结果，而长期的国际收支顺差则又直接归因于我国储蓄率长期过高。吴军（2008）认为因国际收支持续高额顺差导致外汇储备高速增长，基础货币投放的内生性明显增强，致使央行的货币政策越来越受制于外部均衡状况，其金融宏观调控的有效性进一步削弱。周铁军和刘传哲（2009）认为现阶段中国国际收支影响货币供给的传导机制为：货币需求机制和汇率安排机制。前者最终通过国际储备表现出来，而国际储备又通过“汇率安排途径”影响基础货币，最终影响货币供给量。张晓慧（2011）指出，从我国情况看，2002年下半年以来，持续、大量的国际收支顺差使人民银行不断被动购入外汇、吐出过量的人民币基础货币，并直接增加货币供应，从而形成流动性过剩的压力。为此，人民银行通过公开市场操作、存款准备金政策等手段有效对冲过剩流动性。

总的来看，金融危机之后，流动性的新理论和新观点层出不穷。传统理论对流动性数量的研究已经落后于金融市场的发展，市场利率与流动性的关系也越发重要，与此同时为调控流动性总量，促进流动性供需平衡，研究货币政策转型和创新的需要也越发迫切。在此背景下，本书将以流动性供求为基础，以流动性数量到流动性价格为逻辑顺序，对金融市场和宏观调控政策中的流动性问题进行深入的探讨和研究。

第三章　流动性供求关系

第一节　流动性数量

一、流动性的定义

第一章第一节流动性定义部分已经明确了本书的研究对象，确定了本书主要研究的是哪个层次的流动性，即将超额准备金定义为银行体系流动性，并作为本书的研究对象①。

二、流动性总量的估算

在公开数据中并没有超额准备金余额数据。为此，需要估算流动性总量，即超额准备金余额。由于超额准备金余额 = 超额准备金率 × 存款货币基数。其中，人民银行公布每季度的超额准备金率，可以将其进行算数平均，得到全年的平均超额准备金率。准备金对应的存款货币基数 = 各项存款 − 财政存款（货币当局资产负债表），同样可以对各项存款和财政存款全年数据进行算数平均，得到全年的平均存款货币基数。将上述二者相乘，可粗略估算出各年的平均超额准备金余额，

① 下文提到的银行体系流动性均指商业银行超额准备金。

即流动性总量（见表3-1）。

表3-1　　流动性估算

年份	平均超额准备金率（%）	存款货币基数（亿元）	年度平均超额准备金余额（亿元）	超额准备金余额净变化（亿元）
2001	6.45	130230	8405	
2002	6.34	153208	9706	1300
2003	4.32	187401	8099	-1607
2004	3.95	220371	8705	606
2005	3.83	259146	9927	1223
2006	2.94	304920	8962	-965
2007	2.85	349735	9965	1002
2008	2.48	411640	10219	254
2009	2.09	531077	11108	889
2010	1.69	641520	10820	-288
2011	1.41	738942	10394	-426
2012	2.36	840604	19824	9430

资料来源：Wind，笔者估算。

三、影响流动性的主要因素

银行体系流动性是基础货币的主要组成部分，而基础货币是中央银行的负债。因此，要分析影响流动性的因素，就需要研究中央银行资产负债表。以2012年9月的人民银行资产负债表为例（见表3-2）。

表3-2　　中国人民银行资产负债表（2012年9月）　　单位：亿元

项目	金额
国外资产	240190.51
外汇	235297.01
货币黄金	669.84
其他国外资产	4223.66

续表

对政府债权	15313.69
其中：中央政府	15313.69
对其他存款性公司债权	17901.80
对其他金融性公司债权	10233.95
对非金融性部门债权	24.99
其他资产	5992.82
总资产	**289657.75**
储备货币	236032.58
货币发行	59177.80
其他存款性公司存款	176854.78
不计入储备货币的金融性公司存款	1297.06
发行债券	17464.18
国外负债	1241.52
政府存款	28149.08
自有资金	219.75
其他负债	5253.58
总负债	**289657.75**

在表3-2中，负债方的储备货币是基础货币，其他存款性公司存款是商业银行准备金，包括法定准备金和超额准备金，其中的超额准备金即为银行体系流动性，也是本书所要研究的对象。

资产负债表是一个复式记账表，资产和负债方的总额必然相等，因此每一个项目的变化都会导致其他相关项目的变动。同时根据货币供给理论（提供基础货币的三大渠道为外汇、财政和现金），影响银行体系流动性的主要因素也是央行资产负债表中的几个主要因素。一般来看，将以下几个因素作为影响银行体系流动性的主要因素：

（1）外汇占款：对应表中国外资产中的外汇项。表3-2中的外汇是指外汇占款，即中央银行在外汇市场买入外汇而投放的人民币，由于外汇占款属于资产方，因此外汇占款增加对应负债方的其他存款性公司存款（银行体系流动性）增加。从表中可以看出，外汇占款是央行资产负债表中除储备货币以外最大的项目，而储备货币中的其他存款性公司存款（银行体系流动性）是我们的研究对象。因此，从外汇占款在央行资产负债表中的占比就可以看出，外汇占款是影响我国银行体系流动的首要因素，同时由于我国多年保持国际收支顺差，外汇占款增长也成为了近十年来基础货币增长的主要渠道。

（2）财政收支：对应表中的政府存款。当财政税收发生时，政府在央行的存款增加，而在商业银行的存款减少，同时从表 3－2 来看政府存款与其他存款性公司存款（银行体系流动性）同属于负债方，因此政府存款增加会导致银行体系流动性减少。反之，当财政支出时，资金从财政在央行的存款流出到财政在商业银行的存款，因此，银行体系流动增加。

（3）现金：对应表中的货币发行。现金也是基础货币的一部分，这里的现金是公众持有的现金，当公众从银行提取现金时（比如逢年过节公众的现金需求就会激增），银行的流动性就会减少（公众在银行的存款减少）。从表 3－2 来看，现金和银行体系流动性同属于负债方，因此现金的增加也会减少银行体系流动性。

（4）中央银行的货币工具：除了上述三个因素之外，表中的对其他存款性公司（金融性公司）债权、发行债券、其他负债对应的是中央银行的货币工具，如公开市场操作（央票发行、正逆回购等）、再贷款等。中央银行正是通过货币政策操作调控这些项目，进而影响银行体系流动性。这也是中央银行货币操作的理论基础①。

① 这部分内容将在政策研究（对冲操作）中进行分析。

第二节　流动性供需框架

在前文的分析中，首先明确了本书研究对象为银行体系流动性，其次列出了影响银行体系流动性的各个因素。接下来要研究流动性数量的变化情况，就需要将各种影响因素归纳加总，以得到流动性的净变化。为此，将影响流动性的因素分为流动性供给和流动性需求两方面因素，其中，流动性供给包括自主性因素和货币政策因素，流动性需求包括法定准备金需求、超额准备金需求以及其他因素。

一、流动性供给

1. 自主性因素

自主性因素包括中央银行资产负债表中流通中现金和政府存款项目，自主性因素取决于公众或政府的行为，不受政策调控（货币政策）作用，属于外生变量，是影响银行体系流动性的最大的不确定性。

从自主性因素看，流通中现金和财政存款的季节性或临时性变化对流动性的短期影响较为突出。比较而言，现金因素季节性变化的特点更为明显，主要体现在节日前现金投放减少流动性，节日后现金回笼增加流动性，特别是春节前后现金大量投放和回笼仍然是导致流动性波动的主要原因。财政库款受财政收支节奏影响，呈现月中缴税库款增长、月末支出增加库款下降的特点；同时，一些临时性的财政收入或支出也进一步加大了库款的波动。特别是，虽然财政资金年底集中支出的问题已引起广泛关注，但近年来，每年年底财政资金仍然在较短时间内集中大量支出，加剧了年底流动性的波动。

2. 货币政策因素

货币政策因素中的外汇占款是国际收支影响国内流动性的结果，在当前的汇率制度下，中央银行为保持汇率稳定被动投放流动性，形成外汇占款增长，从而导致银行体系流动性增加。根据克鲁格曼的“三元悖论”，稳定的汇率、资本自由流动和独立的货币政策，三者只能选其二。从我国的情况看，在已选择汇率稳定的情况下，只能在资本自由流动和独立的货币政策之间做取舍。事实上，国际收支持续顺差带来了大量的外汇流入，极大地削弱了货币政策的独立性，为了维护汇率稳定，中央银行不得不大量买入外汇，投放人民币流动性，从而形成大量外汇占款。因此，对于我国来说，国际收支是外汇占款的主因，外汇占款的多少则是国际收支顺差高低的表现。

货币政策因素中的货币政策（本币）操作是中央银行能够直接控制的流动性影响因素，主要包括开展公开市场操作及近年来的创新工具，如回购和逆回购、买卖政府债券、发行中央银行票据、PSL、SLF、MLF 等。如果流动性供需不平衡，就会影响货币政策目标的实现，进而对我国的金融环境和经济增长造成不利影响。过多的银行体系流动性会促使市场利率下降，或者刺激银行更多发放贷款；过少的银行体系流动性会促使市场利率上升，或者促使银行收紧信贷。所以为了实现流动性的供需均衡，中央银行可以运用货币政策操作工具来平衡银行体系流动性供需。

二、流动性需求

1. 法定准备金和超额准备金

银行体系流动性需求主要由法定准备金需求和超额准备金需求两部分构成，前者来自于中央银行设定的法定准备金要求，后者是商业银行为满足支付清算和开展投资等需要而自愿持有的。由于法定准备金需求是商业银行按规定必须缴存央行的流动性，因此必要时中央银行也可以通过调整法定准备金要求来管理流动性。

2. 其他因素

除了前面分析的各种因素之外，还有一些其他因素会影响到银行体系流动性，而且这些其他因素具有突发性和规模较大的特点，造成某些特定时点上的流动性需求波动性增强。具体来看，目前有以下三类其他因素：

首先，大盘新股和可转债发行对短期流动性需求的影响仍较为突出。虽然新股发行制度改革已经取得了一定的进展，但近年来在股票市场行情较好的阶段内，新股发行前后市场流动性需求的变化仍较前期明显扩大，此时市场短期流动性需求均大量增加，导致货币市场利率出现较大波动。

其次，金融机构监管指标考核成为影响短期流动性需求的重要因素。国际金融危机爆发以来，我国金融监管部门有针对性地完善了对金融机构的监管措施，出台了一系列新的监管指标，并加强了对资本充足率、贷存比等监管指标的考核要求，对于促进金融机构稳健经营、防范金融风险具有积极意义。针对金融机构监管指标主要集中在月末、季末等时点进行考核的特点，部分金融机构对其资产负债结构进行相应调整，并通过营销理财产品、加大市场融资力度等手段予以应对，导致短期流动性需求相应增加，在一定程度上加剧了这些时点上的流动性波动。

最后，市场预期的变化也是影响流动性需求的因素之一。近年来，面对经济增速起伏，通胀预期变化，金融市场波动加剧的情况，金融机构往往需要相应调整超额准备金水平予以应对。同时，随着中央银行运用多种政策工具促进货币条件由反危机状态向常态回归，政策预期变化对流动性需求的影响也更为明显。

第三节　流动性供需模型 I——数量模型

根据前面的分析，可以进一步将影响流动性供给和流动性需求的各因素抽象为等式形式，作为进一步分析的基础。

1. 关于存量与流量的问题

首先需要讨论的一个问题是流量与存量的问题。从流动性本身来说，既有存量也有流量的概念，存量的银行体系流动性是指某一时点银行超额准备金的余额水平，流量的银行体系流动性是指某一段时间内银行超额准备金的变化量。从影响流动性的几个主要因素来看，外汇占款增减、财政收支、现金投放和公开市场操作都是流量数据（同理，法定准备金也采用变化量进行分析）。因此，与此相对应的，在以下的分析中也采用流量的银行体系流动性进行分析，即分析一段时间内的银行体系流动性的变化量①。

2. 流动性供给和流动性需求等式

根据前面的分析，影响流动性供给的因素有财政收支、现金投放、外汇占款和货币政策操作（公开市场操作再贷款、再贴现以及其他创新工具等）②，分别用 f、c、e 和 o 表示，流动性供给函数 $S = f + c + e + o$；影响流动性需求的因素有法定准备金、超额准备金及其他因素，分别用 Δr、Δer 和 ε 表示③，流动性需求函数 $D = \Delta r + \Delta er + \varepsilon$。

3. 导致流动性供、需变化的影响因素分析

在以上对流动性各影响因素分析的基础上，研究各因素的系数和

---

① 研究流量的一个更重要的原因是，总量数据难以获得（目前央行和监管部门按季度公布超额准备金率），而由于种种原因，总量数据与市场实际情况相关性不高，因此，总量数据的理论和实践意义较弱。而流量数据不仅可以用已有数据进行推导，而且具有真实市场交易背景，因此研究流量数据具有较强的科学性和合理性。

② 鉴于数据可得性和研究的有效性，下文中以公开市场操作代表货币政策操作。

③ Δ 表示变化量。

符号问题。

对于财政收支 f，将财政支出计为负数，财政收入计为负数。根据前面的分析，财政支出增加时银行体系流动性也等量增加。因此，流动性供给等式中 f 的系数为 1。

对于现金投放 c，将现金投放计为负数，现金回笼计为正数。根据前面的分析，现金投放时银行体系流动性等量减少，回笼时增加。因此，流动性供给等式中 c 的系数为 1。

对于外汇占款 e，将外汇占款增加计为正数，外汇占款减少计为负数。根据前面的分析，外汇占款增加时，银行体系流动性等量增加。因此，流动性供给等式中 e 的系数为 1。

对于法定准备金 Δr，将法定准备金需求增加计为正数，法定准备金需求减少计为负数。根据上面的分析，法定准备金需求增加时银行体系流动性等量减少。因此，流动性需求等式中 Δr 的系数为 1（因为 Δr 和 Δer 在方程的同一边）。

对于超额准备金 Δer，将超额准备金余额增加计为正数，超额准备金余额减少计为负数。因此，Δer 增加表示银行体系流动性增加，反之亦然，所以系数也为 1。

对于货币政策操作 o，如公开市场操作或其他创新型的政策工具是中央银行吞吐基础货币以调节银行体系流动性的操作，将投放流动性计为正数，回笼流动性计为负数，则流动性供给等式中的 o 的系数为 1。

对于其他因素 ε，受其影响，某一时点的流动性需求可能大幅增加，因此 ε 的符号为正。而且 ε 本身并不是连续的，而是某一时点的新增量。

4. 银行体系流动性净变化等式

根据前面的定义，令流动性供给等于流动性需求，即 D = S，可得：

$$f + c + e + o = \Delta r + \Delta er + \varepsilon$$

移项后可得：$\Delta er = f + c + e + o - \Delta r - \varepsilon$

根据该公式，银行体系流动性（银行超额准备金）的净增加 = 财政支出 + 现金回笼 + 外汇占款增量 + 公开市场净投放 - 法定准备金增加 - 由于其他因素导致的流动性需求增加。

第四节　流动性供需模型 II——引入价格变量

在上部分中，对影响流动性供、需的因素已经进行了分析，并建立了流动性供、需等式研究各因素对流动性数量的影响，即流动性供需模型 I。但在该模型中并没有包含价格变量（市场利率），而研究流动性的一个重要实践应用就是分析和预测市场利率变化。因此有必要引入价格变量，构建流动性供需模型 II。

一、理论基础

货币与流动性的定义有所不同，却又存在相似之处，在研究二者与利率的函数关系时可以相互借鉴。在上一章中指出，将流动性定义为中央银行流动性管理所涉及的流动性，主要是指范围较窄的宏观流动性，通常特指银行体系流动性，即存款性金融机构在中央银行的超额准备金存款。而货币的定义则比较复杂，根据政治经济学，货币是商品交换发展到一定阶段的自发产物，是固定地充当一般等价物的特殊商品，是商品内在矛盾发展的必然结果，商品所有者以货币作为媒介进行交换，也就是说货币的本质也是一种商品。在西方经济学中，货币概念更是多变，最初是以货币的职能下定义，后来又形成了作为一种经济变量或政策变量的货币定义，如人们普遍接受的用于支付商品劳务和清偿债务的物品、充当交换媒介，价值、贮藏、价格标准和延期支付标准的物品、无需支付利息且作为公众净财富的流动资产、与国民收入相关最大的流动性资产等。可以看出，虽然货币的含义较流动性更为广泛，但从相对狭窄的角度考虑，货币与流动性的定义也存在重合，即将货币定义为流动性资产时，二者就基本可以等同，而且这种定义方式适用于货币市场短期资金融通的特点，因此可以借鉴货币理论来研究流动性。在货币理论中，货币的供给和需求共同决定了市场的均衡利率，当货币供给和需求变化时，市场均衡利率也会相应变化。所以，为了研究流动性对市场利率的影响，也可先建立流动性供、需函数，并以流动性供、需函数作为下一步研究的理论基础。

二、流动性供给函数

流动性供给函数计为 S = S（f、c、e、o），其中 f、c、e 和 o 分别指财政收支、现金投放、外汇占款和货币政策操作（公开市场操作）。各因素均将增加流动性计为正号，减少流动性计为负号。如财政支出增加流动性，因此财政支出计为正号，财政收入计为负号；现金回笼增加流动性计为正号，现金投放减少流动性计为负号；外汇占款增加导致流动性增加，因而计为正号，反之为负号；货币政策操作（公开市场操作）投放流动性导致流动性增加，因而计为正号，反之为负号。由于流动性供给函数中不包括利率变量，所以流动性供给曲线是一条垂直于 x 轴的直线。

三、流动性需求函数

在流动性供需模型 I 中，对影响流动性需求的因素已经进行了分析。影响流动性需求的因素包括法定存款准备金需求、商业银行的支付清算和投资需求、监管因素、季节因素及其他扰动因素。在此基础上，需要引入价格变量，即需要构建流动性需求函数，从而建立流动性供需与市场利率的函数关系。接下来，将借鉴货币需求理论，研究流动性需求函数与利率的关系。

（一）货币需求理论的演变①

马克思关于货币需求的理论主要反映在他关于金属货币流通的公式中，即：商品价格总额/货币的流通速度 = 执行流通手段职能所需货币量。

早期货币数量理论分别是由费雪和剑桥学派提出的。根据费雪的现金交易方程式 MV = PT，流通手段是货币的唯一职能，在货币流通速度不变的条件下，货币数量的变动仅引起价格水平同方向变动，而对实际国民收入没有影响，它强调货币作为流通手段和支付手段的作用；而剑桥学派的现金交易方程为 M = kPY，剑桥学派认为，人们对货币的需求，是出于日常交易的需要，与交易量正相关。货币需求量即人们愿意持有的名义货币（现金余额）总是占交易量或名义国民收入（PY）的一定比例，k 取决于收入与支出的时间间隔、支付习惯与支付制度等因素被假定不变。

此后，凯恩斯也提出了货币需求理论，并将利率看做是影响货币需求的重要因素。根据该理论，人们对货币的需求主要是出于以下三种动机：（1）交易性动机；（2）预防性动机；（3）投机性动机，由此产生三种货币需求：（1）交易性货币需求；（2）预防性货币需求；（3）投机性货币需求。从交易性需求来看，因为每个人都应当持有一定数量的货币余额，以便弥补收入和支出在时间上的不同步性，应付无收入时的交易需要，又由于支付制度和交易习惯在短期内具有相对稳定性，所以交易性货币需求仅取决于收入；从预防性需求来看，因

① 周建成．我国货币需求函数研究［J］．长沙大学学报，2012（3）．

为随着收入的增加人们才能拿出更多的货币作为预防意外支出而需要的货币，所以预防性货币需求也是收入的增函数；从投机性需求来看，由于未来利率水平的不确定，并且债券价格与利率水平具有反向变动关系，所以投机性货币需求与利率水平呈反向变动关系，是利率的减函数。总的来看，货币需求与收入正相关，而与利率负相关。

20 世纪 60 年代，货币主义学派对凯恩斯学派提出了批评。货币主义学派批评凯恩斯学派忽略了货币供给的变化也是经济中总支出的重要决定因素，而凯恩斯经济学则过于强调财政政策的作用。货币学派强调货币供应量的变动是引起经济活动和物价水平变动的根本原因，而货币需求函数是一个稳定的函数，且货币需求对利率不敏感。影响货币需求的因素包括效用、收入水平和机会成本，其中持有货币的效用是指持有货币既可以用于日常交易的支付，又可以应付不测之需，还可以抓住获利的机会；收入水平是指长期收入的概念，即“永恒收入”，永恒收入是表示一个人所拥有的各种财富在相当长时期内获得的收入流量；持有货币的机会成本是指货币与其他资产收益率的差。持有货币的收益在通常情况下为零，其他资产的收益指债券利率、股票的收益率等。具体来看，货币主义的货币需求函数为 $M/P = f(y, w, rm, rb, re, (dP/P)\times(dt), u)$，其中，M/P 是指实际需要的货币量，Y 是指以各种财富形式表示的货币总收入，w 是指社会总财富中非人力形式财富的占比，rm 是指预期的货币名义报酬率，rb 是指预期的固定面值债券报酬率，re 是指预期的股票名义报酬率，$(dP/P)\times(dt)$ 是指预期的物价变动率，u 是指包含各种主观偏好、风尚以及客观技术和制度在内的综合性因素。

（二）流动性需求函数

根据以上分析，借鉴货币需求函数的原理，构造我国货币市场中的流动性需求函数。需要说明的是，从机构类型来看，可以将整个市场的流动性需求分为两类，即资金融出方的流动性需求和资金融入方的流动性需求。从影响因素来看，可分为受利率影响的流动性需求和受其他因素影响的流动性需求。

其中，资金融出方主要指资金充裕的国有大型商业银行、政策性银行、货币市场基金等，资金融出方会根据市场利率高低决定自身的流动性需求，即除去向市场融出的部分，自身需要留有多少流动性，可定义为自有性流动性需求；资金融入方主要指资金相对短缺的中小型商业银行、城市商业银行、农村信用社、证券公司等，资金融入方的流动性需求是指需要多少流动性才能满足其开展业务的需要，可定义为交易性流动性需求。

1. 利率

根据货币主义的货币需求函数，影响货币需求的利率因素是指货币与其他资产收益率的差。其中，持有货币的收益在通常情况下为零，其他资产的收益指债券利率、股票的收益率等。

相对应地，货币市场中影响流动性需求的利率因素是指持有流动性与融出流动性收益率的差。其中，持有流动性的收益是指超额准备金利率，央行为超额准备金支付的利息是商业银行进行货币市场融出的隔夜无风险机会成本，因此超额准备金利率为货币市场利率的下限；融出流动性的收益率是指货币市场利率（如隔夜和 7 天质押式回购利率）。

从资金融出方的角度来看，超额准备金利率是其持有流动性的最低利率，而货币市场利率是其运用流动性可获得的收益，二者的利差即为影响流动性需求的机会成本因素。根据货币需求理论，当利差高时（由于超额准备金利率相对平稳，货币市场利率的变化基本等同于利差的变化），资金运用主体持有流动性的机会成本高，因此其自有性流动性需求低；而利差低时，资金运用主体持有流动性的机会成本低，因此其自有性流动性需求高。即自有性流动性需求与利差（货币市场利率）成反比。

从资金融入方的角度来看，货币市场利率是其融入资金的成本，货币市场利率越高，则融资成本越高，所以其融资需求（交易性流动性需求）则相应降低；反之亦然。

2. 其他影响因素

根据货币需求理论，除了利率之外，还有效用和收入水平因素会影响货币需求。在流动性供需模型 I 中指出影响流动性需求的因素包括法定存款准备金需求、商业银行的支付清算和投资需求、监管因素、季节因素、预期因素及其他扰动因素，它们都是数量型的因素，而非价格因素。这里将上述因素统称为除利率之外的影响流动性需求的其他因素。

3. 流动性需求函数

根据前面的分析，可以将流动性需求函数写为 $D = D(i, u)$，其中 i 是指货币市场利率与超额准备金利率的差，u 是指法定存款准备金需求、商业银行的支付清算和投资需求、监管因素、季节因素及其他扰动因素对流动性需求的影响。因此，可以将流动性需求函数写为：

$D = D(i, u) = D_1(i) + D_2(u)$，其中 $D_1(i)$ 表示受利率变化影响的流动性需求，$D_2(u)$ 表示受其他因素影响的流动性需求。

同时，由于流动性需求与利差（货币市场利率）呈反向变化关系，因此可以得到一条斜率为负的流动性需求曲线（见图 3－1），即货币市场利率①越高时流动性需求越小，货币市场利率越低时流动性需求越大。

① 由于超额准备金利率相对平稳，因此这里用货币市场利率变化代表二者利差的变化情况。

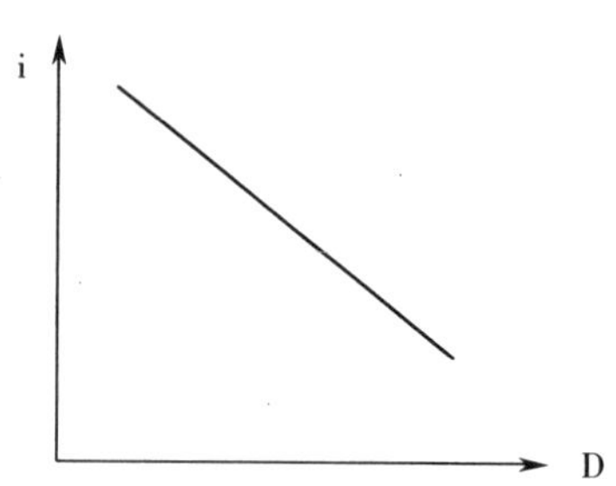

图 3-1 流动性需求曲线

四、流动性供需均衡①

根据前面的分析，将流动性供需曲线放入同一坐标系进行研究（见图 3-2）。从图中可以看出，当流动性供给曲线和需求曲线相交时，货币市场利率达到均衡，i^* 为均衡货币市场利率。

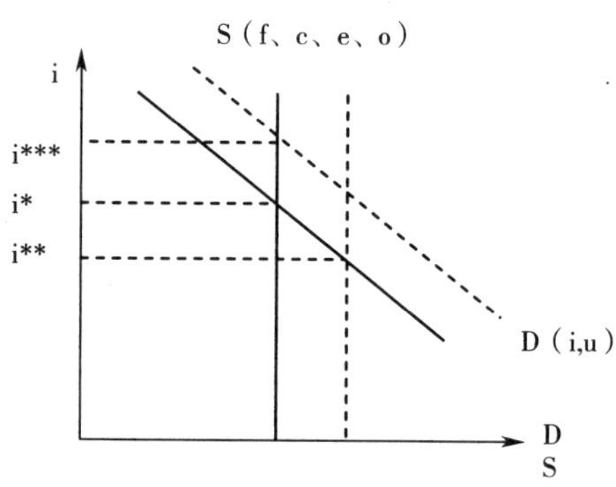

图 3-2 流动性供需均衡

综上所述，在流动性供需框架中，可以得到市场流动性供需均衡（数量）和市场利率均衡（价格）。从数量上来看，影响市场流动性的

① 流动性供需均衡的函数关系将在流动性供求与货币市场利率部分进行详细分析。

因素可分为供、需两个种类，影响流动性供给的因素包括外汇占款、财政收支、现金投放回笼、货币政策操作（公开市场操作）等，影响流动性需求的因素包括法定存款准备金需求、商业银行的支付清算和投资需求、监管因素、季节因素、预期因素及其他扰动因素，在上述因素的共同作用下，市场流动性的数量达到均衡，即可得出市场合意的流动性（超额准备金余额）水平。从价格上来看，受流动性供、需的影响，市场利率将随之变化，其中流动性供给属于外生因素，是一条垂直直线，流动性供给增减将导致供给曲线平行移动，当流动性需求不变时，流动性供给增加则市场利率下降，反之亦然；流动性需求是一条斜率为负的直线，当流动性供给不变时，流动性需求增加则市场利率上升，反之亦然。

第四章　流动性数量研究

流动性数量既是金融市场平稳运行的必要条件，也是导致市场利率变化的主要原因。同时，货币政策通过调节市场流动性松紧引导货币信贷合理增长，最终实现调节产出水平和全社会价格水平的政策目标。因此，流动性数量对于金融市场、投资决策和政策调控都具有重要意义。本章将在流动性供需模型 I 的基础上研究流动性数量的决定和变化规律。首先，对流动性各影响因素的计量方式进行明确；其次，根据模型计算得出流动性净变化量；最后，进行结构性研究，分析各因素对流动性总量的影响。

第一节　影响流动性各因素的数据计量

由于影响流动性数量的各因素都比较复杂，特别是各因素的数据计量都有各自的特点，需要分别进行讨论，以科学地选择数据进行计算，从而得到合理的结果。根据流动性供需模型 I 等式：$\Delta er = f + c + e + o - \Delta r - \varepsilon$，银行体系流动性净变化等于各因素变化量的加总。以此为基础，可以进一步研究银行体系流动性的变化规律，包括将各个影响流动性的因素加总得到银行体系流动性的净变化量，对银行体系流动性增减的比例构成进行研究，也可以对某个影响因素对银行体系流动性的影响进行评估等。

1. 外汇占款、财政收支、现金投放和货币政策操作（公开市场投放回笼）数据

首先，需要对如何选取和计算各个因素的数据进行说明。

第一，外汇占款数据取自央行资产负债表中的外汇项目，外汇占款等于每个月外汇项目较上月的变化额①；

第二，财政收支取自央行资产负债表的政府存款项目，财政收支等于每个月政府存款较上月的变化额，政府存款减少表示财政支出，反之为财政收入；

第三，现金投放取自央行公布 M_0 数据的变化额，M_0 增加表示现金投放（需要说明的是，等式 $\Delta er = f + c + e + o - \Delta r - \varepsilon$ 中的现金投放是指货币发行，即社会流通中现金 M_0 加上商业银行库存现金，由于商业银行库存现金的波动与 M_0 的波动基本同步，因此使用 M_0 代替基础货币中的现金投放，从数据来看这种替代所产生的误差是比较小的）；

第四，货币政策（公开市场）操作数据取自公开数据的汇总。一般来看货币政策操作包括发行央票、正（逆）回购以及其他流动性管理工具，从对银行体系流动性的影响来看，发行央票、正回购操作和逆回购到期减少流动性，央票到期、正回购到期和逆回购操作增加流动性。将每个月的各种操作和到期数据汇总，可以得到每个月公开市场操作净投放（回笼）流动性的量，其中正数为投放，负数为回笼。

2. 法定存款准备金数据

法定存款准备金是商业银行依法必须将存款的一部分上缴央行所形成的准备金。根据前面的分析，法定存款准备金增加会导致银行体系流动性减少，而且由于我国的法定准备金率较高，所以其对银行体系流动性的影响是显著的，因此有必要分析法定存款准备金因素对流动性的影响。但是由于我国法定准备金的考核制度和金融数据的统计制度不匹配，法定准备金实际值的计算变得非常复杂，所以这里将其

① 只有央行资产负债表上的外汇占款才是基础货币，而且会导致银行体系流动性增加。而金融机构信贷收支表中的外汇占款是全社会金融机构（包括中央银行）购买的外汇，其代表的是全社会流动性，而不是基础货币，也不等于银行体系流动性，因此不是银行体系流动性框架研究的对象。

单独作为一个单元进行研究。

（1）与法定存款准备金相关的要素

目前我国的法定准备金考核制度为：商业银行每十天进行一次法定存款准备金的补、退缴，即每月的5日、15日以及25日是商业银行按照规定调整法定存款准备金余额的时期，每个调整日所对应的存款基期分别是上月月底、当月10日以及当月20日，在每个调整时点采用多退少补的方式进行调整。

需缴纳法定存款准备金（简称准备金）的存款口径：能够创造货币的存款一般都需要缴纳准备金（即存款货币）。而财政存款不需要缴纳准备金，同业存款也不需要缴纳准备金①，如证券公司的客户保证金。因此，可以用以下公式估算缴纳存款准备金的基数 = 各项存款总额 - 财政存款（为了计算简便和数据可得性，忽略了同业存款及其他影响因素，从计算结果来看误差是较小的）。

（2）对法定存款准备金的估算

对法定准备金的估算需要分成两部分计算，一是商业银行存款增长导致需要增缴准备金的部分，二是央行宣布调整法定存款准备金率时需要一次性增缴或返还的部分。其中，第一部分的估算最为复杂，而第二部分仅需要在央行宣布调整法定存款准备金率所在的月份加上或减去一定的流动性即可。因此，以下重点分析第一部分的估算方法。

由于每月存款的增长②，商业银行需要将新增存款按法定存款准备金比例上缴央行。简单来说，就是用每月新增的存款货币（法定存款准备金上缴基数）乘以法定存款准备金比例得到每月增缴的法定存款准备金。但实际估算时却不能如此简单处理。因为，准备金是按旬考核逢“5”调整（见上述“法定存款准备金考核制度”），但当前我国

① 关于同业存款缴纳法定准备金的政策已经有所调整，未来也存在缴纳的可能。

② 存款减少时将返还商业银行准备金，对应增加银行体系流动性。

金融数据的统计制度为按月统计和公布，以存款数据为例，每月公布的数据为当月月底的时点数。所以，如果直接用每月存款变化数乘以法定准备金率，所得出的法定存款准备金变化量显然是有误的。

从当前已有的研究来看，对法定存款准备金的估算仍有争议。有的研究为了避免上述问题，采用年度数据进行估算，但这样就无法对月度流动性进行定量分析，然而流动性是一个高度敏感且不断变化的变量，如果时间跨度过长，显然难以把握其中的规律。也有的研究提出了估算月度准备金的方法，如假设存款的流动在每个月内是均匀的，20 日的存款规模大概为“上月存款/3 + 本月存款 ×2/3”（申银万国研究报告 2011 年 6 月），这种方法值得借鉴，但仍可以进一步修正，对此本书将作详细说明。

根据准备金考核制度和金融数据统计规则，我们可以用下图说明法定准备金计算的相关情况（见图 4－1）。假设每月有 30 个工作日，其中 10 日、20 日和 30 日分别为 15 日、25 日和下月 5 日的准备金考核基数。

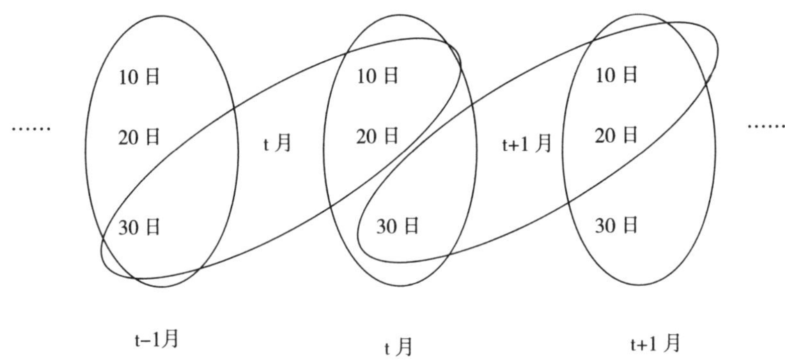

图 4－1　法定准备金计算示意

如图 4－1 所示，竖立的椭圆表示当月新增的存款量，“10 日、20 日、30 日”分别表示当月上、中、下旬增加的存款量。根据法定存款准备金考核办法，当月新增的法定存款准备金计算应以上月下旬和本月上、中旬增加的存款量为基准，即为图中斜躺的椭圆所表示的新增存款量。

目前，已有的数据为每月新增存款量（即竖立的椭圆），但为了计算法定存款准备金增量，就需要将其转换为斜躺的椭圆所代表的数据。为此，需要对存款增长趋势做出假设。前面提到过，此前有的研究按均匀分布来估算存款增量①。但这种假设比较武断，与实际情况有所出入。从实际情况来看，银行存款的增减是有一定规律的。受监管规则和银行自身利益驱动的影响，每个月的存款增长都集中在下旬，即月底存款规模冲高，此后第二个月的上、中旬存款逐渐回落，然后在下旬存款再次冲高。而且在第二个月上旬和中旬，存款回落的规模基本与上个月下旬冲高的存款规模有一定的比例关系，即前一个月下旬存款冲得越高，下个月上、中旬存款回落得也多，反之亦然。所以，应根据上述规律来设计存款分布模型。

令每个月存款的增长量为 m_t，其中下旬存款的增长量为 x_t，每个月法定准备金基数的增长量为 n_t，其中 t 为月份序数。

根据前面的分析并结合实际情况，假设每个月上旬和中旬存款分别回落上个月下旬存款增长量的 40% 和 10%。同时，为了分离出每个旬的数据，我们还需要假设第一个月的下旬存款增长量，即 x_0。

所以，可以写出各期法定存款准备金基数的增长量：

$n_1 = 0.5x_0$，$n_2 = 0.5x_1 = 0.5(m_1 + 0.5n_1)$，……，$n_t = 0.5x_{t-1} = 0.5(m_{t-2} + 0.5n_{t-2})$，……

根据上面的公式，以 2001 年 12 月的数据为基期（x_0）②，可以计算出 2002 年 1 月以来的各月法定存款准备金基数的增长量数据。

① 屈庆等．银行体系流动性探讨过程及影响因素［J］．申银万国，2011（6）．

② 基期 x_0 的数据按照当月存款增量的 50% 估算。

需要说明的是，2008 年 9 月以来，不同类型机构的法定存款准备金率出现差异，大型商业银行和中小型商业银行采取不同的法定存款准备金率，所以需要估算一个平均的法定准备金率水平。这里作一个大致的假设，即大型商业银行的每月下旬存款增量是中小型商业银行的 2 倍，而当前大型商业银行的法定存款准备金率比中小型商业银行高 2%，则平均法定存款准备金率应等于大型商业银行的法定存款准备金率减去 0.666%（即 1/3 个百分点），因此，这里取一个相近的整数，即用大型商业银行的法定存款准备金率减去 0.5% 作为全银行体系的平均法定存款准备金率。以 2011 年和 2012 年的数据为例（见图 4－2、图 4－3）：

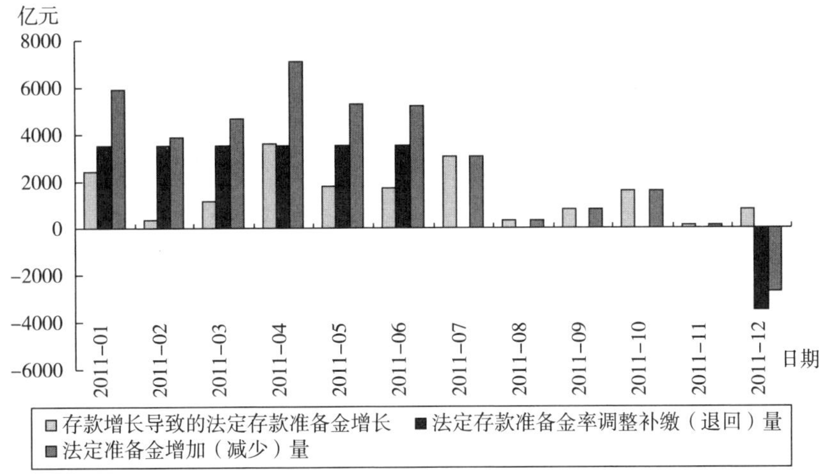

说明：一是上述数据代表法定存款准备金增长方向，与流动性变化方向相反（法定存款准备金增加，流动性减少）；二是法定存款准备金率调整导致的补缴或退回的流动性，是按照对应月份的存款货币余额乘以调整的百分比进行估算；三是因为央行并不公布法定存款准备金余额的数据，这里估算的数据很难得到直接验证，因此只能间接通过市场数据的变化来印证（见实证检验部分）。

图 4－2　2011 年法定存款准备金增长情况

（资料来源：Wind，笔者估算）

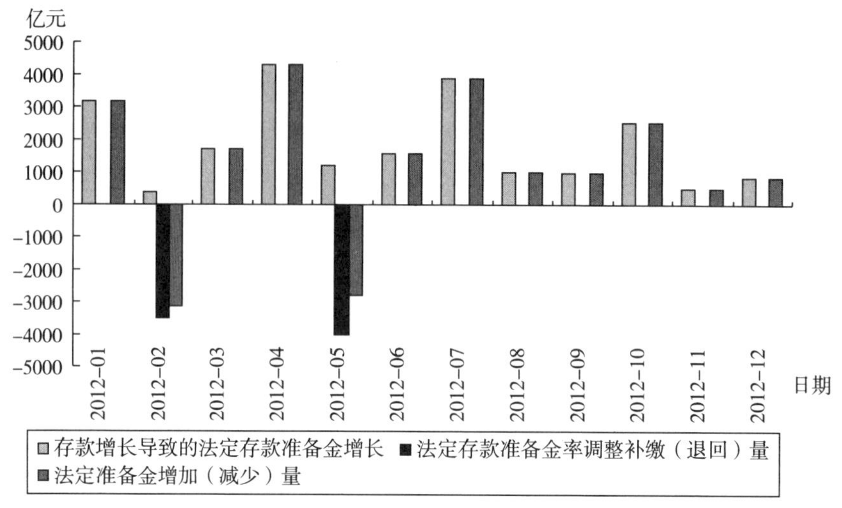

图 4-3　2012 年法定存款准备金增长情况

3. 其他因素

前文已经介绍过，除了上面分析的各种因素之外，还有一些其他因素会影响到银行体系流动性，而且这些其他因素具有突发性和规模较大的特点，可能导致某些特定时点上的流动性需求波动猛然增大，如新股 IPO、可转债发行、监管考核要求和市场预期变化等。

第二节　国际收支对流动性数量的影响分析

在影响流动性的各因素中，现金投放回笼属于季节性因素，从全年来看数量变化很小，且规律性很强，只是年内的部分时点，如春节、国庆等长假前后会出现较大变化，因此无需单独进行分析；货币政策操作、法定存款准备金等政策将在对冲政策和货币政策最优化研究部分进行分析。接下来将重点研究外汇占款和财政收支这两个因素对流动性数量的影响，其中本节研究外汇占款对流动性数量的影响，下一节将研究财政收支对流动性数量的影响。

一、国际收支与外汇占款

一般来说，国际收支顺差导致企业外汇收入增长，企业根据自身收益最大化的原则委托商业银行在市场买卖外汇。而由于我国外汇市场的特点和汇率制度的影响，商业银行在外汇市场的行为往往是同向的，即当国际收支为顺差时大部分商业银行都会选择卖出外汇。为了维护人民币汇率的稳定，就需要中央银行在外汇市场买入外汇，卖出人民币，从而形成了外汇占款。因此，国际收支顺差的结果往往是外汇占款增长以及相应的流动性供给增加①。

二、代表性月份的案例分析

在以上对影响流动性各因素数据分析的基础上，并结合之前确定的各因素影响流动性变化的系数和正负方向，就可以计算出流动性净变化量数据（各因素均按照导致流动性增加计为正号，反之计为负号进行计算）。

首先，选取两个代表性的月份进行比较（见图 4 -4）。

之所以选取上述两个月份是因为两者所处的流动性形势完全相反，即国际收支的情况完全不同。2007 年是金融危机前国际收支大幅顺差的时期，与此相对应的外汇占款增速也较快，从 2007 年 9 月的各流动性影响因素数据来看，外汇占款成为流动性增加的主因，因此虽然其他因素（除公开市场操作以外）都在减少流动性，但流动性仍能保持净增长；而 2011 年国际收支趋于平衡，外汇占款增速明显放缓，有些

---

① 这里主要研究顺差导致外汇占款增长的情况。如果出现逆差，上述变化的方向就会反转，并导致外汇占款减少。另外，需要说明的是顺差与外汇占款增长也不是同比例的，而是会受到贸易企业结售汇行为的影响。

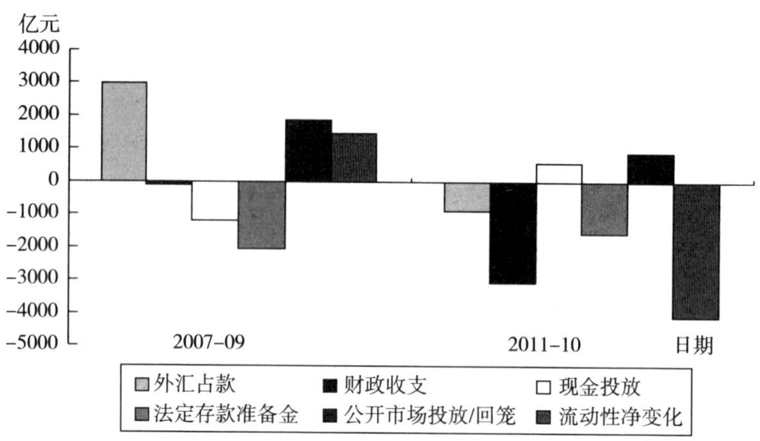

图4-4 流动性影响因素比较（2007年9月和2011年10月）

（资料来源：Wind，笔者估算）

甚至出现负增长，从2011年10月的各个流动性影响因素数据来看，外汇占款负增长，而其他因素又无法替代外汇占款增加流动性的作用，因而流动性大幅减少。

这里还要作两点说明：一是国际收支与外汇占款增速并不是一一对应的关系，而是会受到贸易企业外汇行为的影响，但这里为了研究的方便，简单地认为国际收支与外汇占款成正比关系；二是公开市场操作是央行调节市场流动性的工具，目的是保持流动性平稳运行，因而它是其他影响流动性因素变化的结果，当其他因素出现波动时，公开市场可进行预调、微调，以保持流动性平稳，因此，在分析流动性变化状况时，主要分析公开市场以外的几个因素（公开市场操作的有关内容将在对冲政策部分进行研究）。

通过对两个代表性月份的案例分析，可以看出国际收支（外汇占款）对流动性形势的巨大影响，当国际收支顺差时，流动性供给充足，因而流动性存在净增长的趋势；而国际收支逆差时，流动性供给短缺，因而流动性存在净减少的趋势。

三、趋势分析

将2002年以来的外汇占款变化和流动性净变化作图如下（见图4－5）：

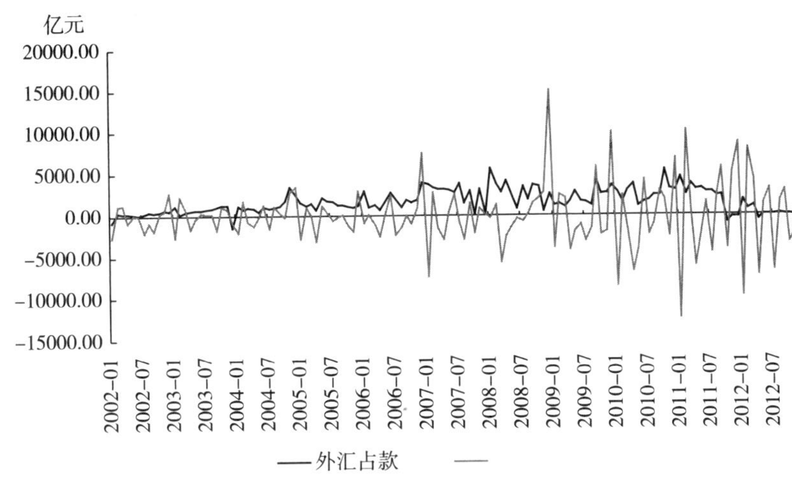

图4－5　2002年以来外汇占款变化与流动性净变化趋势

（资料来源：Wind，笔者估算）

可以看出两者的总趋势比较一致，但在某些时点的流动性变化波动明显与外汇占款变化不符。造成这种情况的原因主要有两方面：

一是财政和现金在一些特殊时点的大幅波动。正如以上对各因素的分析中指出的，财政和现金都是具有明显规律性的变量，虽然其年度数据都比较小，但在特殊时点会剧烈增大或减少，如每年12月财政的大幅支出和每年春节前现金的大量投放和春节后的大量回笼。为了准确分析外汇占款与流动性净变化的趋势关系，可将上述两个特殊因素剔除，即从中去掉每年12月和春节所在月份的数据后比较二者趋势。

二是主动政策调整对流动性的影响。法定存款准备金和公开市场操作都是主动调整流动性的政策工具（从某种意义上说，外汇占款也是汇率政策工具的结果，但由于我国的国际收支结构和汇率制度，外汇占款是央行被动买入外汇的结果，并不是主动的政策行为），因此，剔除这种主动政策调整对流动性的影响，才能得到外汇占款对流动性的真实影响。

剔除年底、春节假期和主动政策操作对流动性的影响后，可以得到新的流动性趋势图。另外，将其与相同时期的贸易顺差趋势进行对比（见图4－6）。

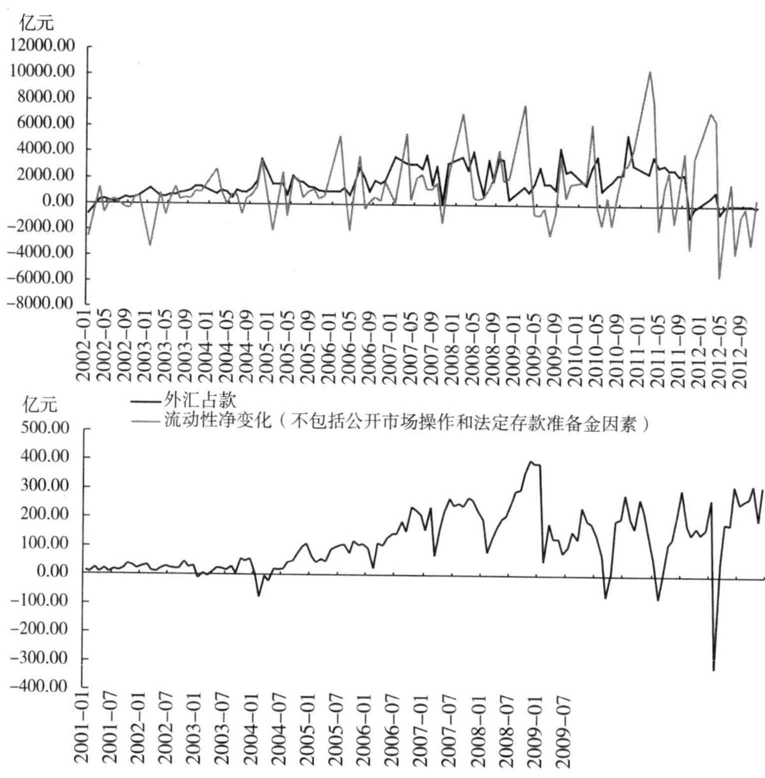

图4－6　剔除扰动因素2002年以来外汇占款变化、贸易顺差与流动性净变化趋势

（资料来源：Wind，笔者估算）

从图 4－6 来看，可以得到以下规律：在剔除其他因素之后的流动性净变化与外汇占款变化的趋势是相当吻合的，两者的相关性达 42%。分阶段来看，2005 年以前每月流动性增量均在 2000 亿元以内；2005 年至 2007 年，随着国际收支顺差的快速增长，外汇占款增长也明显加速，受此影响，流动性增长也较此前明显加快，期间每月流动性净增量基本在 2000 亿元以上；2008 年至 2011 年下半年，受金融危机的影响，国际收支状况大幅波动，外汇占款的波幅也相应加大，个别时间甚至接近 0 增长，受此影响，流动性净变化也大幅波动；2011 年末以来，我国国际收支趋于平衡，个别月份甚至出现了逆差，相应的外汇占款增速明显下降，并出现负增长的月份，受此影响，流动性净增量明显下降，甚至在某些月份大幅净减少。

第三节　财政收支对流动性数量的影响分析

财政收支是影响流动性数量的一个重要外生性因素。同时，财政收支又具有一定特殊性，其对流动性的影响不仅规模大、范围广，而且具有刚性。因此，有必要深入研究财政收支影响流动性的机制和原理，从而更好地把握流动性的变化规律。

一、趋势分析

我们将财政收支变化与流动性净变化数据进行趋势对比研究。其中，财政收支与流动性净变化符号方向相同，即财政净支出为正，财政净收入为负（见图 4－7 和图 4－8）。

从月度变化来看，财政收支与流动性净变化的波动趋同，特别是峰值高度吻合，说明财政收支是导致流动性净变化出现峰值的主要原因。究其根本原因是财政收支具有明显的季节性特征，一般来说财政

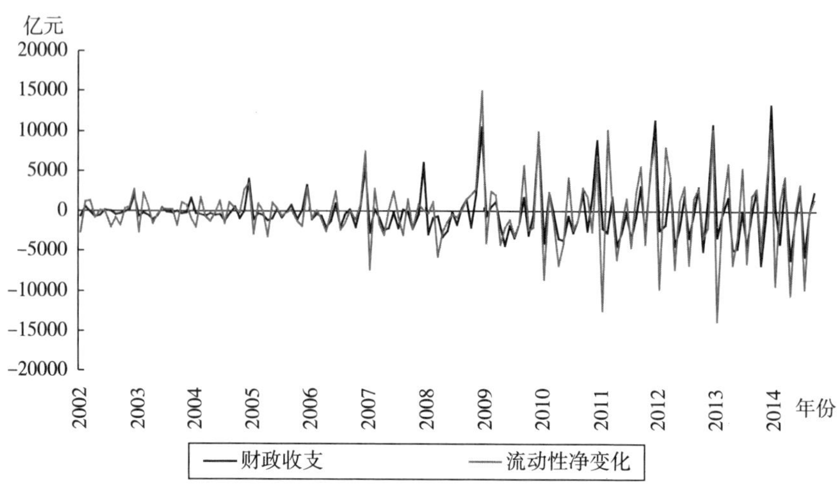

图 4-7　财政收支与流动性净变化年度比较

（资料来源：Wind）

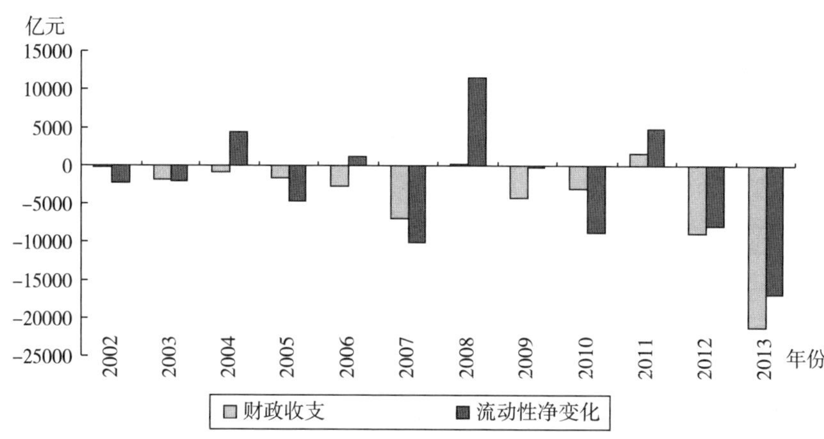

图 4-8　财政收支与流动性净变化年度比较

收支规律是每季度一循环，季初以收入为主，季末以支出为主，全年来看，年末的支出最为集中。近年来，随着我国财政收支的规模不断增大，财政收支集中的时点往往成为流动性净变化最大的时点，因此财政收支是导致流动性净变化出现峰值的主要原因。

但从年度比较来看，财政收支与流动性波动的趋同度不高。导致这种情况发生的原因是财政收支的全年赤字规模相对稳定，近年来每年的财政赤字均为 1 万亿元左右，而且财政赤字在年初经人大审定后，就具有强制性，全年看都基本与年初预算吻和。在此情况下，影响流动性的其他因素就成为导致流动性年度变化的更为重要的原因。

二、财政收支特点

财政收支具有以下几个特点：一是规模大，随着我国经济体量不断增大，财政收支的绝对数量也相应增长，近年来每年的财政收支预算均超过 12 万亿元；二是范围广，财政收支涉及的主体多、范围广，从中央财政到地方各级财政，从中央企业到地方民营企业，从国有大型银行到地方城市商业银行，在财政收支过程中都会受到影响；三是刚性强，财政收支属于财政政策范畴，年初受人大审定之后，执行具有强制性，不因市场状况变化而调整，具有较强的刚性；四是分析难，财政收支属于财税学研究的范畴，与金融研究的原理不同，加之近年来财政改革措施频出，加大了财政研究的难度。

总的来看，财政收支这些特点也决定了其在流动性数量体系中的重要性。一方面，财政收支规模大、范围广、刚性强，对流动性产生重大影响，而且市场只能被动接受财政收支对流动性影响的结果，特别是在某些特殊时点，如季初、月中等，财政收支与其他影响流动性的因素重叠，导致流动性剧烈波动；另一方面，财政收支不属于金融学范畴，具有自有的运行规律和原理，造成对财政收支的研究存在一定阻碍。

三、财政收支影响流动性的研究方法

既然财政收支对流动性的影响重大，就有必要找到一种可行的分析框架对其进行研究。本书认为，对财政收支的研究应以财政预算为基础，因为财政预算是刚性的，虽然月度收支可能受经济增速、税收政策的影响而变化，但全年预算和规定时间内预算执行的比率是存在一定规律的。通过对该规律的研究，并根据每年的预算规模和执行情况进行动态调整，即可对财政收支影响流动性的情况做出规划和预测（见表4－1和表4－2）。

表4－1　　全国公共财政收入预算完成情况　　单位：%

月份	2012年		2013年	
	累计完成预算	当月完成预算	累计完成预算	当月完成预算
1	11	11	11	11
2	18	7	18	7
3	26	8	25	8
4	36	9	34	9
5	46	11	44	10
6	56	10	54	10
7	66	9	64	9
8	72	7	70	7
9	80	7	78	7
10	89	9	87	10
11	96	7	94	7
12	103	7	102	7

表 4－2　　全国公共财政支出预算完成情况　　单位:%

月份	2012 年		2013 年	
	累计完成预算	当月完成预算	累计完成预算	当月完成预算
1	6	6	6	6
2	12	6	12	6
3	21	8	20	8
4	28	6	26	7
5	36	7	34	7
6	47	10	43	9
7	56	8	50	7
8	64	7	57	7
9	74	9	66	9
10	82	7	74	8
11	92	10	83	9
12	111	17	101	18

资料来源：Wind，笔者估算。

从表 4－1 和表 4－2 可以看出，每年各月的财政收支基本按照预算的一定比率完成。将此规律结合当年的财政收支预算，即可估算出每个月的公共财政收支数据。

但需要说明的是，财政公共收支并不等于流动性数量中的“财政收支”（流动性数量中的财政收支对应的是央行资产负债表中的财政库款变化），央行资产负债表中的财政库款变化反映的是财政总体收支状况，除了财政公共收支，还包括政府基金收支、国有资本经营收支、社会保险基金收支等项目，因此对财政公共收支的分析只是其中一部分。未来，还需结合财政改革的进展和具体情况，研究更加科学的财政收支分析方法。

第四节 各因素对流动性数量的影响分析

一、结构分析

为避免季节因素对数据的影响，采用年度数据对银行体系流动性变化进行结构分析（见表4－3和表4－4）。

表4－3 **流动性因素数据** 单位:%，亿元

年份	外汇占款	财政收支	现金投放	法定存款准备金	公开市场投放/回笼	流动性净变化
2002	3257	－235	－1589	－1389	－2388	－2344
2003	7734	－1869	－2468	－4272	－1221	－2096
2004	16098	－878	－1722	－3197	－5904	4398
2005	16200	－1695	－2563	－3281	－13380	－4719
2006	22221	－2683	－3041	－7658	－7711	1128
2007	30808	－6910	－3262	－21685	－9028	－10078
2008	34456	157	－3885	－10059	－9094	11575
2009	25530	－4263	－4028	－19614	2130	－244
2010	31612	－3051	－6381	－37811	6825	－8806
2011	25622	1544	－6120	－35260	19070	4856
2012	4281	1980	－3911	－14463	14380	2267
2013	27600	－7857	－3915	－24598	2138	－6632

表 4－4　　　　　　　　流动性因素影响结构分析　　　　　　单位:%，亿元

年份	外汇占款	财政收支	现金投放	法定存款准备金	公开市场投放/回笼[①]	流动性净变化
2002	139	－10	－68	－59	－102	－2344
2003	369	－89	－118	－204	－58	－2096
2004	366	－20	－39	－73	－134	4398
2005	343	－36	－54	－70	－284	－4719
2006	1970	－238	－270	－679	－683	1128
2007	306	－69	－32	－215	－90	－10078
2008	298	1	－34	－87	－79	11575
2009	10449	－1745	－1649	－8028	872	－244
2010	359	－35	－72	－429	78	－8806
2011	528	32	－126	－726	393	4856
2012	189	87	－173	－638	634	2267
2013	416	－118	－59	－371	32	－6632

说明：表 4－3 中流动性净变化等于各流动性影响因素的加总；表 4－4 中的百分比等于各流动性影响因素除以流动性净变化的绝对值（这样可使百分比的符号与流动性影响因素的符合保持一致）。

从上述的结构分析表中可以得出以下两点规律：

第一，从影响的方向来看，在影响流动性的 5 个因素中只有外汇占款持续保持对流动性的正向影响，即外汇占款是流动性供给的主渠道。

自 2002 年以来，现金投放和法定准备金因素都是减少流动性的，这也与这两个因素的特点有关，随着经济发展现金需求也会增长，所以从年度来看，现金是持续投放的，同理，随着经济发展货币也会增长，并表现为银行存款的增长，所以法定准备金也是持续增长的。财政因素总体是收大于支的（影响流动性的财政因素包括基金收支、国债发行和兑付等，并不仅仅等于财政收入减支出），因此大部分年份都

① 包括公开市场回购交易、央票发行、SLO、SLF（数据取自 Wind）。

是净减少流动性，仅2008年和2011年为一个比较小的正数。公开市场投放与回笼因素在2008年前都是减少流动性，即为对冲外汇占款，而2008年以来都是增加流动性，即为补充外汇占款不足而提供流动性。因此，在所有因素中，只有外汇占款持续正向地增加流动性，因此外汇占款是流动性供给的主渠道。

第二，从影响的大小来看，2009年之前外汇占款是对流动性影响最为显著的外生变量，2009年之后外汇占款的影响力有所下降，而财政收支、法定准备金、公开市场的影响力相对上升。

从表4-4的数据来看，外汇占款与流动性净变化的影响比例大部分都在300%至500%之间，有的甚至更高（除去2012年）。根据以上分析，影响流动性因素中的财政收支和现金投放属于外生变量，但它们具有季节性规律，从年度来看其变化基本很小；法定存款准备金是随着存款增长而逐步增长的，长期来看是一个逐步累积的变量（央行调整法定存款准备金率时会一次性补缴或退回一定的流动性）；公开市场操作是为了调控流动性而进行的操作，同样也是主动调控的结果。与这几个因素相比，外汇占款就成为对流动性的影响最为显著的外生变量，即在流动性各影响因素框架中，外汇占款的增减不受其他变量的影响，而是国际收支的结果，但它的规模又是最大的，即它对流动性的影响最大，但又不受控制（根据“三元悖论”，在选择汇率稳定和资本有条件自由流动的情况下，货币政策独立性被削弱，具体表现为外汇占款的增减是中央银行被动行为的结果），因此，外汇占款是对流动性影响最为显著的外生变量。

二、流动性影响因素对货币增长的贡献分析——以国际收支为例

如果把一国经济比喻成一个人，则实体经济是人的机体，而货币

是人的血液。为了支持经济增长，需要一定的货币增速（如GDP增速加上CPI增速）。而流动性是基础货币的主要组成部分，保持流动性合理适度是支持货币增长的必要条件。如果流动性过剩，会导致货币增速过高，进而引发资产泡沫或通货膨胀，干扰甚至破坏经济正常增长；与之相反的情况是，如果流动性增速过低无法满足货币增长需求，则可能导致通货紧缩，而且也无法支持实体经济增长，反而会拖累经济。所以必须有稳定的流动性供给源头支持货币增长，从我国情况看，流动性供给可以是外生的，比如来自国际收支顺差导致的外汇占款增长；也可以是内生的，比如央行采取购买国债或抵押发放等方式主动投放流动性。

接下来，用实际数据估算一下国际收支顺差对国内货币增长的贡献。估算原理是以每年政府提出的M_2增速为基础，在货币乘数一定的条件下，估算为实现政府目标所需要的流动性增长，并将其与国际收支顺差带来的流动性增长进行比较，从而得出结论。具体估算见表4-5。

表4-5　国际收支顺差对基础货币目标增量的贡献估算

单位：亿元，%

年份	新增外汇占款	公开市场操作	新增外汇占款-公开市场操作	M_2余额	M_2目标增速	M_2目标增量	货币乘数	基础货币目标增量	新增外汇占款/基础货币目标增量	（新增外汇占款-公开市场操作）/基础货币目标增量
2001				158302						
2002	3257	2388	869	185007	13	20579	4.11	5007	65	17
2003	7734	1221	6513	221223	16	29601	4.23	6998	111	93
2004	16098	5904	10194	253208	17	37608	4.29	8766	184	116
2005	16200	13380	2820	298756	15	37981	4.67	8133	199	35
2006	22221	7711	14510	345578	16	47801	4.43	10790	206	134

续表

年份	新增外汇占款	公开市场操作	新增外汇占款－公开市场操作	M_2 余额	M_2 目标增速	M_2 目标增量	货币乘数	基础货币目标增量	新增外汇占款/基础货币目标增量	（新增外汇占款－公开市场操作）/基础货币目标增量
2007	30808	9028	21780	403401	16	55292	3.97	13928	221	156
2008	34456	9094	25362	475167	16	64544	3.68	17539	196	145
2009	25530	－2130	27660	610225	17	80778	4.11	19654	130	141
2010	31612	－6825	38437	725852	17	103738	3.92	26464	119	145
2011	25622	－19070	44692	851591	16	116136	3.79	30643	84	146
2012	4281	－13430	17711	974149	14	119223	3.86	30887	14	57

注：公开市场操作正数表示对冲流动性（即流动性减少），反之亦然。其他数据均为正数表示增加流动性，负数表示减少流动性。

需要说明的是，存款准备金（包括法定存款准备金和超额存款准备金）是基础货币的组成部分，法定存款准备金增长也算作基础货币的增长，同时忽略现金对基础货币的影响。即新增外汇占款－公开市场操作＝基础货币增长（包括法定存款准备金和超额存款准备金）。因此在估算时，只考虑公开市场操作，并不计算法定存款准备金，否则会出现重复计算。另外，假设外汇占款和对冲操作是影响银行体系流动性的两个因素，其他因素忽略不计（从年度数据来看，财政、现金等因素的影响是较小的）。M_2 目标增速是每年政府提出的目标，乘以上年度的 M_2 余额，得出 M_2 目标增量。再除以实际的货币乘数得出基础货币目标增量。用新增外汇占款与基础货币目标增量相除，就可看出国际收支顺差对基础货币目标增量的贡献情况。

首先，如果只考虑新增外汇占款，其对基础货币增长的影响是很大的，除了2002年、2011年和2012年以外，其余各年的贡献率都超过了100%，在2006年甚至达到206%，显然超过了基础货币增长的需求。再考虑公开市场操作的影响，即（新增外汇占款 - 公开市场操作）对基础货币增长的贡献率，该比率要平稳得多，大部分年份的贡献率都在100%左右，而且2002年、2011年和2012年的过低比率也得到了提升，因此，基本都满足了基础货币增长目标的需要。

但同时需要指出的是，2006年至2011年新增外汇占款对基础货币的贡献率明显大幅高于100%，而该时期也是资产价格快速上升、通胀压力逐步显现的阶段，因此，2000年以来的国际收支顺差在支持流动性和货币正常增长之外，也带来了流动性过剩、货币超发的隐患。所以国际收支顺差带来的流动性“之水”，既可载舟亦可覆舟，如果控制不力，则可能对宏观经济和金融市场带来危害。

总的来看，在公开市场操作的调节下，国际收支顺差导致的流动性增长有效地支持了基础货币增长。但持续大量的国际收支顺差也可能导致流动性过剩和货币超发，尽管中央银行已经采取了对冲措施，仍难以避免其超出目标值。因此，国际收支对流动性数量的影响有利有弊，需要科学地设计货币政策和合理地实施操作，以趋利避害，促进流动性合理增长和平稳运行。

三、实证检验

采用2002年1月至2012年11月的131个月度数据分析各因素对流动性数量的影响。需要说明的是根据前面的分析，银行体系流动性数据是不可得的。虽然有一些替代的估算方法，但从实际情况来看，估算结果并不理想。一种方法是采用央行公布的季度超额准备金率数据，但存在两个问题，一个问题是只有季度数据，数据频率过低，另一个问题是法定考核期错后造成央行公布的月底数据与实际时点上的流动性状况可能存在误差；另一种方法是根据央行资产负债表中的

"其他存款性公司存款"，从中扣除法定准备金得到超额准备金，这种方法同样存在法定准备金考核期的问题，准确的方法应该按照每月20日的存款货币余额估算月底法定准备金，但每月20日存款数据也是不可得的，因而这种方法也存在一些问题。为此，采用流动性价格——货币市场利率作为流动性的代理变量进行计算（货币市场利率表示金融机构愿意以什么价格借出或融入流动性，因此货币市场利率代表了流动性的价格，且流动性的多少与货币市场利率的高低呈反向关系①）。

各因素均按照对流动性的影响方向计算正、负符号。分别用变量E、F、CH、RR、O和R7表示外汇占款、财政收支、现金投放（回笼）、法定准备金、公开市场操作和银行间7天期回购利率。

1. 建立VAR模型

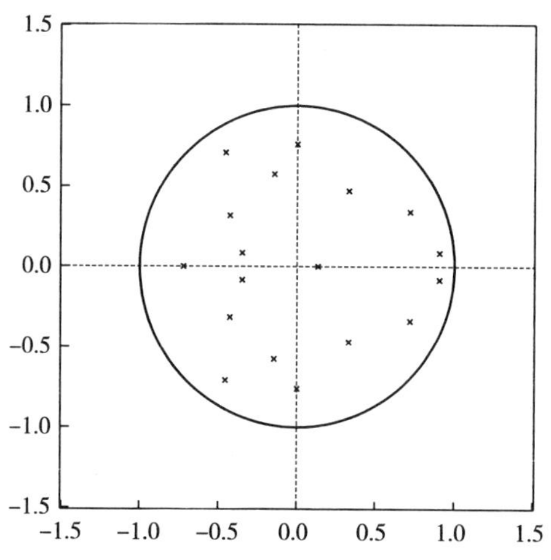

图4-9 单位根检验

建立滞后期数为3的VAR模型（流动性是一个高度敏感的变量，

① 相关内容将在国际收支对流动性价格的影响部分进行详细研究。

从实际情况来看各因素的影响至多持续一个季度，因此滞后期选择3)，几个变量的顺序为R7，E，F，CH，RR和O。经检验，该VAR模型不含单位根，符合平稳性条件。

2. 方差分解

在上述VAR模型的基础上，将R7的方差进行分解。

表4－6　　　　方差分解

期数	S. E.	R7	E	F	CH	RR	O
1	0. 469562	100. 0000	0. 000000	0. 000000	0. 000000	0. 000000	0. 000000
2	0. 633642	88. 81228	0. 383417	0. 265285	0. 042516	1. 643241	8. 853257
3	0. 689800	83. 10774	0. 323996	0. 264113	0. 096969	5. 868187	10. 33899

可以看出，在外生变量中，R7的方差主要来自E（RR和O的占比更大，但法定存款准备金和公开市场操作都是政策行为，不是外生变量）。因此，可以证明外汇占款是影响流动性状况的主要因素。

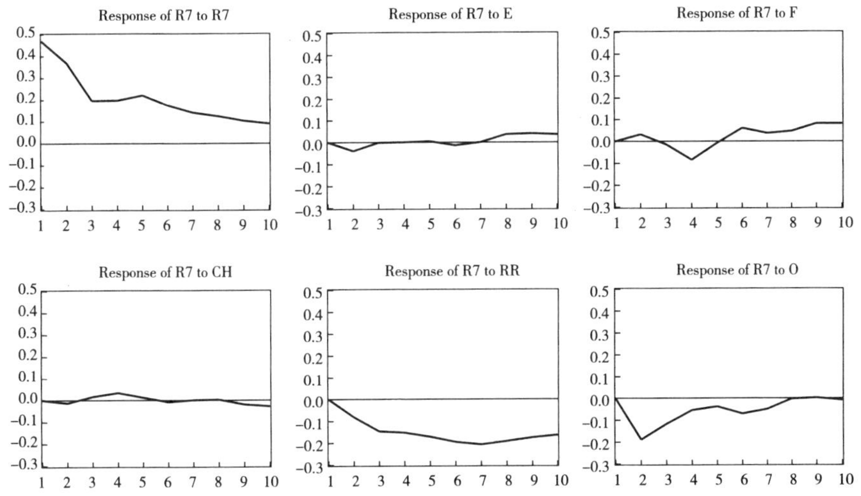

图4－10　7天回购利率对各因素的脉冲响应情况

3. 脉冲响应

从各因素的影响来看：

（1）外汇占款对流动性价格（7 天回购利率）的影响在第 2 期达到最大，而且外汇占款导致流动性增长，将令流动性价格（7 天回购利率）下降。

（2）财政对流动性价格的影响存在异常，其在第 2 期对流动性价格（7 天回购利率）的影响为正，即财政收支导致流动性的增长，会令流动性价格（7 天回购利率）不降反升。造成这种问题的原因可能是财政收支在月度之内分布不均，因为财政一般在月中表现为收入，在月末表现为支出，所以从全月来看，总的财政收支变化并不一定代表其在各个时点的具体情况。

（3）现金投放回笼对流动性的影响相对较小。

（4）法定准备金和公开市场操作这两个政策变量对流动性价格有较强的负向影响，即法定准备金和公开市场操作导致银行体系流动性减少，将令流动性价格明显上升。而且这两个因素相比较来看，法定准备金对银行体系流动性的影响更为深远，表现为法定准备金对流动性价格的脉冲效果更为持续，而公开市场操作对流动性价格的脉冲效果是收敛的①。

第五节　各因素对流动性的影响比较

一、影响流动性的主要因素

影响流动性的主要因素有外汇占款、财政收支、现金投放（回

① 相关内容将在对冲政策部分进行详细研究。

笼）、法定存款准备金、公开市场操作、银行的支付清算需求和其他因素等。为了研究流动性问题，有必要将上述因素归纳整理，并建立一个流动性框架，以分析各因素对流动性数量的影响。为此，将影响流动性的因素分为供给和需求两方面因素，供给因素包括自主性因素和货币政策因素，需求因素包括法定准备金需求、超额准备金需求和其他因素。

二、法定存款准备金的数据估算

从流动性各影响因素的具体数据来看，法定存款准备金的数据估算最为复杂。由于我国法定存款准备金是按旬考核，缴款日为考核日后的5日、15日或25日。因此，需要按照一定的规律将月度存款数进行分解，之后再重新组合得到法定存款准备金变化的基数，以得出正确的法定存款准备金变化。为此，本书提出设定基期，再通过推导时间序列的方法进行估算。

三、外汇占款是影响流动性趋势性变化的主要因素

根据对影响流动性各因素的数据进行分析，可得出以下结论：一是在剔除其他因素之后的流动性净变化与外汇占款变化的趋势是相当吻合的，两者的相关性达42%；二是从影响的方向来看，在影响流动性的5个因素中只有外汇占款持续保持对流动性的正向影响，即外汇占款是流动性供给的主渠道；三是从影响的大小来看，在影响流动性的5个因素之中，外汇占款是对流动性影响最为显著的外生变量。

四、财政收支是导致流动性净变化出现峰值的主要原因

从月度变化来看，财政收支与流动性净变化的波动趋同，特别是峰值高度吻合，说明财政收支是导致流动性净变化出现峰值的主要原因。随着近年来我国财政收支规模的不断增大，财政收支集中的时点往往成为流动性净变化最大的时点，特别是在某些特殊时点，如季初、月中等，财政收支与其他影响流动性的因素重叠，导致流动性剧烈波动。

五、外汇、法定准备金和公开市场操作对流动性的影响比较

鉴于数据的可得性和可靠性，采用流动性价格（货币市场利率）作为流动性数量的代理变量进行实证分析。从实证检验的结果来看，流动性价格 R7 的方差主要来自外汇占款 E，可以证明外汇占款是影响流动性状况的主要因素；另外，外汇占款对流动性价格的影响在第 2 期达到最大，法定准备金和公开市场操作这两个政策变量对流动性价格有较强的负向影响，而且法定准备金对流动性的影响是持续的，而公开市场操作对流动性的影响是收敛的。

第五章　国际收支与外汇供求

在对影响流动性数量的各因素进行研究的基础上，本书将进一步研究我国流动性的运行机制和根本规律。从以往经验看，国际收支影响外汇供求背景下的对冲货币政策调控体系是我国流动性运行的基础，因此想要深入理解我国流动性的运行核心机制和根本规律，就需要对这一体系进行研究和分析。本章将研究国际收支对外汇供求的影响，接下来的两章将主要研究货币政策与流动性的关系。

第一节　国际收支影响流动性的传导过程

2001 年以来，我国国际收支持续顺差，人民币存在较强的升值预期，企业的结汇需求强烈，并导致银行持有大量结售汇正缺口，市场无法出清。在这种情况下，如果央行不买入外汇，人民币必然升值，因此为了维护人民币汇率在合理均衡水平上的基本稳定，央行通过开展外汇操作，在市场上买入外汇，并等量投放外汇占款。当国际收支顺差规模大且持续时间长时，则央行买入外汇并投放外汇占款的规模巨大，为了保持国内流动性的合理适度，央行需要开展对冲政策调节由外汇占款导致的流动性增长。在对冲政策作用之后，剩余的新增外汇占款成为市场流动性的主要供给来源，并对流动性的数量和价格都产生影响。可以看出，国际收支与流动性增减存在正向关系，国际收支顺差越多则外汇供给越多，流动性（外汇占款）增加越多，反之亦然。从图5－1中可以看出，国际收支差额、外汇供给（结售汇差额）和外汇占款三者具有同向运动的特征。

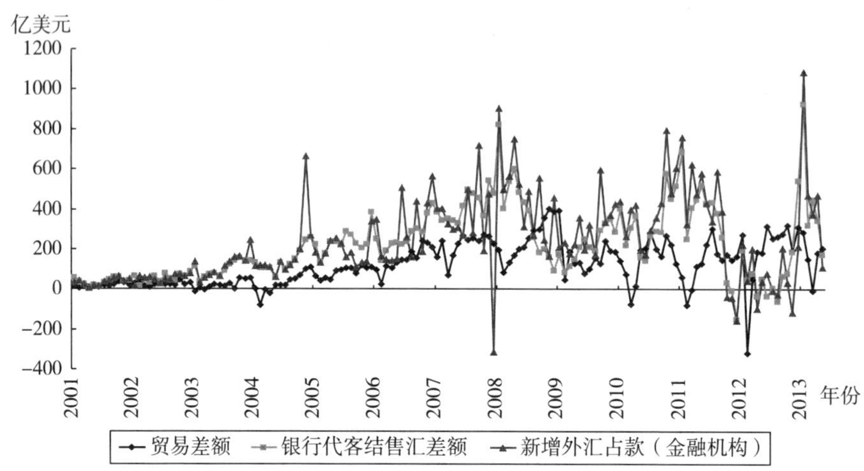

图5－1 贸易差额、银行代客结售汇差额与新增外汇占款

总的来说，国际收支对流动性产生影响的传导过程分为几个阶段，包括国际收支、外汇供求、汇率政策、对冲政策、市场流动性数量和价格，具体过程见图5－2。本书将分章节对各个阶段进行研究，并在此基础上，研究流动性和货币政策之间的关系。本章主要研究国际收支对外汇供求的影响。

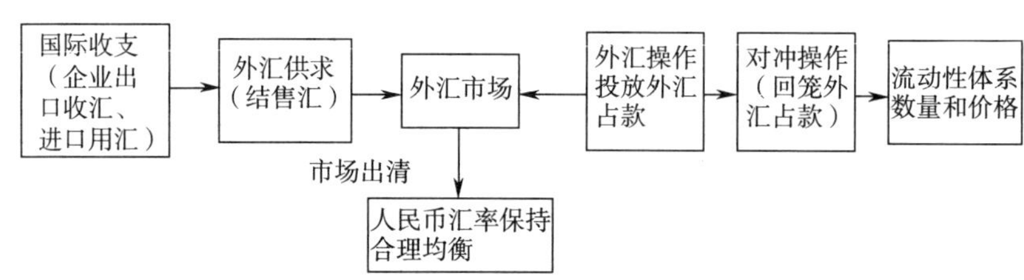

图5－2 国际收支、银行结售汇与外汇占款流程

第二节　结售汇行为研究

一、结售汇的定义及影响因素

外汇供求是一个理论上的概念，实践中并没有相应的行为或具体数据与之相对应。所以在研究国际收支对外汇供求影响之前，首先需要找到研究外汇供求的方法。在实践中，企业根据贸易需求、汇率变化、国内外利差变化和相关资产的收益高低，通过结汇或售汇行为，来使用和配置出口收汇。比如在顺差较多且人民币升值预期较强时，企业将结汇，即卖出美元、买入人民币，从而形成外汇供给；反之在逆差较大且人民币存在贬值预期时，企业将售汇，即卖出人民币、买入美元，从而形成外汇需求。因此，可以用结售汇行为来代表外汇供求进行研究。

（一）结售汇的定义

净结汇量就是用出口商的结汇量减去进口商的售汇量。每个月的净结汇量除以顺差金额就代表了国际贸易中企业的外汇行为选择。其中，从出口企业的角度看，结汇是指出口商将外汇收入卖给商业银行的行为。每个月的结汇金额除以出口金额的比例就代表了出口企业卖出外汇的比例。这一比例越高，说明出口企业卖出的美元越多，即更加愿意持有人民币；这一比例越低，说明企业卖出的美元越少，即更加愿意持有美元。从进口商的角度看，售汇是指银行将外汇卖给外汇使用者的行为。每个月的售汇金额除以进口金额的比例就代表了进口商购入外汇的比例。这一比例越高，说明进口企业的美元需求越高；这一比例越低，说明进口企业的美元需求越低。

（二）结售汇行为的影响因素

1. 升值预期

汇率是影响企业结售汇行为的首要因素。美元升值时，企业更愿意持有美元；而当人民币升值时，企业更愿意持有人民币。可以看出出口结汇比例①与升值预期呈正相关性，相关系数为12%，即人民币升值强则出口结汇增加，企业卖出美元，买入人民币；而与进口售汇比例呈负相关性，相关系数为-61%，即人民币贬值时进口售汇增加，企业卖出人民币，买入美元。

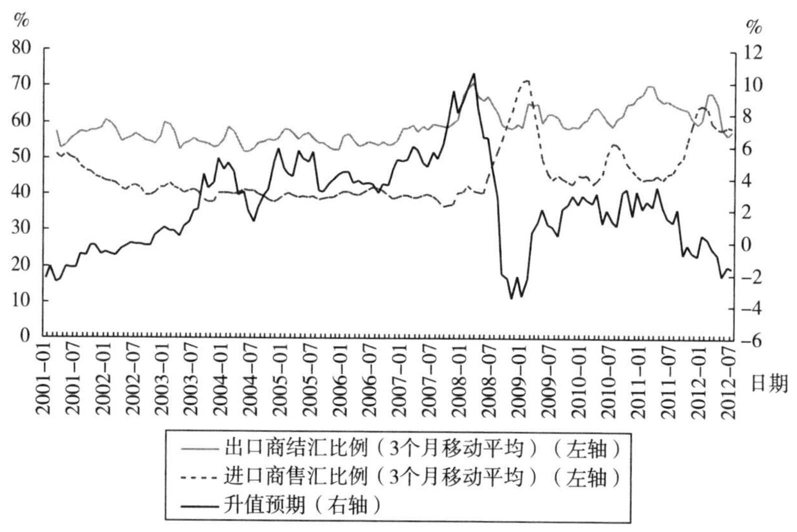

图5-3 出口结汇、进口售汇和人民币升值预期

（资料来源：Wind）

2. 利差因素

利差也会影响企业结售汇。人民币与美元存款利差高时，企业就

① 为了剔除短期波动，图5-3中的出口结汇和进口售汇比例均采用月度平均数。

结汇，存入人民币；反之，利差低时，就售汇，或者减少结汇，存入美元。从数据来看，1 年期人民币存款与 1 年期美元 Libor 利差和出口商结汇比例具有较高的正相关性①，相关系数约为 47%（见图 5－4）。

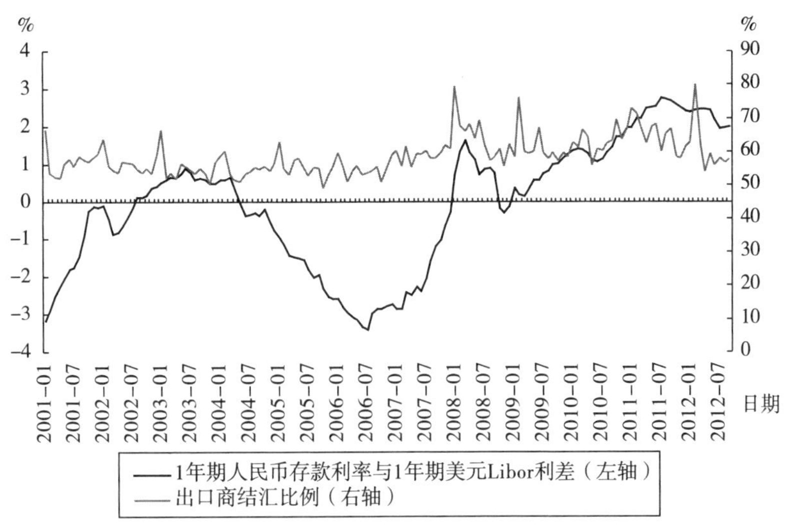

图 5－4　出口结汇和人民币美元利差

（资料来源：Wind）

3. 石油价格

石油价格越高，则企业对美元需求越多，相应的企业结汇减少、售汇增加，反之亦然。根据相关性分析，国际原油价格走势和进口商售汇比例具有明显的正相关性，相关系数为 27%，特别是 2007 年以来两者的同向运动非常明显（见图 5－5）。另外，从时序来看，原油价格变化先于进口商售汇变化大约 6 个月，如石油价格在 2008 年 6 月达到 140 美元的历史高点，而进口商售汇比例在 2008 年 12 月达到 77%

① 两者均为企业面对的存款利率（境内美元存款利率多参照 Libor 利率确定），因此，两个存款利率的比较可以反映企业选择何种币种存款的利差。而人民币 Shibor 利率是银行同业利率，是银行之间进行融资的利率，因此不适宜用来反映企业的存款利差。

的历史高点，说明原油价格上涨导致进口商需要更多的美元来购入原油，因此进口售汇的比例也上升了。

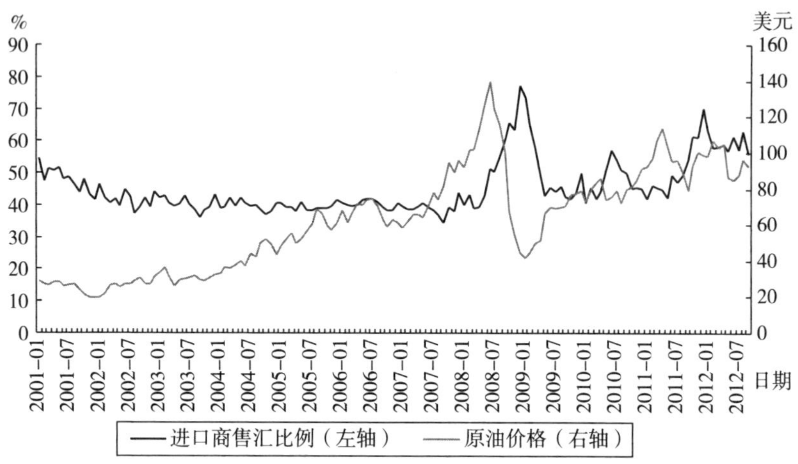

图 5-5　进口售汇和原油价格（纽交所原油期货价格）走势

（资料来源：Wind，Bloomberg）

4. 宏观经济和政策因素

除此之外，宏观经济和政策变化也会影响企业结售汇行为（包括我国 GDP 增速、美国量化宽松政策变化等）。根据相关性分析（见图 5-6），当国内经济增速高时，企业对美元的需求小，具体来看 GDP 月增速①与进口售汇比例的负相关性比较明显，负相关系数约为 47%；而 GDP 增速与出口结汇比例的正相关性相对较弱，特别是 2009 年两者正相关性较弱，但除此之外，在国际金融危机以前至 2008 年年底，及 2010 年以来二者的总体走势还是具有一定正相关性的。另外，在前两次美国宣布量化宽松政策后的第一、第二个月（2008 年 12 月和 2011 年 1 月）出口结汇都达到了区间内高点。

① 通过算数平均插值法将季度 GDP 增速转化为月度 GDP 增速。

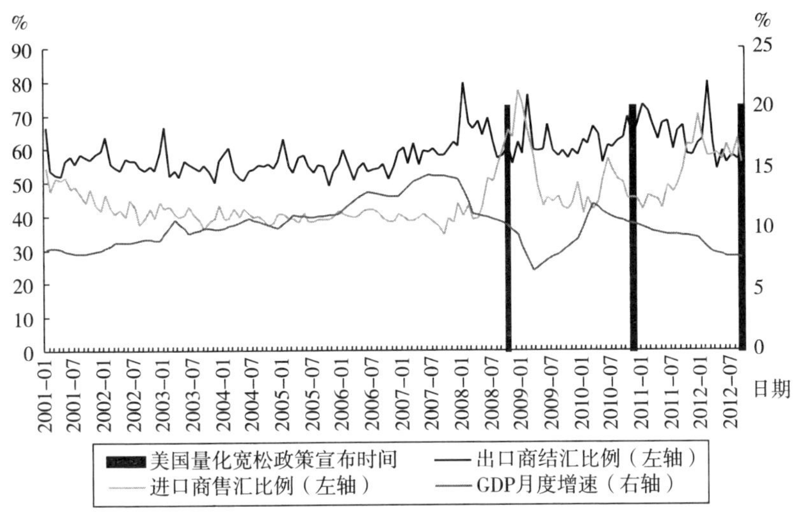

图 5－6　量化宽松、GDP 月增速和进出口结售汇

（资料来源：Wind）

二、结售汇与外汇供求

（一）结售汇等价于外汇供求

银行结售汇代表了外汇的供给和需求。其中，结汇是指企业和个人通过银行卖出外汇，买入本币；售汇是指企业和个人通过银行买入外汇，卖出本币。所以，从外汇供求的角度来看，结汇表示市场的外汇供给和人民币需求，售汇表示市场的外汇需求和人民币供给。一般来说，使用结售汇差额表示外汇的净供求，结售汇差额 = 结汇 - 售汇。结售汇差额为正，表示结汇大于售汇，外汇存在净供给，人民币存在净需求；结售汇差额为负，表示结汇小于售汇，外汇存在净需求，人民币存在净供给。所以，银行结售汇等价于外汇供求，在以下的研究中将运用银行结售汇数据，来研究国际收支与外汇供求的联系。

从数据来看（见图5－7），近年来我国的外汇仍保持供大于求的状况，而人民币的需求大于供给，即银行结售汇差额为正。

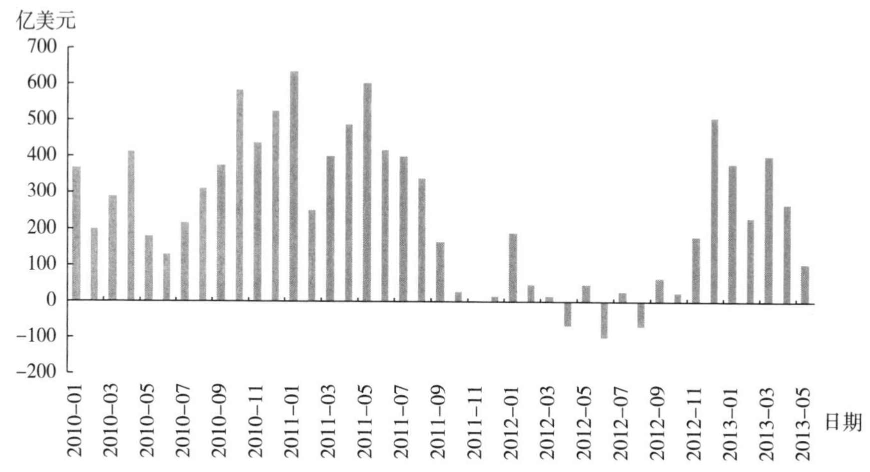

图5－7 银行结售汇差额情况

（资料来源：Wind，笔者估算）

（二）结售汇是外汇市场供求的基础

外汇市场分为两个层次：第一层次是外汇零售市场，即银行和个人、企业之间的买卖外汇的市场；第二层次是银行间外汇市场，是指银行之间（包括中央银行）进行外汇买卖的市场。

从外汇供求来看，银行结售汇是外汇供求的基础。银行从零售市场买卖外汇形成净差额，需要到银行间市场进行平盘。从我国情况看，国际收支持续双顺差和人民币保持升值预期，导致贸易企业的结售汇行为趋同，即大部分时间保持结售汇正差额，外汇供给大，人民币需求大。如果银行都存在结售汇正差额，银行之间无法平盘，即结售汇正缺口得不到满足，则会推动人民币升值。为了维持人民币汇率稳定和外汇市场供需平衡，中央银行不得不在银行间外汇市场上买入外汇，卖出人民币，从而导致外汇占款增加和流动性增长。

（三）银行代客结售汇与银行自身结售汇

同时，还需要说明一下银行代客结售汇与银行自身结售汇的区别。银行结售汇分为银行代客结售汇和银行自身结售汇，其中结售汇包括结汇和售汇。

首先，银行代客结汇是指外汇所有者（如出口企业）将外汇卖给外汇指定银行，银行代客售汇是指外汇指定银行将外汇卖给外汇使用者（如进口企业）。银行代客结汇表示外汇供给（人民币需求），而银行代客售汇表示外汇需求（人民币供给）。结售汇的差表示外汇净供给（需求），即为供需缺口，对此银行将在外汇市场上买卖外汇，以实现平盘。

其次，银行自身结售汇是指商业银行根据其资金需要，通过结售汇操作，将其持有的本外币资金进行相互兑换的行为。当商业银行把自身的人民币兑换成外币，就形成了银行自身售汇（比如商业银行进行海外收购）；当商业银行把自身的外币兑换成人民币，就形成了银行自身结汇（比如商业银行增加国内投资）。

具体关系见表 5 - 1：

表 5 - 1　　　　银行结售汇方式与外汇供求对比

银行结售汇	银行代客结售汇	银行代客结汇	外汇供给（人民币需求）
		银行代客售汇	外汇需求（人民币供给）
	银行自身结售汇	银行自身结汇	外汇供给（人民币需求）
		银行自身售汇	外汇需求（人民币供给）

外汇局自 2010 年开始公布银行结售汇数据，将每个月的月度数据归类分析如下：

从分类数据比较中可以看出：

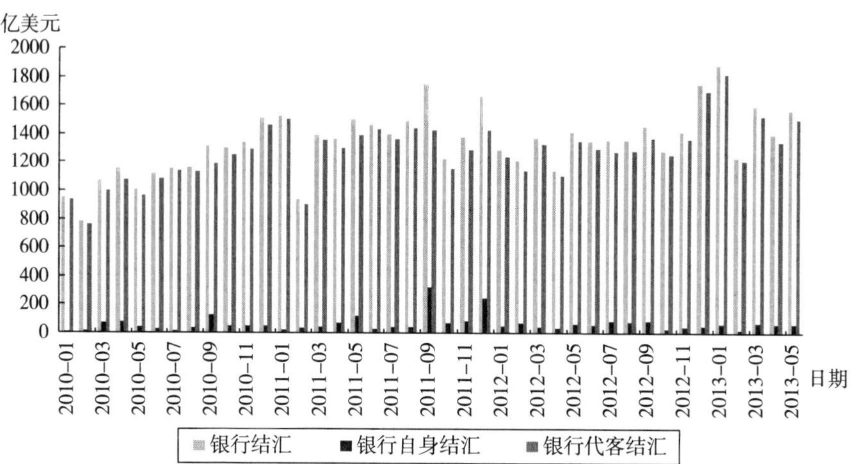

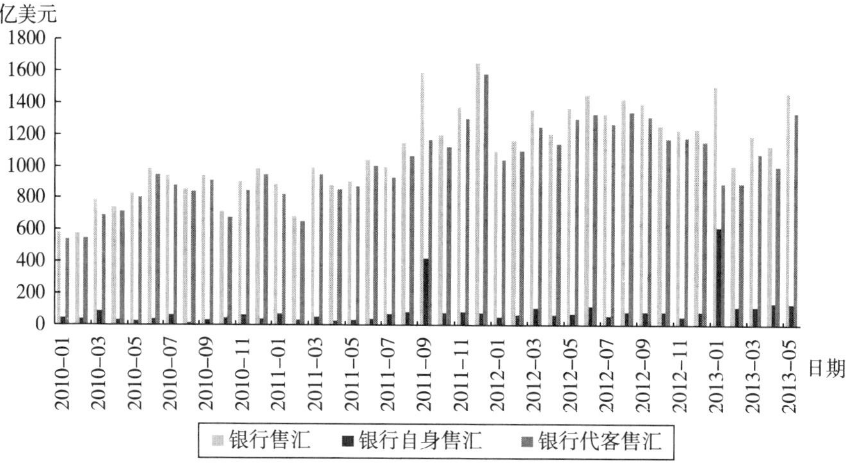

图 5-8 银行、银行自身、银行代客结售汇及银行代客结售汇差额情况

（资料来源：Wind，笔者估算）

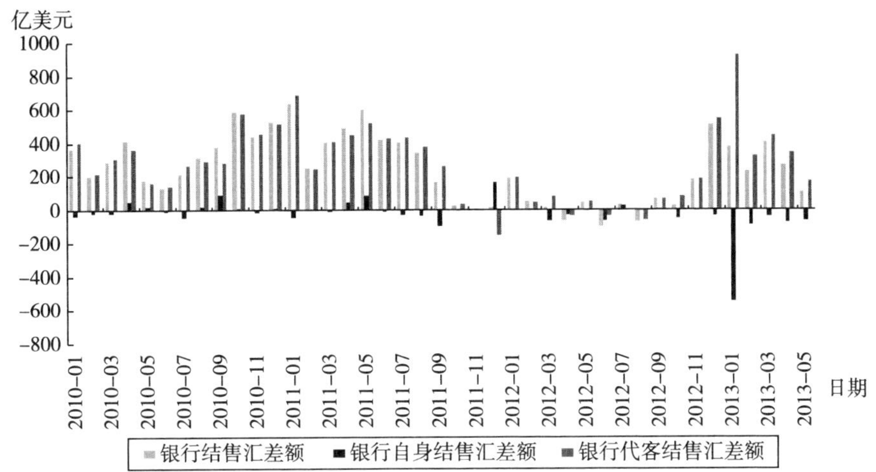

图5-9　银行、银行自身、银行代客结售汇及银行代客结售汇差额情况（续）

（资料来源：Wind，笔者估算）

第一，银行自身结售汇的量不大，银行代客结售汇的量和走势基本代表了银行结售汇的总体情况。

第二，用公式表达如下：银行结售汇差额 = 银行自身结售汇差额 + 银行代客结售汇差额（公式1）。由于，银行结汇 = 银行代客结汇 + 银行自身结汇（公式2），银行售汇 = 银行代客售汇 + 银行自身售汇（公式3），结售汇差额 = 结汇 - 售汇（公式4），用公式2减去公式3，之后再代入公式4，就可以得出上面的结论，即得到公式1。

第三，银行代客结售汇差额主要反映国际收支状况。银行代客结售汇主要来自于出口企业创汇和进口企业用汇，可以近似等价于出口金额和进口金额。因此，银行代客结售汇差额为正意味着贸易顺差，简称银行代客结售汇顺差；而银行代客结售汇差额为负意味着贸易逆差，简称银行代客结售汇逆差。

第四，银行自身结售汇差额主要反映银行的外汇资产负债行为和其被动持有外汇的情况。从图5-9中可以看出，2010年以来银行自身结售汇量波动较大，表现为顺差和逆差相互交织的状况，特别是2012年底以来，银行自身结售汇逆差金额较大。造成这种情况的原因主要有两个：一是银行外汇资产负债行为的结果，银行会根据对未来汇率走势的判断，调整其外汇资产负债结构，比如当人民币升值预期较强时，银行会增持人民币资产，并增加外汇负债，从而导致银行自身结汇顺差；二是银行被动持有外汇的结果，银行代客结售汇的差表示外汇净供给（需求），即外汇供需缺口，对此银行将在外汇市场上买卖外汇，以实现平盘，而中央银行为了保持外汇市场供需平衡，进而维护人民币汇率稳定，需要在外汇市场上接盘，即满足外汇供需缺口，使市场出清。但随着常态化干预的退出，中央银行也可选择不完全满足外汇供需缺口，而是通过人民汇率中间价调控汇率走势。在这种情况下，企业结售汇的缺口无法完全在市场出清，银行则不得不持有多余的外汇缺口，即银行自身结售汇差额 = 银行结售汇差额 - 银行代客结售汇差额。特别是2012年底以来，出现银行代客结售汇大量顺差而银行自身结售汇大量逆差的情况就是这种原因所导致的。

第三节　国际收支与外汇供求

一、相关概念

1. 国际收支账户

国际收支账户包括：经常账户、资本与金融账户、错误和遗漏账户。

2. 外汇储备与外汇占款

在说明国际收支账户之后，还需要辨别两个概念，即外汇储备与外汇占款。

外汇储备与外汇占款是两个相关但却完全不同的概念。外汇占款是指央行购买外汇而投放的人民币资金。外汇储备是指一国政府持有并可以随时兑换外国货币的资产。两者的相关关系是央行购买的外汇形成外汇储备，并投放外汇占款。差别在于外汇储备是外币形式的资产，是存量概念；而外汇占款是本币，是流量概念。而且外汇储备的来源除了央行购买的外汇之外，还有投资损益、汇率变化等因素也会对其产生影响。

从二者与国际收支表的关系来看，储备资产是国际收支表中的一个项目，而外汇占款是国际收支产生的结果。在国际收支表中，如果把储备资产单独作为一个项目，即将国际收支平衡表分为经常项目、资本和金融项目、储备资产和净误差与遗漏项目差额。如果不考虑净误差与遗漏项，根据会计原则，国际收支表两边平衡，即：$\Delta CA+\Delta CFA+\Delta RA=0$。其中，$\Delta CA$ 为经常项目差额，ΔCFA 为资本和金融项目差额，ΔRA 为储备资产项目差额。移项后有 $-\Delta RA=\Delta CA+\Delta CFA$（贷方为正，借方为负），即储备增长等于经常项目和资本项目顺差之和。而外汇占款与国际收支并不是会计报表中的等式关系，而是国际收支通过结售汇行为导致外汇占款增加的传导过程。从以下分析中可以看出，二者并不是 1∶1 的关系，而是受到企业结售汇行为、央行外汇操作、对冲操作等因素的影响，所以假定存在一定比例，即 $\Delta FX=\alpha\Delta CA+\beta\Delta CFA$。

从流动性的角度看，外汇占款代表了流动性供给，而外汇储备与流动性并没有直接关系。所以，将外汇占款作为研究对象，并将其作为流动性的主要影响因素进行研究。

二、国际收支、结售汇与外汇供求三者之间的关系

根据国际金融理论，国际收支是决定外汇供求的最主要因素。同

时，外汇供求又是银行流动性供给的基础，所以需要研究国际收支与外汇供求之间的联系，从而把握流动性供给产生的机制和变化情况。但外汇供求本身是一个理论概念，没有相应的实践背景和数据支持，因此上文提出可以将结售汇代表外汇供求。根据分析，银行（代客）结售汇既等价于外汇供求，同时也是外汇市场供求的基础，所以可运用结售汇数据对外汇供求和国际收支之间的关系进行定量研究。

在企业决定了它的最优外汇行为之后，需要与商业银行进行结售汇，即卖出或买入外汇，以进行外汇交易（也有个别企业可以直接在外汇市场上买卖外汇）。将所有企业的外汇行为加总，就可以得到外汇市场上总的外汇结售汇规模，具体表现为商业银行代客结售汇金额。当然除了企业之外，还包括商业银行自身的和个人的结售汇，但从规模来看这部分的量相对较小。从结售汇的来源来看，出口企业创汇是结汇的源头，而进口企业用汇是售汇的源头，而且结售汇与国际收支账户一一对应，所以国际收支是结售汇的源头。

从外汇供求关系来看，外汇市场上总的外汇结售汇规模代表了外汇总供给和总需求，其中结汇表示市场的外汇供给和人民币需求，售汇表示市场的外汇需求和人民币供给。在强制结售汇制度取消之后，企业根据自身意愿决定结售汇行为，外汇供求成为市场化行为。在不存在政府干预的情况下，外汇供求关系直接决定汇率水平。从 2005 年 7 月以来我国开始实行以市场供求为基础、参考一篮子货币进行调节、有管理的浮动汇率制度。从实际情况看，受国际收支持续顺差、人民币升值预期、本外币利差等因素影响，企业持有外汇的意愿不强，企业的创汇基本都用于结汇，导致外汇市场结汇远多于售汇，即外汇供给大于需求，人民币存在升值压力，为了保持汇率平稳，央行需要干预汇市，即在外汇市场上买入外汇，并卖出人民币，直到供求平衡。而中央银行这种干预行为，会导致其向市场投放人民币基础货币，即使市场流动性增加。

所以，国际收支是结售汇的源头，同时，银行（代客）结售汇等价于外汇供求（三者关系见图5－10）。而外汇供求是央行外汇干预的目标，也是流动性增长的基础。因此，在研究了单个企业外汇行为的基础上，还需要研究外汇供求的情况，即银行结售汇的情况。

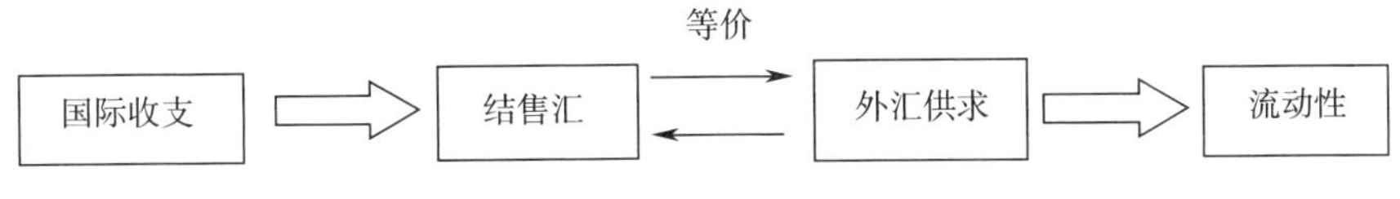

图5－10　国际收支与外汇供求的关系

三、国际收支各账户对结售汇各项目的影响

（一）国际收支各账户与银行结售汇的对应关系

与国际收支账户相对应，银行（代客）结售汇数据也进行了划分，使我们可以分析各种贸易形式的结售汇情况。

表5－2　　各种贸易的结售汇情况

银行结售汇	经常项目结售汇	货物贸易结售汇
		服务贸易结售汇
		收益和经常转移结售汇
	资本与金融项目结售汇	直接投资
		证券投资

可以看出，银行结售汇的分项数据基本按照国际收支账户进行了划分。在此基础上，可以进行两方面的研究分析：一是对银行结售汇，即外汇供求进行结构分析；二是可以将外汇供求与对应的贸易行为进行联系分析，找到外汇供求的源头。

（二）国际收支经常项目与经常项目结售汇

首先要说明的是，根据前面的分析，银行代客结售汇的数据主要反映国际收支的情况，而银行自身结售汇是银行自身资产负债行为的结果，与国际收支状况无关。所以以下均使用国际收支数据与银行代客结售汇的分项数据进行分析。

国际收支经常项目和经常项目代客结售汇分别是国际收支和代客结售汇中最主要的部分。从差额情况看，国际收支经常项目差额占国际收支差额的 62%，而经常项目代客结售汇占代客结售汇差额的 87%。所以，二者之间的关系基本可以代表国际收支与银行代客结售汇之间关系的总体情况。

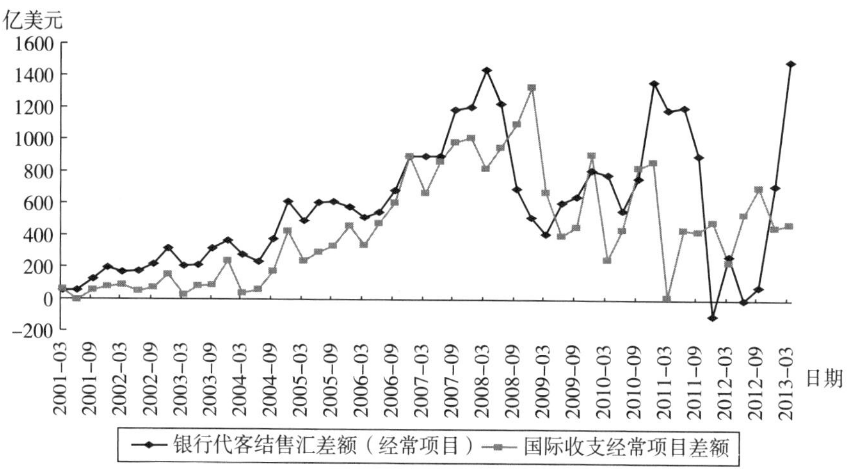

图 5－11　国际收支经常项目差额与银行代客结售汇差额（经常项目）

（资料来源：Wind，笔者估算）

从图 5－11 中可以看出国际收支经常项目差额与银行代客结售汇差额走势高度一致，两者的相关系数达到 0.56。从因果关系来看，经常项目是国际收支中最主要的项目，反映了进出口的收汇（或用汇）

情况。在假设贸易企业自身外汇资产或负债为0（即不存在延期支付或收款）的情况下，其进出口的收汇（或用汇）均需要与银行进行结售汇，所以国际收支经常项目差额显然是银行代客结售汇经常项目差额的源头和根本原因。当然由于实践中，企业会根据业务需要和汇率预期等因素，或多或少持有外汇资产或负债，所以国际收支经常项目差额与银行代客结售汇经常项目差额会有所偏离，但总体来看趋势是一致的，银行代客结售汇经常项目差额会围绕国际收支经常项目差额上下波动。而且这种偏离只是短期的小幅波动，银行代客结售汇经常项目差额并不会大幅明显偏离国际收支经常项目差额。

从具体走势来看，2001 年以来，我国进出口贸易顺差逐步增大，相应的国际收支经常项目差额持续增长。到 2008 年国际金融危机爆发，经常项目顺差从 2008 年年底开始大幅减少。2009 年下半年以来，经常项目顺差有所恢复，且呈现出上下波动的情况。与之对应，银行代客结售汇经常项目差额也从 2001 年到 2008 年底持续增长，此后大幅减少，到 2009 年中止跌后，震荡波动。特别是，2011 年第一季度国际收支经常项目差额创出历史新低 15 亿美元，而三个季度后，2011 年第四季度银行代客结售汇经常项目差额也创出历史新低 -100 亿美元。

用 2010 年第一季度到 2013 年第一季度的 49 个季度数据进行 Granger 因果检验分析，结果如表 5 -3 所示。

表 5 -3　　　　因果检验结果

变量	P 值	滞后 1 期	滞后 2 期	滞后 3 期	滞后 4 期
国际收支经常项目差额不是银行代客结售汇经常项目差额的原因	—	0. 1209	0. 0877	0. 0193	0. 003
银行代客结售汇经常项目差额不是国际收支经常项目差额的原因	—	0. 1061	0. 1087	0. 5103	0. 775

可以看出，在滞后 3 期和滞后 4 期时，国际收支经常项目差额是导致银行代客结售汇经常项目差额的原因，而反之不成立。所以国际收支经常项目差额会提前 3 ~ 4 个季度变化，从而导致银行代客结售汇经常项目差额相应发生变化。实证检验的结果与以上分析的理论背景相符合。

（三）国际收支货物贸易与货物贸易结售汇

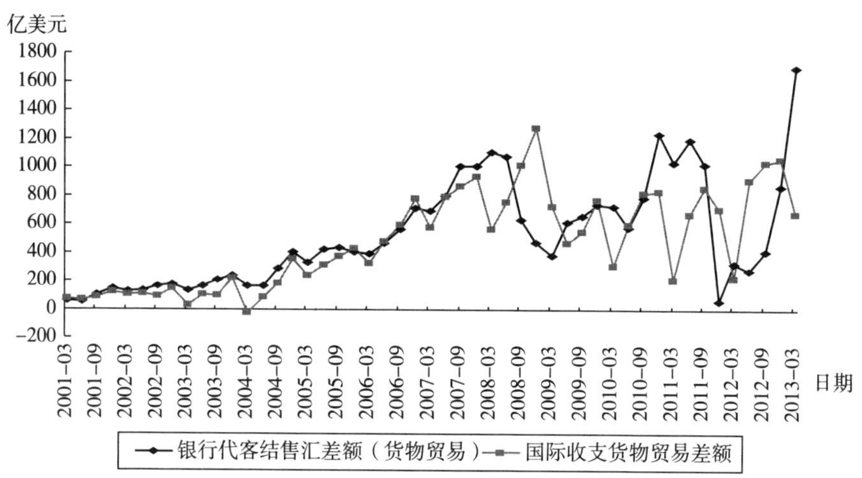

图 5 - 12　国际收支货物贸易差额与银行代客结售汇差额（货物贸易）

（资料来源：Wind，笔者估算）

货物贸易是指商品贸易或有形贸易，也是经常项目中的主要组成部分。同样，贸易企业进出口商品的收汇（或用汇）也对应为其与银行进行的结售汇。从图 5 - 12 中可以看出，国际收支货物差额与银行代客结售汇差额的走势高度一致，两者的相关系数达 0.6。两者的具体走势基本与经常项目走势相同，所以不再赘述。

用 2010 年第一季度到 2013 年第一季度的 49 个季度数据进行 Granger 因果检验分析，结果如表 5 - 4 所示。

表 5－4　　　　　　　　　　　　因果检验结果

变量	P 值	滞后 1 期	滞后 2 期	滞后 3 期	滞后 4 期
国际收支货物贸易差额不是银行代客结售汇货物贸易差额的原因	—	0.0675	0.0083	0.0021	0.000
银行代客结售汇货物贸易差额不是国际收支货物贸易差额的原因	—	0.0387	0.1693	0.3505	0.8283

可以看出，在滞后 2 期以上，国际收支货物贸易差额是导致银行代客结售汇货物贸易差额的原因，而反之不成立。所以国际收支货物贸易差额会提前 2 个季度以上发生变化，从而导致之后的银行代客结售汇货物贸易差额相应发生变化。实证检验的结果与上面的理论背景相符合。

（四）国际收支服务贸易与服务贸易结售汇

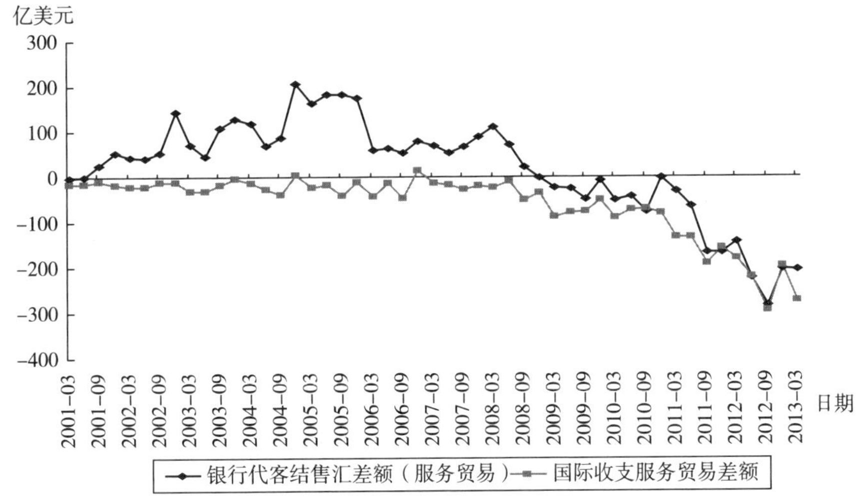

图 5－13　国际收支服务贸易差额与银行代客结售汇差额（服务贸易）

（资料来源：Wind，笔者估算）

从图 5－13 可以看出，2008 年以来我国服务贸易持续逆差，相应的服务贸易结售汇也呈现负缺口。两者的走势高度相关，而且是各个账户中最高的，相关系数达 0.9。

用 2010 年第一季度到 2013 年第一季度的 49 个季度数据进行 Granger 因果检验分析，结果如表 5－5 所示。

表 5－5　　因果检验结果

变量	P 值	滞后 1 期	滞后 2 期	滞后 3 期	滞后 4 期
国际收支服务贸易差额不是银行代客结售汇服务贸易差额的原因	—	0.1113	0.1317	0.2497	0.2347
银行代客结售汇服务贸易差额不是国际收支服务贸易差额的原因	—	0.3557	0.9858	0.407	0.87

可以看出，国际收支服务贸易与服务贸易结售汇不存在显著的 Granger 因果关系。而且从数据本身可以看出，两者的变化基本是同步的，因此国际收支服务贸易与服务贸易结售汇是同步变化的两个变量。

（五）国际收支收益和经常转移与收益和经常转移结售汇

从图 5－13 中可以看出，收益和经常转移项目波动较大，且两者的相关性相对较弱，相关系数为 0.36。

（六）国际收支资本与金融项目和资本与金融项目结售汇

从图 5－14 中可以看出，国际收支资本与金融项目差额与银行代客资本与金融项目结售汇差额的总体趋势比较一致，两者的相关系数为 0.46。但国际收支资本与金融项目差额的波动幅度较大，而银行代客资本与金融项目结售汇差额相对稳定。特别是 2008 年以来，国际收支资本与金融项目差额波动幅度明显加大，部分时间甚至出现比较大的逆差，但银行代客资本与金融项目结售汇差额并未有大的变化。造成这种情况的原因是资本项目外汇供求的主体主要是金融机构（或大

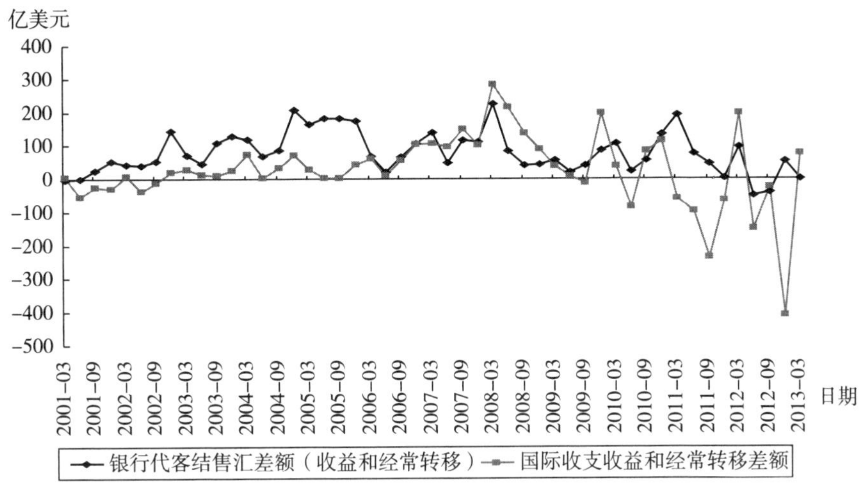

图5－14　国际收支收益和经常转移差额与银行代客结售汇差额（收益和经常转移）

（资料来源：Wind，笔者估算）

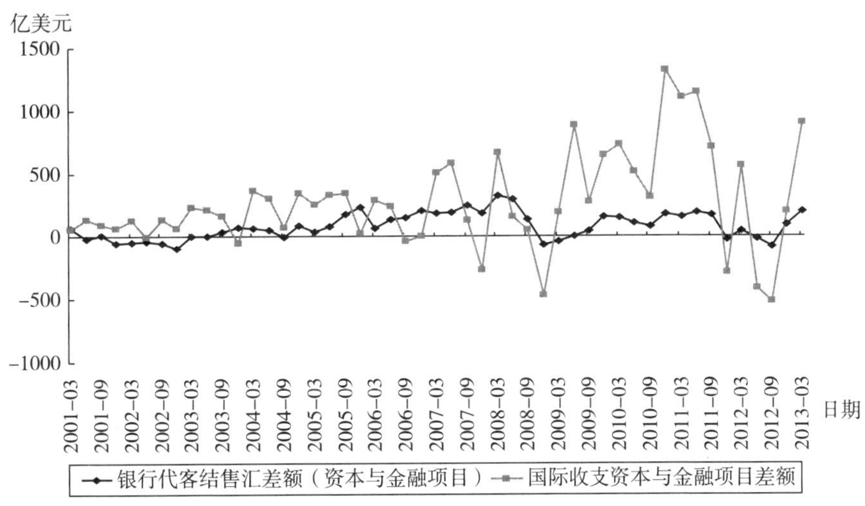

图5－15　国际收支资本与金融项目差额与银行代客结售汇差额（资本与金融项目）

（资料来源：Wind，笔者估算）

型企业的金融部门），而金融机构自身持有外汇相对企业较多，而且其可用于买卖外汇的金融产品也较多，因此国际收支资本项目的变化对银行代客资本与金融项目结售汇差额的影响较小。

用2010年第一季度到2013年第一季度的49个季度数据进行Granger因果检验分析，结果如表5－6所示。

表5－6　　因果检验结果

变量	P值	滞后1期	滞后2期	滞后3期	滞后4期
国际收支资本与金融项目差额不是银行代客结售汇资本与金融项目差额的原因	—	0.9675	0.8048	0.8809	0.8926
银行代客结售汇资本与金融项目差额不是国际收支资本与金融项目差额的原因	—	0.6521	0.9246	0.8572	0.9516

可以看出，资本和金融项目的国际收支和结售汇并不存在明显的Granger因果关系。

（七）国际收支直接投资和直接投资结售汇

从图5－16中可以看出，国际收支直接投资差额与银行代客直接

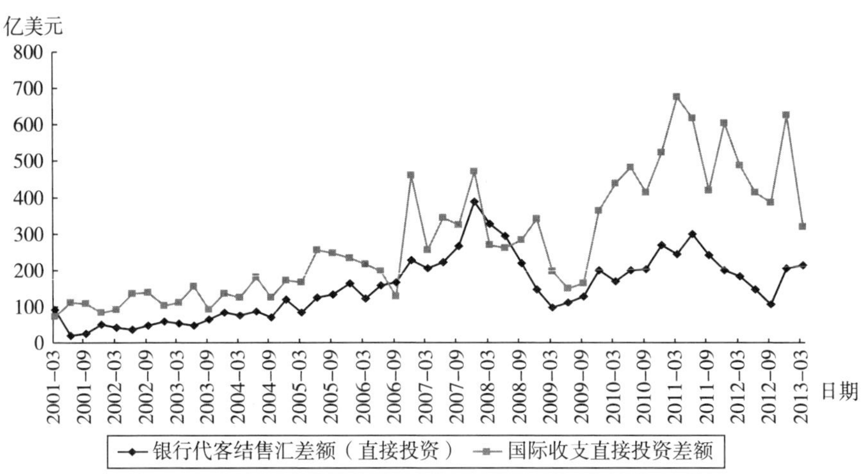

图5－16　国际收支直接投资差额与银行代客结售汇差额（直接投资）

（资料来源：Wind，笔者估算）

投资结售汇差额走势高度一致。从相关系数来看，二者的相关系数相对较高，达到0.73。

用2010年第一季度到2013年第一季度的49个季度数据进行Granger因果检验分析，结果如表5－7所示。

表5－7　因果检验结果

变量	P值	滞后1期	滞后2期	滞后3期	滞后4期
国际收支直接投资差额不是银行代客结售汇直接投资差额的原因	—	0.4469	0.6682	0.7544	0.4618
银行代客直接投资结售汇差额不是国际收支直接投资差额的原因	—	0.2653	0.6086	0.083	0.0849

可以看出，在滞后3期和滞后4期银行代客直接投资结售汇差额是国际收支直接投资差额的原因。这与经常账户的情况正好相反，即国际收支直接投资不是直接投资结售汇的原因，而是结果。造成这种情况的原因是结售汇行为一般发生在直接投资之前，即投资主体需要在投资前提前买入或卖出外汇。从检验结果可以看出，投资主体一般会提前3个季度以上买入或卖出外汇。

（八）国际收支证券投资和证券投资结售汇

从图5－17中可以看出，二者的相关性较弱，相关系数仅为0.02。

四、实证检验

（一）协整模型

由于国际收支经常项目和银行代客经常项目结售汇分别是国际收支和银行代客结售汇中最主要的项目，因此二者代表了国际收支和外汇供求的总体情况。同时，从相关分析和实证分析结果来看，国际收

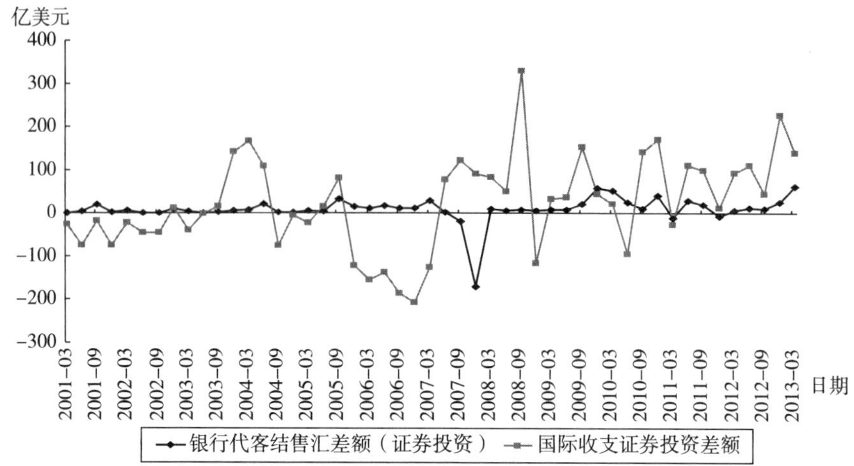

图 5－17　国际收支证券投资差额与银行代客结售汇差额（证券投资）

（资料来源：Wind，笔者估算）

支资本和金融项目与银行代客资本和金融项目结售汇的相关性较弱，且回归结果的拟合程度不高。所以，这里运用 2001 年以来的国际收支经常项目差额和银行代客结售汇经常项目差额的 49 个季度数据进行实证检验。用变量 CA1 和 FX1 分别表示国际收支经常项目差额和银行代客结售汇经常项目差额。根据上面的分析，二者之间存在因果关系，且历史数据的走势相同，因此建立协整模型进行分析。

1. 平稳性检验

表 5－8　　变量平稳性检验结果

变量	ADF 检验值及检验形式（C，T，N）	结论	临界值
FX1	（0，0，4）	不平稳	
ΔFX1	（0，0，4）	平稳	1%
CA1	（0，0，4）	不平稳	
ΔCA1	（0，0，4）	平稳	1%

注：1. 其中检验形式（C，T，N）括号中的 C 表示做 ADF 检验时有常数项（C 为 0 时，表示不含常数项），T 表示含趋势项，N 表示滞后阶数。

2. Δ 表示一阶差分。

2. 建立 VAR 模型

根据滞后期选择标准，建立滞后期数为 3 的 VAR 模型。同时，根据前面的 Granger 因果检验结果，国际收支经常项目差额是银行代客结售汇经常项目的结果，因此 VAR 模型中的变量顺序为 CA1，FX1。经检验，该 VAR 模型不含单位根，符合平稳性条件（检验结果见图 5－18 和图 5－19）。

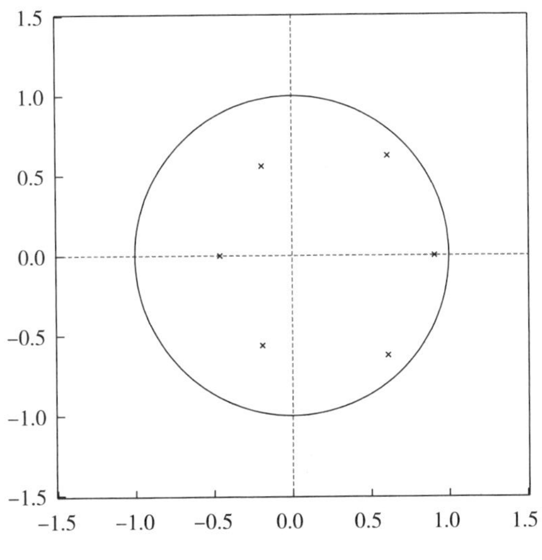

图 5－18　单位根检验

从脉冲相应分析的结果来看，国际收支经常项目差额对银行代客结售汇经常项目差额的影响从第 1 期开始，并逐渐增大直到第 4 期达到最大，此后开始逐渐衰减。

3. 建立协整方程

在上述 VAR 模型的基础上，采用 Johansen 检验建立协整方程。根据数据图形，选择滞后期为 3，且没有时间趋势和有常数项的 Johansen 检验。

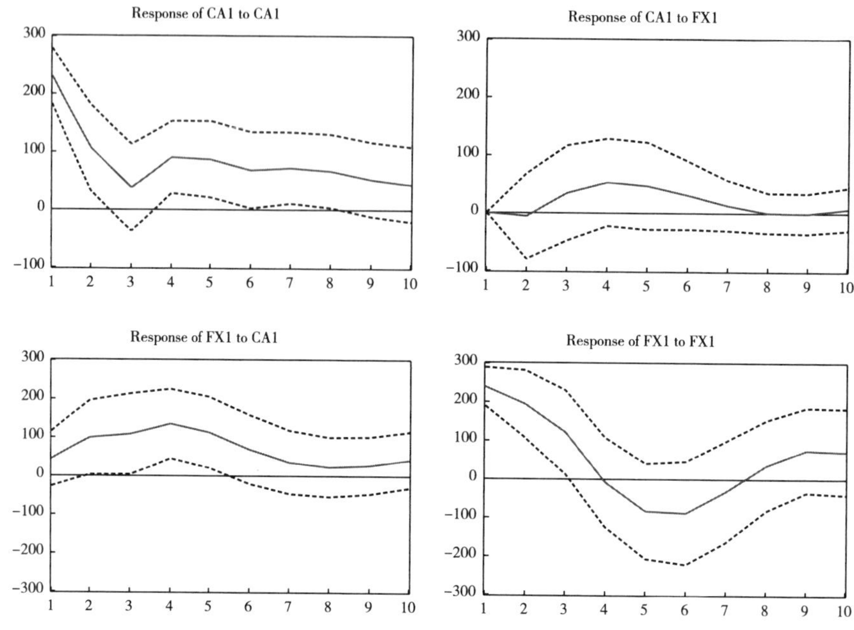

图 5-19　脉冲响应检验

表 5-9　模型检验结果

原假设：协整向量个数	特征值	迹统计量	显著性水平为 5% 的临界值	拒绝原假设的概率
None *	0.3355	18.4102	12.3209	0.0043
At most 1	0.0004	0.0164	4.1299	0.9167

根据计算结果，对应的协整方程可写为：FX1 = 1.1894CA1

从检验结果可以得出，CA1 和 FX1 之间存在稳定的协整关系。根据协整方程，国际收支经常项目差额增加 1 亿美元，银行代客结售汇经常项目差额将增加约 1.2 亿美元（即外汇供给增加 1.2 亿美元）。

（二）相关性分析

对国际收支差额（贸易差额）、结售汇和外汇占款进行相关性分析。用 trade，exss（exchange settlement and sales）和 fx 分别表示贸易差额、结售汇和外汇占款，使用 2001 年 1 月至 2013 年 5 月的 149 个月度数据进行分析，可得到以下的相关系数矩阵：

表 5－10　　相关系数矩阵

变量	trade	exss	fx
trade	1.00	0.39	0.32
exss	0.39	1.00	0.83
fx	0.32	0.83	1.00

可以看出：

第一，贸易差额、结售汇和外汇占款三者具有明显的正相关性。

第二，贸易差额对结售汇和新增外汇占款的影响比较平均，而且与结售汇的相关性更强，而与新增外汇占款的相关性稍弱。造成这种情况的原因主要是贸易差额对结售汇产生直接影响，而间接影响新增外汇占款，所以其与结售汇的相关性要强于与新增外汇占款的相关性。

第三，结售汇对新增外汇占款的影响非常显著。之前的研究已经指出结售汇代表了外汇供给和需求，而外汇供求是央行外汇干预的目标，也是央行被动买入外汇投放人民币，即产生新增外汇占款的市场基础。所以，结售汇的情况直接决定了新增外汇占款的多少，从相关性来看，二者的相关系数高达 0.83，符合理论推导的结论。

五、国际收支是外汇供求的源头和主要影响因素

通过以上研究，可以得出结论：国际收支是外汇供求（银行结售汇）的源头和主要影响因素，而且国际收支经常项目差额增加 1 亿美元，银行代客结售汇经常项目差额将增加约 1.2 亿美元（即外汇供给增加 1.2 亿美元）。从各个账户的具体情况来看，还可以得出以下结论：

第一，国际收支经常项目差额是导致银行代客结售汇经常项目差额的原因，国际收支经常项目差额会提前3~4个季度变化，并导致银行代客结售汇经常项目差额相应发生变化。而且由于国际收支经常项目和经常项目结售汇分别是国际收支和结售汇中最主要的项目，二者的关系说明了国际收支是银行代客结售汇（外汇供求）的源头和主要影响因素。

第二，国际收支货物贸易是货物贸易结售汇的原因。而且国际收支货物贸易差额会提前2个季度以上发生变化，从而导致之后的银行代客结售汇货物贸易差额相应发生变化。

第三，国际收支服务贸易与服务贸易结售汇同步变化。而且国际收支服务贸易差额与服务贸易结售汇差额的走势高度相关，其相关性是各个账户中最高的，相关系数达0.9。

第四，国际收支资本与金融项目差额与银行代客资本与金融项目结售汇差额的总体趋势比较一致，两者的相关系数为0.46。但国际收支资本与金融项目差额的波动幅度较大，而银行代客资本与金融项目结售汇差额相对稳定。

第五，银行代客直接投资结售汇差额是国际收支直接投资差额的原因。这与经常账户的情况正好相反，即国际收支直接投资不是直接投资结售汇的原因，而是结果。造成这种情况的原因是直接投资结售汇行为一般发生在直接投资之前，即投资主体需要在投资前提前买入或卖出外汇。

第六，国际收支证券投资和证券投资结售汇相关性较弱。

六、进出口与外汇供求

最后需要说明一个与国际收支相关的概念，即进出口。进出口贸易是反映进口和出口商品金额的指标，与国际收支经常项目中的货物贸易和服务贸易相对应。所以，进出口贸易也是银行代客结售汇（外汇供求）的源头和主要影响因素。而且从数据频率来看，进出口贸易是月度数据，而国际收支是季度数据，因此进出口贸易数据更加敏感，更能反映贸易的变化情况，而且也与月度的结售汇数据更加匹配（见图5－20）。所以在研究中，也常常使用进出口数据代替国际收支数据进行分析。

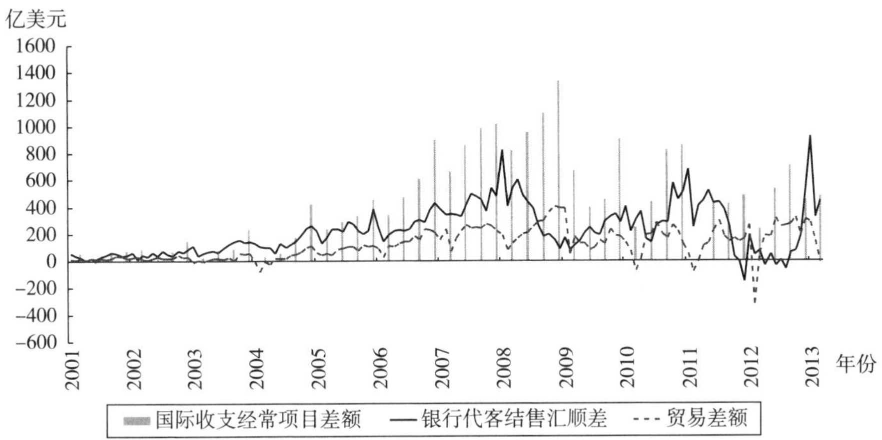

图5－20　贸易差额、国际收支经常项目差额与银行代客结售汇顺差额

（资料来源：Wind，笔者估算）

第六章　对冲政策研究

货币政策是我国流动性运行的基础和重要影响因素，所以要分析我国的流动性问题，就必须深刻理解货币政策的原理。从流动性与货币政策的关系看，以往我国货币政策是一种流动性对冲政策，即在外汇流入持续增加流动性供给的背景下，通过对冲政策减少市场流动性增长，维持供需平衡。近年来，随着我国国际收支趋于均衡以及货币政策工具创新，我国货币政策与流动性的关系出现一些新变化，如流动性供给创造、流动性需求管理等。因此，在上一章分析了国际收支对外汇供求的影响之后，本书将用两章来研究货币政策与流动性的关系，其中，本章主要研究对冲型政策的情况；而下一章将对双目标货币政策的最优化选择进行研究，是在更广泛和一般意义上研究货币政策与流动性的关系。

第一节　汇率政策

一、汇率的作用

人民币汇率是中央银行汇率政策的目标，也是国际收支与流动性之间的连接点和关键价格变量。国际收支是外汇供求的来源，外汇供求决定市场汇率变化。为了实现人民币汇率的合理均衡，中央银行需要调节外汇市场供求，从而产生外汇占款，导致流动性增长，并通过对冲政策来抵消和摆布这种由于国际收支产生的流动性供给。

具体传导过程见图 6－1：

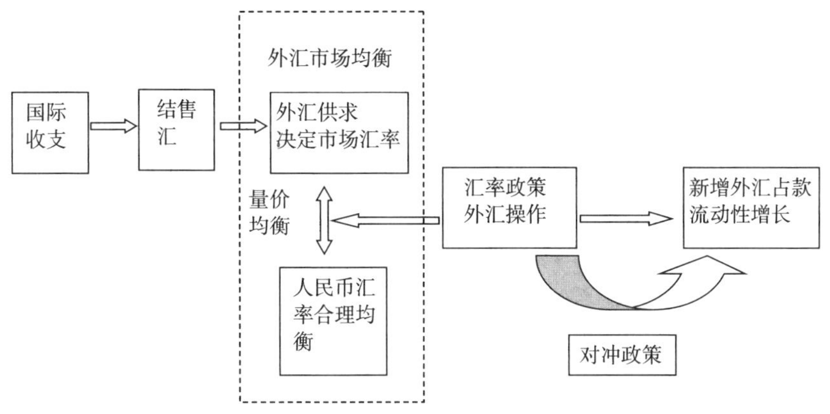

图 6－1　国际收支、外汇市场、汇率政策、对冲政策传导关系

从图 6－1 的左半部内容来看，汇率与国际收支是相互影响，互为因果的。一方面，国际收支是汇率变化的主要影响因素，前面的分析指出国际收支决定外汇供求，而外汇供求变化就决定了外汇价格，即汇率的变化；另一方面，汇率变化也会反作用于国际收支，一国货币贬值有利于出口，而不利于进口，货币升值则有利于进口，而不利于出口。人民币汇率机制改革以来，贸易顺差过快增长的态势得到缓解。人民币升值可以降低消费品和初级产品的进口价格，有利于支持扩大进口；同时，人民币适度升值促使企业加大产品升级换代和创新力度，提升核心竞争力，促进出口结构优化和外贸发展方式转变。

从图 6－1 的右半部内容来看，汇率目标①与市场汇率之间的差别是开展外汇操作的原因，也是产生新增外汇占款的基础。当市场汇率

① 一国汇率目标与合理均衡汇率是两个相关却不同的概念。汇率目标是外汇政策的目标，从理论上说外汇政策应该以实现汇率合理均衡为目标，但实际中合理均衡汇率的测算分歧很大，而且外汇政策也往往要兼顾其他各种因素，所以二者相关但却有所不同。

与汇率目标（合理均衡汇率）不同时，央行就需要开展外汇干预（操作）[①]，即买卖外汇，将市场汇率引导到目标水平上，比如市场汇率下跌幅度较大时（人民币汇率升值），央行就需要出手，在外汇市场上买入外汇，卖出人民币，即产生外汇占款。而央行开展外汇操作产生外汇占款，就会相应导致国内流动性增加。

二、汇率政策

汇率是一国货币与另一国货币的比价。汇率会对一国的宏观经济产生重要的影响，因此各国都会根据自己的国情选择合适的汇率制度，并通过相关政策来实现和保障这一汇率制度。从内外均衡的角度看，我国通过开展外汇操作实现外部均衡，产生流动性供给，并影响到内部均衡。

从各国汇率制度的发展来看，在布雷顿森林体系时代，可以将汇率制度分为盯住汇率制度和其他汇率制度；布雷顿森林体系解体之后，逐步进入了浮动汇率时代；近年来，各国都根据汇率弹性和对货币政策框架的影响不断对其汇率制度进行分类和修正。目前来看，主要分为三大类汇率制度：固定汇率制度、浮动汇率制度和中间汇率制度。其中，主要储备货币发行国都采取自由浮动汇率制度，包括美国、欧元、日本和英国；新兴市场国家和地区根据自身经济规模和特点主要采取了管理浮动汇率制度和货币局制度，例如中国香港的货币局制度和新加坡的区间篮子爬行汇率制度，这些经济体的货币当局通过相对固定的汇率制度将美元作为自身货币的“锚”，但同时也放弃了货币政策的独立性；而欠发达国家通常采取固定或盯住汇率制度，以克服通

---

① 外汇操作和外汇干预是两个相关的概念，均指央行在外汇市场买卖外汇。但外汇操作的说法相对更中性，而外汇干预往往被认为政府干预市场，也可能被其他国家作为进行贸易战或者汇率战的借口。以下均采用外汇操作的说法。

货膨胀。

从我国情况看，我国作为发展中的大型开放经济体，一方面，要坚持货币政策的有效性，需要采取浮动汇率制度；另一方面，我国的要素市场和金融市场还不够发达，经济发展和经济结构还不够完善，完全自由浮动的汇率制度并不适用。因此，我国选择了有管理的浮动汇率制度。为此，我国于2005年7月21日启动了人民币汇率形成机制改革，建立了以市场供求为基础、参考一篮子货币进行调节、有管理的浮动汇率制度。之后，按照“主动性、可控性和渐进性”原则，不断推进人民币汇率形成机制完善。人民币汇率根据市场供求形势的变化，参考国际主要货币汇率走势，弹性浮动，有贬有升，总体呈升值走势（见图6－2）。

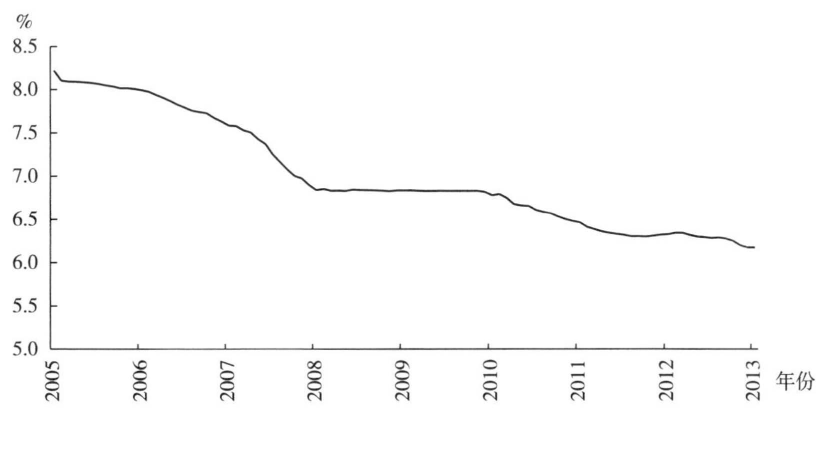

图6－2　人民币兑美元汇率走势

（资料来源：Wind）

三、合理均衡的汇率水平

央行的汇率机制（政策）是“以市场供求为基础，参考一篮子货币进行调节，增强人民币汇率弹性，保持人民币汇率在合理均衡水平上的基本稳定”。当人民币市场汇率与合理均衡水平有所偏差时，就需要央行进行外汇干预（操作）以调节市场汇率，同时也投放（或回笼）外汇占款。因此，人民币汇率合理均衡水平的确定是影响外汇操作，进而影响外汇占款变化的重要因素。

均衡汇率的测算结果仍有分歧。均衡汇率是指与宏观经济内外部均衡相一致的汇率，也就是内、外部均衡同时实现时决定的汇率。不同学者对内外部均衡的定义有所不同，有的将外部均衡定义为国际收支平衡，有的定义为资本自由流动；有的将内部均衡定义为充分就业，有的定义为经济保持在潜在产出水平上。对内外部均衡定义的不同决定了测算均衡汇率方法的不同，衍生出了一般均衡法、局部均衡法等多种测算模型。均衡汇率本身是动态的。经济基本面总在动态变化之中，生产率、技术进步、开放程度以及货币条件的变化，各经济体经济周期的差异，同时其他主要货币之间的汇率也是灵活浮动的，这些都会引起均衡汇率的变化。由于均衡汇率需要在一定的假设条件下采用一定的方法进行估算，假设条件的不同、估算方法的不同决定了测算结果的不同。汇率的动态发展变化呈现出高度的不确定性，均衡汇率是一个点还是一个区间，是固定的或随经济基本面变化而波动，还是从一种均衡状态跳跃到另一种均衡，目前学术界并无共识。比如2008 年2 月，世界银行公布的2005 年全球ICP 项目最终报告显示，中国绝对购买力平价等于1 美元折合3. 45 元人民币，相当于当年汇率的42%；2009 年10 月，国际货币基金组织评估人民币汇率低估10% 至20%；2010 年3 月，高盛公司首席经济学家奥尼尔采用简约一般均衡框架下的单方程协整模型估计人民币均衡汇率。结果显示，2009 年底，人民币兑美元的均衡汇率为6. 856 元/美元，相当于人民币汇率高估了0. 5%，基本处于均衡状态。

所以合理均衡汇率水平并无定论，而且实际中央行外汇操作除了受经济因素的影响之外，还受到国际政治、政府决策等非经济因素影响。本书为了使研究更加集中在各影响因素与流动性的关系上，因此将汇率作为一个外生变量，即只将外汇占款这一变量本身带入研究，而不重点研究汇率波动、汇率政策调整等因素对外汇占款的影响。

四、国际收支与汇率政策

当一国选择了某一汇率制度，即确定了汇率的目标水平或者波动范围时，需要通过外汇操作来实现汇率政策的目标。外汇操作是指一国中央银行通过买入或卖出外汇改变本国货币汇率的行为。中央银行的外汇操作可以发挥两种作用。一是通过在外汇市场上买卖外汇，来改变金融机构外汇资产的数量及比例，从而使外汇市场达到供需均衡时的汇率与汇率目标相等，可将这种作用称为资产组合渠道。二是通过外汇操作影响市场参与者的预期，即通过表明央行的态度影响金融机构的心理预期，从而实现将市场汇率引导到目标水平，这种作用可称为预期渠道。当国际收支顺差导致外汇供给大于需求时，开展外汇操作买入外汇、卖出人民币来引导市场汇率至目标（范围）之内，并产生外汇占款，增加流动性供给；反之亦然。从图 6 – 3 中可以看出，2002 年以来的国际收支顺差基本与新增外汇占款相当，而且两者变化趋势保持一致，这就说明央行在外汇市场上买入了大部分的外汇供给，并相应投放人民币流动性，形成外汇占款（国际收支数据按当年平均汇率折算为人民币）。

由于汇率政策的特殊性，从公开信息和数据中很难得到有关汇率调控的情况。但从国际收支与流动性的关系来看，新增外汇占款既是流动性供给的主渠道，也是央行调控汇率的结果。因此，在下面的研究中，就将外汇占款作为代表汇率政策的变量进行分析和计算。

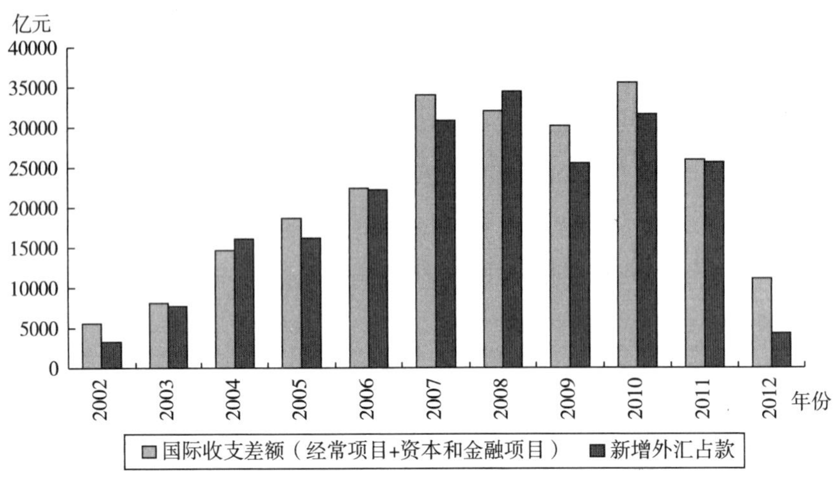

图 6－3　国际收支差额与新增外汇占款

（资料来源：Wind，笔者估算）

第二节　对冲政策

一、相关概念

在一国开展外汇操作调控汇率的同时，也有必要开展对冲操作以应对由于外汇操作导致的流动性增长，避免短期的大幅流动性增长对国内经济造成冲击。对冲操作是指中央银行通过货币政策工具对冲由于外汇操作导致的流动性增长。从我国情况看，加入世贸组织以来，我国国际收支长期保持双顺差。为维持人民币汇率合理均衡，央行通过外汇操作调节外汇市场供求，并导致新增外汇占款。在外汇占款持续增长的背景下，为避免国内流动性过度增加、抑制通货膨胀，中央银行通过公开市场操作、法定存款准备金率等方法冲销这种由国际收支双顺差所引起的被动的流动性供给增加。

按照央行开展外汇操作时是否采取相应的对冲操作，即外汇操作是否会导致流动性的变化，可在上述两个概念的基础上，衍生出两个概念：一个是冲销操作，也称对冲型货币政策，或简称为对冲政策；另一个是非冲销操作。其中，冲销操作是指开展外汇操作的同时，还要开展对冲操作；而非冲销操作是指仅开展外汇操作。前者不会引起货币供应量的变化，但是会带来资产内部组成比例的变动，后者则会引起货币供应量的变化。

冲销操作是央行调控汇率的主要政策之一。它是指中央银行在外汇市场上买卖外汇的同时，通过其他货币政策工具（如公开市场操作、法定存款准备金等）来抵消央行进行外汇交易对国内流动性的影响，以保持国内流动性平稳运行的政策操作行为。具体来看，当人民币存在升值趋势时，为保持汇率平稳，央行在外汇市场上买入外汇，卖出本币，抑制人民币升值。此时，央行卖出的本币即形成外汇占款，导致国内流动性增加。

总的来看，为了满足实体经济的融资需求和金融发展的要求，需要保持合理的流动性环境，即流动性也应保持一定的增长。但由于我国的经济结构和特点，国际收支长期保持双顺差，导致外汇长期供大于求，为了维持人民币汇率稳定，央行通过外汇操作被动投放大量流动性。从某一个时期来看，这些流动性显然超出了经济和金融发展的需求，如果不进行对冲管理，可能导致流动性泛滥，并引发货币超发、资产泡沫甚至通货膨胀的结果。为此，央行需要通过开展公开市场操作或提高法定存款准备金率等政策，平滑或贮藏这种由于国际收支持续失衡导致的流动性供给，一是可以避免流动性泛滥，二是可以筑坝贮水，以备不时之需。与之相对应的非冲销操作则是指中央银行在开展外汇操作时不采取其他政策与之配合，即不对因外汇操作而造成的流动性供应量进行管理。

从我国情况看，我国长期采取的是冲销操作，即在汇率方面，开展外汇操作引导人民币汇率；同时在流动性方面，开展对冲操作调节国内流动性供求。从货币政策来说，这是一种汇率政策与对冲政策的组合。

二、理论基础

从理论上看，国际收支与对冲型货币政策的理论起源于古典学派，而繁荣并实践于现代凯恩斯主义学派。系统性探讨对冲型货币政策的文献出现在20世纪60年代，并且与“三元悖论”（“不可能三角定理”）相关联。80年代以来，许多研究者关注对冲型货币政策的效力和可持续性问题，并形成了值得借鉴的学术成果。

对冲型货币政策运作从根本上说是带有浓厚凯恩斯主义色彩的需求管理政策，它的对立面和前身是古典学派有关国际收支自动调节的观点。古典学派的见解集中地表达在18世纪学者大卫·休谟“论贸易差额”的文章（1752年）中。休谟在这篇文章中提出了后来被人们称为“现金—流动机制”（specie - flow mechanism）的分析框架。这个分析框架的要点是：当一国由于某种原因出现贵金属货币（specie，也可称为“现金”或“硬币”）存量减少时，其国内物价水平将相应地下降；国内物价水平的这种下降，不仅表现为时间上的变动，而且也表现为相对国际物价的变动（即本国物价水平在一定时点上相对于贸易伙伴国的下降）；新的国际物价对比水平的变动将引起本国商品在国际市场上价格竞争力的上升，从而引起本国出口增长快于本国进口，即出现贸易顺差；本国的贸易顺差即为外国的贸易逆差，而后者只能通过贵金属支付和流动来补偿贸易逆差；也就是说，贵金属货币净流入本国，本国的贵金属货币存量得到增加；本国物价水平出现回升，本国货币存量与价格水平的相对关系恢复到以前的水平。

显然，上述分析框架的前提条件是存在的普遍的、国际性的贵金属货币制度；理论前提是传统的货币数量论，即货币数量的任何变动都会引起并完全反映在国内物价水平的相应变动上；而且，其结论是国内就业和产出上的均衡状态与其对外贸易均衡具有紧密关系，两者都可通过市场的自我调节倾向而得到同时实现。

从 18 世纪到 20 世纪初，大多数欧美经济体都过渡到贵金属货币本位（金本位制、银本位制以及金银复本位制）并最终实现了普遍性的国际金本位制。在这个时期中，中央银行制度还处于形成阶段，而且主要是在英国（联合王国）。联邦储备银行制度在 1913 年才在美国建立起来。尤其值得注意的是，19 世纪及以前时期中，贵金属（特别是黄金）的国际流动尽管已十分常见，但其决定因素主要是各国的对外贸易。黄金流动因单纯的投机性因素而发生的情形已有出现，但尚未达到显著规模。

在这样的历史背景下，各国国际收支调节主要通过市场途径而进行，政府干预尤其是通过非贸易政策的方式十分少见，古典学派观点的流行便不难理解了。但也可能是另有原因，Eichengreen（2008）指出过在民主制度尚不发达和成熟的历史背景下，一国经济周期及其对普通民众生活水平的不利影响往往可被政治家所忽略，后者缺少必要的和足够的政治压力去实施旨在维持就业和产出目标并减少经济波动及其不利影响的经济政策。

现代学者认为，例如 Allen（2000）认为古典学派的上述见解中包含许多偏差，对价格的可变性的假定、国内价格水平变动与贸易平衡的关系以及贸易平衡与贵金属国际流动的关系等。Obstfeld（2001）认为，古典学派的分析抓住了若干关键概念并在相互间建立起了因果关系，给予其简洁的逻辑分析，仍可发挥教学上的示范作用。

20 世纪初期以后，许多欧美经济体遇到了新挑战，国际经济关系出现重大动荡和调整。第一次世界大战期间，许多经济体都中止了金本位制的实行。两次世界大战之间，是否恢复以及如何恢复金本位制成为经济学界争论的一个焦点。1930 年初出现世界性经济衰退，许多国家转而采取贸易保护主义措施，并在不同程度上实行竞争性货币贬值以促进出口和改善国际收支。同时，投资性资本流动成为威胁宏观经济稳定的一个突出因素。

在这样的背景下，以凯恩斯为代表的一些学者提出了对古典学派国际收支自动调节观点的严厉批判，开始寻求新的思路。凯恩斯不同意货币数量论，并认为价格水平不具有当时许多学者所认为的那种充分可变性；黄金或资本流动不完全由贸易差额所引致，也可由纯粹投机性因素所引致；世界经济已经分裂成"贸易逆差国"（债务国）与"贸易顺差国"（债权国）两大阵营，两者之间如何实现资金流通与平衡是解决世界经济危机的根本之路。

在 1933 年 2 月发表的"英国应向金本位制妥协吗"一文中，凯恩斯提出了建立新型国际货币机构的设想。他倡议设立一个国际性的信用货币基金，以此提高国际社会的总购买力，并认为此方案一方面可帮助缓解债务国经济复苏资金匮乏的问题，另一方面也有助于债权国对冲掉所积蓄的大量国际货币储备（郭海儒，2007，181 页）。这里提到了"对冲"或"冲销"的概念。

斯基德尔斯基（2006）指出，在 1940 年初，凯恩斯受英国政府委托，就战后国际货币体系的建设提出政策意见。他在后来提出的报告中一开始就对古典学派的国际收支自动调节理论提出了批评，认为黄金的自由流动不能保证国际收支平衡。他还认为，在当时的国际体系中，世界经济再平衡的任务主要落到了债务国身上，而这不是一个有效的途径（因为债务国具有被迫的紧缩倾向，而紧缩倾向则可能进一步引致贸易保护和竞争性货币贬值等不稳定行为）。因此，他建议成立具有显著规模的、类似于超主权的国际货币单位（班戈）和跨国中央银行机构（"国际清算联盟"）。

第二次世界大战结束时成立的国际货币基金组织在构架上没有完全采纳凯恩斯的意见，但也吸收了诸如成立共同的国际流动性管理机构、规定成员国之间实行固定的汇率体制、倡导但不强行推行资本账户开放等意见。这个新型国际货币体系可以说是古典主义与现代主义之间的一种折中。其古典主义的特征在于，不追求大规模或超大规模的国际流动性管理机构；倡导资本自由流动；黄金继续发挥各国对外支付和清算的最后手段。其现代主义或者说凯恩斯主义的特征在于，约束成员国在汇率调整上的自主权；允许成员国在一定条件下限制资本流动；黄金的跨国流动主要通过官方渠道进行。

这个新的国际货币体系也被称为“布雷顿森林体制”。自 1950 年以来，学者们一直在探讨有关布雷顿森林体制的稳定性问题。在国际层面上，布莱恩・斯诺登和霍华德・R. 文（2009）指出了这个体制存在内在的深刻自我矛盾，即作为国际流动性重要补充的美元在供给与价值稳定之间有着不可避免的冲突（“特里芬难题”）。在国内层面，许多学者指出了固定汇率体制和资本自由流动背景下，一国货币政策运用对国内总需求的调节作用非常有限。国内层面的这种分析运用了在凯恩斯晚期学术成果基础上发展出来的“IS－LM”模型，并联系国际收支平衡，形成了现在国际经济学教科书流行的蒙代尔—弗莱明模型（Mundell－Flemming Model），也被称为“IS－LM－BP”模型。

在蒙代尔—弗莱明模型中，一国经济当局的货币政策与财政政策对产出和收入水平的影响被分别置于固定汇率与浮动汇率两种体制背景下，同时充分考虑资本流动的影响（这里资本流动是国际利率变动和汇率变动的一个反应函数）。该模型的简明结论是，在固定汇率体制中，由于资本流动对利率变动做出反应，初衷是通过扩大货币供给、降低国内利率水平的货币政策调整会引起资本外流；资本外流的出现继而引起本币贬值的压力；为维持固定汇率目标，本国货币当局被迫出售外汇储备；最终，出售外汇储备的行为引起国内货币供给收缩，促使货币市场上的供求均衡返回到原有水平上；本国产出和收入水平并不因货币政策调整而出现改变。简而言之，在这种背景下的货币政策调整是不可持续的。

蒙代尔（1968）还专门探讨了“对冲政策”（sterilization policy）的含义和意义：“对冲（或中和）政策是货币政策与汇率政策的特别组合。当中央银行购买或出售外汇时，国内货币供给就增加或减少，而对冲政策的目的是抵消这种效应。对冲机制是中央银行按照它购买外汇的比率出售国内证券，以及按照它出售外汇的比率购买国内证券。因此，现实中，中和政策涉及外汇储备与债券的交换。汇率通过外汇储备的买卖以交换国内证券而得到稳定。”

蒙代尔—弗莱明模型的一般性结论是：货币政策在固定汇率体制下对就业（产出和收入）没有影响，而财政政策有；货币政策在浮动汇率体制下对就业（产出和收入）有显著效应，而财政政策没有。在蒙代尔看来，财政政策在固定汇率体制下具有显著效应可视为凯恩斯主义的一个结果，而货币政策在浮动汇率体制下具有显著效应可视为古典数量论的一个结果。他还认为，黄金对冲政策在固定汇率和完全资本流动的世界中没有意义，最终会引起固定汇率体制的瓦解。

固定汇率体制下宽松型货币政策调节会引起的外汇储备减少并最终导致固定汇率体制的瓦解，这个看法后来被人们称为“第一代货币危机理论”。克鲁格曼（1979）较早指出了其中的逻辑关系。此外，后来的人们还把蒙代尔—弗莱明模型中所说明的固定汇率体制、自由资本流动与国内货币政策的有效性三者之间不兼容的情形形象地称为“不可能三角”或“三元悖论”。

有关国际收支与国内均衡以及宏观经济政策调节有效性的蒙代尔—弗莱明模型出现后，经济学界围绕有关问题进行了大量新探讨。这些研究涉及多方面的问题，泰勒（2000）提供了一个综述，例如，国内证券资产（对冲操作的资产对象）与国外证券资产（外汇储备的投资对象）之间的可替代性问题以及相关的资产组合问题，作为政策目标的汇率水平的合意性问题（即关于均衡汇率水平的估算），以及对冲政策与其他宏观经济政策的相互配合问题。

20 世纪 70 年代是布雷顿森林体制动摇和瓦解时期。国际货币基金组织许多成员国力图通过多种形式在复杂多变的国际形势下稳定汇率。欧美经济体有时对外汇市场实行大规模的干预，包括单边、双边和多边的干预。对外汇干预行为的有效性问题的探讨也成为国际学术界一个热门话题。1982 年在法国凡尔赛举行的五国首脑会议（即后来的“七国首脑会议”的前身，当时不包括加拿大和意大利）决定委托一个专家小组研究外汇市场干预的有效性，课题组由法国财政部官员 Philippe Jurgensen 主持。该研究组形成了一份“有关外汇市场干预的工作组报告”（美国财政部 1983 年发布），并得出四点结论：（1）冲销干预的成效总的看不如非冲销干预；（2）冲销干预在短期内最有成效；（3）冲销干预的长期效果微乎其微；（4）联合干预比非联合干预较有成效（转引自泰勒，2000，544 页）。

自那以后，许多学者都进行了实证研究，得出了若干互有差别的成果。较为接近的倾向性看法是：“冲销干预操作作为外汇市场的短期稳定因素仍然会有成效，但只有当汇率与基本经济层面相一致，尤其是与财政货币政策相一致的时候，这种短期稳定才会转化为长期稳定。而且，长期的汇率稳定只能通过标准的国际宏观经济政策协调才能得以实现。”（泰勒，2000，545 页）。

1980 年到 1990 年初以后，许多学者关于对冲型货币政策的探讨重点转向了政策可持续性或连续性问题。Calvo（1990）指出，对冲操作伴随着成本，即货币当局为国内债券购买和持有支付利息。当这种成本逐渐增大时，货币当局便可能通过增大国内通货膨胀的方式来化解。而且，这种行为或动机可被公众所识别。因此，对冲操作有可能转化为国内通货膨胀危机。

概括地说，对冲型货币政策作为一种货币政策战略，起源于金本位制动摇、金汇兑体制盛行时期。理论上，对冲操作作为一种政策手段与国际经济关系原有的“硬币—流动机制”相对立，代表了经济政策思潮从传统的强调市场自发调节作用的古典主义向现代的、主张政府调节的凯恩斯主义的转变。在凯恩斯主义思潮确立了在现代宏观经济政策研究领域中的主导地位后，围绕对冲操作的相关条件、与其他经济政策目标的协调性以及可持续性问题，学者们继续不断深入地探讨。

三、基本要素

对冲货币政策一般是指在国际收支持续顺差、国际资金大量流入的背景下，本国央行采取相应的货币政策工具以调节国内流动性供给，从而保持国内经济、金融稳定运行的货币政策操作。

（一）政策基础和法律依据

根据《中国人民银行法》第三条，“货币政策目标是保持货币币值的稳定，并以此促进经济增长”。货币币值稳定包括对内币值和对外币值两个方面，保持对外币值稳定是指保持人民币汇率合理均衡，保持对内币值稳定是指防止通货膨胀。对冲政策正是兼顾上述两方面的要求，外汇操作对应于保持人民币汇率合理均衡，而对冲操作对应于促进流动性平稳运行，保持货币信贷合理增长，以防止通货膨胀。

（二）对冲政策操作的原则、目标和局限性

对冲政策操作的原则是通过对冲操作，加强流动性管理，引导货币信贷的合理增长。对冲政策操作的目标就是中央银行货币政策的目标，即保持物价稳定并以此促进经济增长。

对冲型政策的主要目的仍是调控流动性和货币信贷，但对于解决整个宏观经济面临的问题，仍存在一定的局限性。具体来看，中央银行综合运用各种货币政策工具，合理安排货币政策工具组合、期限结构和操作力度，加强对冲外汇流入，促进银行体系流动性平稳运行，有助于保持货币信贷合理增速和经济、金融环境的基本稳定。但我国经济转轨过程中的特殊国情和外部环境制约了央行调控货币的效力，目前我国经济发展面临一些总量和结构性问题，单靠货币政策无法解决，需要与供给政策、结构政策等其他政策相互配合，来实现经济的转型升级，打造中国经济升级版。比如，需要继续调整国民收入分配格局，拓宽民间资本投资渠道和领域，加快民营经济和服务业发展，理顺资源价格形成机制等，以提升经济效率和内生增长动力。

（三）对冲政策的必要性

1. 中期内外汇持续流入对国内经济、金融仍存在较大影响

中长期内外汇持续净流入的压力仍然较大。世界经济形势的复杂性和经济复苏的艰巨性在增加。国内经济运行中的不稳定、不确定因素也在上升，政策刺激的效果在递减，存在一些风险隐患，但在改革推动下，我国经济有望继续保持平稳较快发展。前瞻地看，在当前国际分工格局下，我国出口产品仍有较强的竞争力，贸易顺差将维持一定规模。同时，劳动力成本相对较低、经济环境稳定和良好发展前景将继续成为吸引外资流入的基本因素。此外，主要发达经济体将在未来一段时间内维持宽松的货币政策，我国经济发展继续向好，加上我国本外币正利差继续存在、人民币存在升值预期等因素，美元跨境套利交易盛行，不排除少量“热钱”通过贸易投资等渠道流入。

2. 外汇净流入会影响货币政策有效性

一是加剧国内通货膨胀，影响货币政策的实施效果。国际收支顺差导致外汇占款的不断增加，导致基础货币被动投放。如果中央银行不采

取冲销的操作，在国内信贷不变的情况下，基础货币的增加，通过货币乘数效应，使得国内货币供应量增加。随着我国的外汇占款不断增加，基础货币投放结构发生了改变，外汇占款已逐渐成为基础货币投放的主要渠道。虽然中央银行可以通过发行中央银行票据或调整法定存款准备金率等方式抑制货币信贷过快增长，但是外汇净流入较大较快时，货币政策的实施效果仍受到严重影响。中央银行操作成本增加，货币政策主动性也不断下降，货币政策效果受到影响，通货膨胀压力增大。

二是加剧人民币升值压力，影响货币政策的独立性。外汇净流入较大会引发较强的人民币升值预期，而人民币升值预期的存在，又会加大外汇净流入压力，形成外汇净流入→人民币升值预期→外汇净流入增加→新一轮升值预期的循环。中央银行为维持人民币汇率基本稳定，只能被动增加外汇买入，形成巨额外汇占款，同时，通过发行中央银行票据或提高法定存款准备金率抑制货币信贷过快投放。在中美正利差继续存在情况下，出于利差扩大吸引热钱流入的担心，中央银行对利率工具的使用受到一定限制。中央银行在维护汇率基本稳定、控制货币信贷过快投放、保持合适利率水平的选择上存在难度，货币政策的独立性受到制约。

四、政策工具

从我国情况看，对冲政策的工具包括公开市场操作、法定存款准备金制度、再贷款以及工具创新等。其中，公开市场操作和法定存款准备金制度是最常用，且发挥主要作用的工具。

（一）公开市场操作

1. 基本概念

公开市场业务是指中央银行在金融市场上买卖有价证券，以吞吐基础货币，调剂货币供应量的活动，主要品种包括发行央行票据、回购操作及债券买卖操作。中央银行通过灵活把握公开市场操作的规模、频率及操作方向，有效调节市场资金供求，促进流动性平稳运行。

2. 公开市场操作的历史背景

我国公开市场业务是从外汇操作起步的。1994 年 1 月 1 日，我国进行了外汇体制改革，实行了银行结售汇制度，实现了人民币汇率并轨，建立了统一的银行间外汇市场。1996 年 4 月 9 日，人民银行又试办了债券公开市场业务，以财政部当年发行的短期国债为交易抵押，进行了短期正回购交易。1997 年，中国人民银行制定、颁布了《公开市场业务暨一级交易商管理暂行规定》，审批了 25 家公开市场业务一级交易商，确立了我国公开市场业务一级交易商制度。同时，修订了公开市场业务有关制度和办法，完善了公开市场业务系统，为以后扩大公开市场业务奠定了很好的基础。2003 年，面对国际收支顺差、外汇流入增加和外汇占款大幅增长的情况，人民银行前瞻性地选择发行央行票据作为中央银行调节基础货币的新的形式，通过发行央行票据加大回笼基础货币的力度。此外，2004 年人民银行建立了公开市场业务一级交易商的考评和调整机制，以有利于中央银行货币政策实施和传导，提高公开市场操作有效性。

3. 我国公开市场操作的总体情况

2002 年以来，受国际收支不平衡、人民币升值预期等因素影响，外汇占款大幅增长，银行体系流动性持续过剩，加大了中央银行的货币调控压力。为此，中国人民银行根据货币调控的总体要求和流动性形势变化，以发行央行票据为主、正回购操作为辅灵活开展公开市场操作，不断优化工具组合，合理把握操作力度和节奏，保证了流动性调控目标的实现，并促进了银行体系流动性和货币市场利率的平稳运行。近年来，中国人民银行不断优化公开市场操作工具组合，当银行体系流动性总体过剩时，主要通过发行央行票据及开展正回购操作对冲过剩流动性；当受季节性、临时性因素影响，银行体系流动性不足时，特别是2012年下半年以来，受外汇占款增速趋缓影响，银行体系流动性持续存在缺口时，人民银行适时通过逆回购操作向市场注入流动性，较好地实现了不同时期的操作要求，操作的前瞻性、灵活性和准确性不断提高。

从公开市场对冲情况看，2002年至2008年均净回笼流动性，而2009年至2012年净投放流动性（见图6-4）。2008年以前，我国国际收支持续双顺差，外汇占款增速较快，为对冲新增外汇占款，通过公开市场操作回笼流动性，避免国内流动性过剩；2009年以来，受国际金融危机及其后续影响，国际收支趋于均衡，个别时点甚至出现逆差，导致外汇占款增速放缓，甚至负增长，国内流动性供给枯竭，为此，公开市场调减操作力度，通过以往几年操作自然到期投放适度流动性，并开展逆回购操作主动投放流动性，保持国内流动性平稳运行。总的来看，公开市场起到对冲和平滑流动性的作用，将国际收支持续大幅顺差导致的大量流动性供给“摆布”到供给短缺的时期。

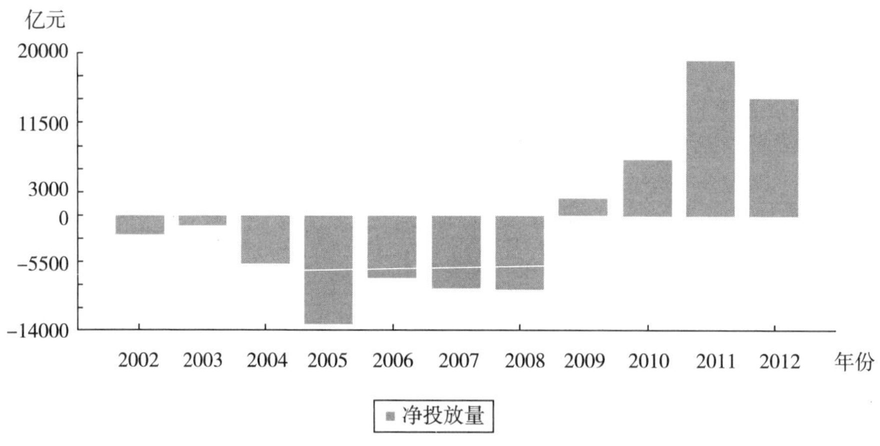

图6-4　公开市场操作对冲情况

（资料来源：Wind）

总的来看，目前公开市场操作已成为中国人民银行实施货币政策的主要工具之一，在货币调控中的重要性日益突出，尤其是在调控货币供应量、调节市场流动性水平、引导货币市场利率走势方面发挥了积极的作用。对公开市场操作的有效运用，标志着中国人民银行已开始进入主要通过金融市场实施货币信贷调控的阶段，这是中国金融市场现代化的一个重要标志。

（二）法定存款准备金

1. 准备金政策

准备金制度是一种重要的货币政策工具，根据中央银行法，商业银行需要将存款的一部分作为准备金缴存在中央银行。一般来说，商业银行存放在中央银行的资金可以分为强制存放的法定准备金和自愿存放的超额准备金，其中法定准备金是依法强制存放的部分，而商业银行可以自由使用超额准备金。从流动性的角度来看，超额准备金属于基础货币，是整个经济中货币供应的基础，也是反映银行体系流动性状况的主要指标。央行的准备金政策是通过调整商业银行存放中央银行准备金占其一般存款的比例，即法定存款准备金率，影响银行体系流动性和商业银行的信贷扩张能力，间接影响货币供应量。具体包括法定准备、超额准备和差别准备。

2. 我国准备金率成为对冲流动性的主要工具

存款准备金工具的频繁使用是我国特定发展阶段货币政策操作实践的合理选择。从2003年以来的我国货币政策实践看，资产方面，由于流动性充裕背景下央行对金融机构的再贷款已降到了最低，传统的再贷款、再贴现等调控手段已不具主动性，而政府债券持有数量也有限。因此央行加大了负债方调控力度。体现在：一是创新性地发行央行票据收回基础货币。二是频繁提高法定存款准备金率，冻结金融机构流动性（见图6－5）。

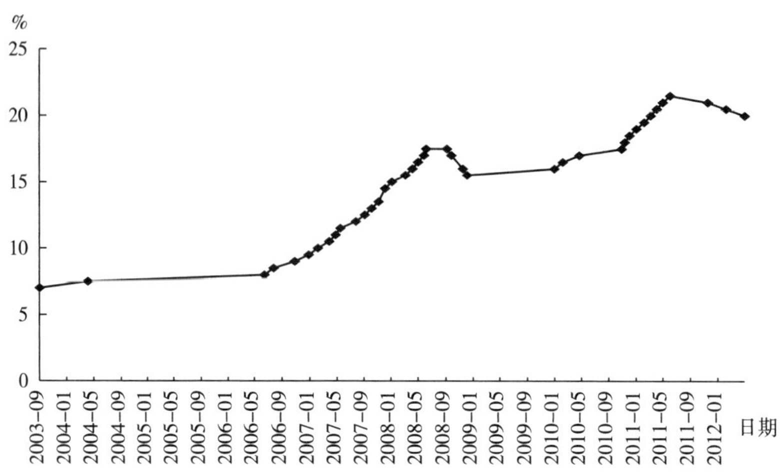

图 6－5　2002—2012 年法定准备金率变化走势（六大商业银行）

（资料来源：Wind）

与许多面临外汇大量流入的新兴市场经济体一样（20 世纪 80 年代的拉丁美洲国家及 90 年代的东南亚和中东欧国家），近年来我国也开始频繁使用准备金率工具来对冲银行体系流动性。目前我国的法定准备金率已经达到 20%（六大行），成为全球准备金率最高的国家之一。使用准备金工具进行外汇对冲操作对于控制货币供应量过速增长和抑制通货膨胀起到了显著作用。

从各种对冲工具的对冲效率来看，准备金率工具对冲量占总对冲量的比重呈上升趋势，准备金率工具成为主要的对冲工具。从图 6－6 中可以看出，2002 年以来法定存款准备金的增长对冲了相当部分的新增外汇占款，特别是 2006 年以来对冲比例明显上升。需要说明的是法定存款准备金数量的增长并没有直接的资料来源，图 6－6 中的数据是笔者根据存款准备金制度特点和运行原理估算而来的，具体估算方法已在上文中详细说明。

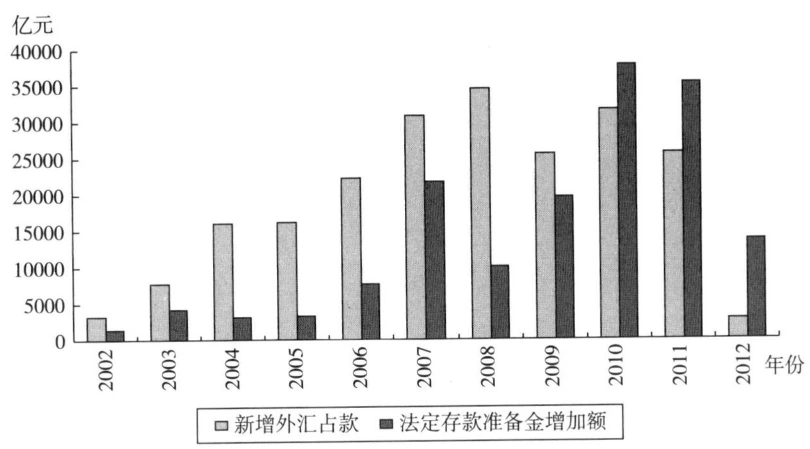

图 6－6　2002—2012 年新增外汇占款和法定存款准备金增加额

（资料来源：Wind，笔者估算）

五、对冲型货币政策的局限性

第一，我国对外贸易顺差和境外长期投资与短期投机资金的流入意味着国际收支不平衡加大，而以稳定汇率为导向的汇率政策必然导致中央银行通过不断购入外汇的方式向社会投放流动性，中央银行被动投放外汇占款已成为流动性供给的主要途径。外商投资资本和外贸结售汇顺差自动在外汇交易市场转换为人民币流动性，形成货币创造，中央银行不得不被动对冲，这种流动性供给方式的被动性是不言而喻的，货币供应量的扩张或紧缩被市场上外汇的供给与需求所左右。

第二，外国资金可以通过多样化的渠道转换为人民币来寻求短期套利机会，比如采取所谓热钱的形式，这种短期国际资本的流动在客观上加剧了货币当局控制流动性的难度。当投机者预期未来人民币将升值，抛售外汇，购买人民币，造成外汇市场上供给大于需求。若人民银行实行以稳定汇率为目的的政策操作，操作的方向一定是买入外汇，卖出人民币，致使在扩大国家外汇储备的同时，扩大了人民币供应量。此时即使货币政策欲持紧缩方针，也只能采取其他的冲销措施，如加大央行票据发行力度或紧缩银行系统国内信贷。当投机者预期未来人民币将贬值时，情况正好相反。若货币政策以稳定汇率为目标，则难以主动地控制货币供应量，国际收支的失衡也只得靠付出国内经济波动和通货膨胀的代价自发校正。

第三，对冲政策的持续性面临较大压力。对冲政策的原理可以理解为“筑坝蓄水”，也就是常说的“池子理论”。国际收支持续顺差时，对冲政策“筑坝蓄水”，但随着水越积越多，大坝也越筑越高，大坝面临的压力也越大，即形成了所谓的“堰塞湖”。这会导致两个结果，一是维护大坝的成本越来越高，表现为持续开展对冲操作的成本和难度越来越大，二是对冲政策难以退出，一旦停止对冲政策，国际收支顺差导致的流动性增加，加上前期对冲政策到期所投放的流动性，二者累加，将对市场造成严重冲击。比如，从下面的模拟情况可以看出，如果某一年停止对冲操作，当年的 CPI 增速最高可达 15%。

第三节　对冲政策的效应分析

一、对冲政策操作应对国际收支变化的总体效果

加入世贸组织以来，在国际收支持续顺差和外汇占款快速增长的背景下，为了促进流动性平稳运行，引导国内货币供应量合理增长、抑制通货膨胀，中国人民银行通过公开市场操作、提高法定存款准备金率等方法冲销这种由国际收支双顺差所引起的被动的货币供给变动。具体对冲情况见表 6-1。

表 6-1　　国际收支、新增外汇占款和对冲操作的情况 单位：亿元，%

年份	流动性（超额准备金余额）	国际收支差额（经常项目+资本和金融项目）	新增外汇占款	法定准备金对冲	法定准备金对冲比例	公开市场操作对冲	公开市场操作对冲比例	总对冲量	总对冲比例
2002	9706	5607	3257	1389	43	2388	73	3777	116
2003	8099	8108	7734	4272	55	1221	16	5493	71
2004	8705	14663	16098	3197	20	5904	37	9101	57
2005	9927	18651	16200	3281	20	13380	83	16661	103
2006	8962	22408	22221	7658	34	7711	35	15369	69
2007	9965	34003	30808	21685	70	9028	29	30713	100
2008	10219	32018	34456	10059	29	9094	26	19153	56
2009	11108	30170	25530	19614	77	-2130	-8	17484	68
2010	10820	35520	31612	37811	120	-6825	-22	30986	98
2011	10394	25941	25622	35260	138	-19070	-74	16190	63
2012	19824	11126	4281	13627	318	-13430	-314	197	5

注：1. 关于法定准备金对冲和公开市场操作对冲，正数表示对冲，负数表示投放流动性。

2. 法定准备金增加对冲流动性的数据估算见流动性数量研究部分。

资料来源：Wind，笔者估算。

（一）对冲政策与国际收支

2002 年以来，国际收支顺差呈现“M”形增长，2007 年以前呈加速上升态势，并在 2007 年达到高点，此后在 2008 年和 2009 年有所回落，之后在 2010 年再次冲高，并达到近年来峰值，之后在 2011 年和 2012 年加速回落。与此对应，新增外汇占款情况基本一致，略有区别的是新增外汇占款在 2008 年达到峰值，在 2010 年再次冲高，此后 2011 年和 2012 年大幅回落。从数据来看，两者高度正相关，相关系数达0.97。

因此，国际收支的波动导致新增外汇占款的变化，并且影响国内流动性松紧。在2008年之前国内流动性存在过剩压力，而2011年以来流动性又存在偏紧的趋势。为此，有必要采取对冲政策，在流动性过剩时期，通过对冲操作，回笼市场流动性，在流动性趋紧时期，通过对冲操作到期，释放流动性，以平抑流动性波动，促进经济、金融平稳运行。

从总对冲比例来看，2002年至2007年均保持较高对冲比例，其中2002年、2005年和2007年都实现了全额对冲或超额对冲。2008年以来，受国际金融危机影响，国际收支顺差增速较前期明显放缓，相应的新增外汇占款也有所回落，为保持流动性总体平稳合理，对冲力度有所减弱，仅在2010年接近100%，其余大部分年份均在60%左右，而2012年由于流动性总体趋紧，对冲力度更是降到最低的5%。

分工具的情况是：从公开市场业务操作来看，2008年以前国际收支顺差较大，外汇占款增长速度较快，央行公开市场对冲操作力度较强，对冲了大部分外汇占款增加导致的流动性增加，外汇冲销总体效果是显著的。2009年以来，为应对国际收支趋于均衡、外汇占款增速放缓的情况，公开市场操作从对冲转为投放，弥补了流动性供给的不足。从法定准备金对冲来看，随着法定准备金率的上升，其对冲比例也呈现上升趋势，特别是2010年以来均超过了100%，逐步替代公开市场成为主要对冲工具。

（二）对流动性的影响

从流动性的角度来看，2002年以来，对冲政策在回笼市场多余流动性方面发挥了显著的作用；同时2011年以来，国际收支趋于平衡，流动性供给减少，公开市场操作通过正常到期和反向操作（逆回购操作）向市场提供流动性。因此，总体来看，对冲政策通过回笼、储藏和投放调控由于国际收支顺差导致的流动性增加，实现了国内流动性的平稳运行，为国内经济发展提供了良好的流动性环境。具体来看，2002 年以来国内流动性（超额准备金余额）基本保持在 1.5 万亿元左右，呈现平稳运行状态。需要说明的是，2012 年的流动性水平较高，造成这种情况的主要原因是随着经济、金融发展，市场合意的流动性水平必然上升，而且 2011 年以来国际收支趋于平衡，流动性供给减少，市场的心理预期改变，金融机构出于“广积粮”的考虑，主动积累流动性，导致流动性水平高于往年。

二、对冲政策对货币增速和通货膨胀的影响分析

以上分析指出对冲政策通过调控由于国际收支顺差导致的流动性增加，实现了国内流动性的平稳运行，为国内经济发展提供了良好的流动性环境。以下就用模型模拟的方法来分析对冲政策的效果。该模型的基本原理是：以宏观经济变量之间的相互联系为基础，模拟对冲政策对货币增长、CPI 增速等的影响。具体方法是：模拟没有开展对冲政策的情况与实际情况相比较，来分析对冲政策的效应。该模型又分为两个版本，模型Ⅰ和模型Ⅱ。其中，模型Ⅰ分析持续不开展对冲操作的效应，模型Ⅱ分析某年不开展对冲操作的冲击效用。

该模型涉及三个方程：

$$\begin{cases}\text{货币供应方程：} Ms = mB \\ \text{货币需求方程：} Md = kPY \\ \text{均衡方程：} Ms = Md\end{cases}$$

（一）货币供应模拟计算

货币供应量 Ms = mB，其中，Ms 是指货币供应量，m 是指货币乘

数，B 是指基础货币。

根据货币供应理论，基础货币通过商业银行的存款创造功能，产生数倍于基础货币的存款货币。而货币乘数就是货币供给扩张的倍数，即存款货币除以基础货币的值，货币乘数的大小决定了货币供给扩张能力的大小。货币乘数的计算公式是：k = （Rc + 1）/（Rd + Re + Rc）。其中 Rd、Re、Rc 分别代表法定准备金率、超额准备率和现金在存款中的比率。

由货币乘数的公式可知，货币乘数是取决于 Rd、Re、Rc 的一个参数。从理论角度看，如果 Rd、Re、Rc 不变，则货币乘数保持稳定。因此，模型假定货币乘数保持稳定。模拟的基础货币 = 实际的基础货币 + 对冲操作量，即假设不开展对冲操作，计算基础货币的量。然后，将模拟的基础货币值乘以实际的货币乘数，得到模拟的存款货币（M_2）。

需要说明的是，模型Ⅰ和模型Ⅱ的区别在于：模型Ⅰ用模拟的 M_2 序列值，计算出模拟的 M_2 增速，即假设 2002 年以来每一年都不开展对冲操作的持续效应；模型Ⅱ用模拟的 M_2，除以上一年的实际 M_2，得出模拟的 M_2 增速，即假设仅当年不开展对冲操作，来分析不开展对冲操作的冲击效应。

具体计算见表 6－2 和表 6－3。

表 6－2　　货币增速模拟计算（模型Ⅰ）　　单位：亿元，%

指标名称 / 年份	基础货币余额	对冲操作	模拟的基础货币余额	货币乘数：年度	M_2 余额（模拟）	M_2 增速（模拟）	M_2 余额（实际）	M_2 增速（实际）
2001	40000			3.96			158302	14.4
2002	45000	3777	48777	4.11	200473	26.6	185007	16.8
2003	52300	5493	57793	4.23	244464	21.9	221223	19.6
2004	59000	9101	68101	4.29	292153	19.5	253208	14.6

续表

指标名称 / 年份	基础货币余额	对冲操作	模拟的基础货币余额	货币乘数：年度	M_2 余额（模拟）	M_2 增速（模拟）	M_2 余额（实际）	M_2 增速（实际）
2005	64000	16661	80661	4.67	376687	28.9	298756	17.6
2006	78000	15369	93369	4.43	413625	9.8	345578	16.9
2007	102000	30713	132713	3.97	526871	27.4	403401	16.7
2008	129000	19153	148153	3.68	545203	3.5	475167	17.8
2009	147000	17484	164484	4.11	676029	24.0	610225	27.7
2010	185000	30986	215986	3.92	846665	25.2	725852	19.7
2011	225000	16190	241190	3.79	914110	8.0	851591	13.6
2012	252000	197	252197	3.86	973480	6.5	974149	13.8

表 6-3　货币增速模拟计算（模型Ⅱ）　单位：亿元，%

指标名称 / 年份	基础货币余额	对冲操作	模拟的基础货币余额	货币乘数：年度	M_2 余额（模拟）	M_2 增速（模拟）	M_2 余额（实际）	M_2 增速（实际）
2001	40000			3.96			158302	14.4
2002	45000	3777	48777	4.11	200473	26.6	185007	16.8
2003	52300	5493	57793	4.23	244464	32.1	221223	19.6
2004	59000	9101	68101	4.29	292153	32.1	253208	14.6
2005	64000	16661	80661	4.67	376687	48.8	298756	17.6
2006	78000	15369	93369	4.43	413625	38.4	345578	16.9
2007	102000	30713	132713	3.97	526871	52.5	403401	16.7
2008	129000	19153	148153	3.68	545203	35.2	475167	17.8
2009	147000	17484	164484	4.11	676029	42.3	610225	27.7
2010	185000	30986	215986	3.92	846665	38.7	725852	19.7
2011	225000	16190	241190	3.79	914110	25.9	851591	13.6
2012	252000	197	252197	3.86	973480	14.3	974149	13.8

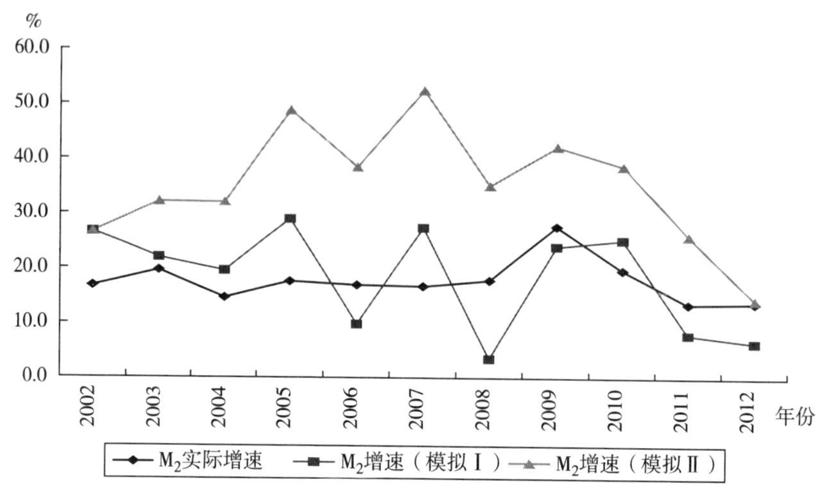

图 6－7　存款货币（M_2）增速的模拟结果

（资料来源：Wind，笔者估算）

从模拟结果来看，模型Ⅰ的货币增速波动明显高于实际值，特别是2005年和2007年两年的货币增速超高，对应的也是国际收支顺差高速增长的两年；模型Ⅱ的货币增速则全面高于实际值，在2007年更是达到创纪录的52%。两个模型比较来看，如果2002年以来均不开展对冲操作，货币增速的波动性将加强，且极值更加突出，即最高点更高，最低点更低；而如果仅在某一年停止对冲操作，造成的脉冲效应将非常显著，导致货币增速全面大幅提高。

（二）货币需求模拟和通货膨胀率估算

货币需求理论是研究经济中货币需求的理论，包括研究影响货币需求的因素以及货币需求与物价、国民收入等宏观经济变量之间的关系。

最早提出货币方程的是费雪，20世纪初美国经济学家欧文·费雪提出了交易方程式，也被称为费雪方程式。这一方程式为 MV = PT，其中 M 表示货币数量，V 表示货币流通速度，P 表示物价水平，T 表示各类商品的交易总量。根据费雪方程式，M 的值取决于 P，V，T 这 3 个变量。其中，M 是一个由模型之外的因素所决定的外生变量，V 是由制度因素决定的，且相对稳定，T 与产出水平保持一定的比例，也是大体稳定的。因此，只有 P 和 M 的关系最重要，所以说明 M 决定 P，但当把 P 视为既定的价格水平时，则 $M = PT/V$，这说明在既定的价格水平下，总交易量与所需要的名义货币量具有一定的比例关系，这个比例就是 1/V。换言之，要使价格保持既定水平，需要货币量与总交易量保持一定的比例关系。

在费雪方程式的基础上，英国剑桥大学的经济学家马歇尔和庇古提出了剑桥方程式。剑桥学派在研究货币需求问题时，重视微观主体的行为。他们认为处于经济体系中的个人对货币的需求，实质是选择以怎样的方式保持自己的资产，决定人们持有货币多少的因素有个人的财富水平、利率变动，以及持有货币可能拥有的便利等诸多因素。但是在其他条件不变的情况下，名义货币需求与名义收入水平之间保持着一个较稳定的比例关系，对整个经济体系来说也是如此。因此剑桥学派的货币需求方程是：$Md = KPY$，其中 Md 代表货币需求量，P 代表价格水平，Y 代表总收入，PY 代表名义总收入，K 代表 Md 与 PY 的比例。剑桥方程式与交易方程式的主要区别是：交易方程式重视货币的交易手段功能，而剑桥方程式重视货币作为一种资产的功能；交易方程式重视货币流通速度以及经济社会等制度因素，而剑桥方程式则重视人们持有货币的动机；交易方程式所指的货币数量是某一时期的货币流通量，而剑桥方程式所指的货币数量是某一时点人们手中所持有的货币存量。从本书的研究内容来看，显然剑桥方程式更加适合，因此运用剑桥学派的货币需求方程研究对冲政策对价格总水平（通货膨胀率）的影响。

首先，要引入一个假设条件，假设货币市场供需均衡，即 $Ms = Md$。在此基础上，就可以将以上模拟的货币供给（增速）代入货币需求方程，并计算得出通货膨胀率。具体推导过程如下：

因为，$\begin{cases} Md = kPY \\ Ms = Md = M \end{cases}$

所以，M = kPY

令不开展对冲操作时的货币增速和通货膨胀率为 M′和 P′。根据理论，比例 k 和总收入 Y 是稳定的变量，所以假设模拟状态中的比例 k 和总收入（GDP 增速）Y 与实际情况保持一致。

$$\begin{cases} M' = kP'Y \\ M = kPY \end{cases}$$

两式相减得：（M′ − M） = kY （P′ − P）

移项后得：P′ = P + （M′ − M） /kY，其中 k = M/PY。

由此公式，利用上面模拟的货币增速，可以计算出模拟的 CPI 同比增速（即 P′）。同样的，也分为模型Ⅰ和模型Ⅱ两种情况分析。

表 6 − 4　　货币增速模拟计算　　单位：亿元，%

指标名称 / 年份	M_2 增速（模拟）	M_2 实际增速	GDP 增速	k	CPI 模拟Ⅰ	CPI 模拟Ⅱ	CPI 实际增速
2002	26.6	16.8	9.1	2.41	−0.3	−0.3	−0.8
2003	21.9	19.6	10	1.68	1.3	1.9	1.2
2004	19.5	14.6	10.1	0.37	5.2	8.6	3.9
2005	28.9	17.6	11.3	0.86	3.0	5.0	1.8
2006	9.8	16.9	12.7	0.91	0.8	3.3	1.5
2007	27.4	16.7	14.2	0.25	7.8	15.0	4.8
2008	3.5	17.8	9.6	0.31	1.2	11.6	5.9
2009	24.0	27.7	9.2	4.40	−0.8	−0.3	−0.7
2010	25.2	19.7	10.4	0.57	4.3	6.5	3.3
2011	8.0	13.6	9.3	0.27	3.2	10.3	5.4
2012	6.5	13.8	7.8	0.67	1.2	2.7	2.7

从模型结果来看，对冲政策有效抑制了通货膨胀的波动性和强度。

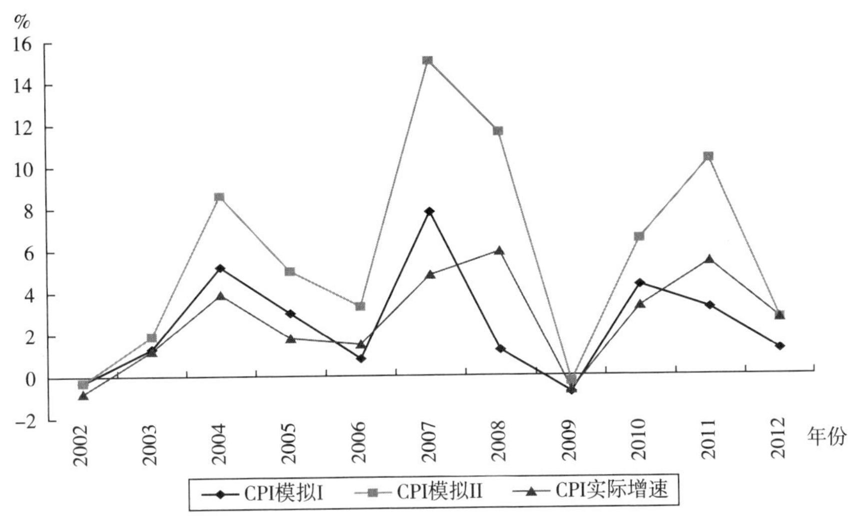

图 6－8　CPI 同比增速的模拟结果

（资料来源：Wind，笔者估算）

首先，在模型I中，即持续不开展对冲操作的情况下，CPI 增速的波动性要高于实际情况。表现为两个高点 2004 年和 2007 年的 CPI 都高于实际水平，而低点如 2011 年和 2012 年又低于实际水平。其中 2004 年和 2007 年都是国际收支顺差较高的年份，因此新增流动性较多，对冲政策有效缓解了流动性过剩压力，抑制了潜在的通胀压力，而在 2011 年和 2012 年，国际收支趋于平衡，流动性供给不足，对冲操作，特别是公开市场操作到期投放了前期积累的流动性，缓解了市场的流动性压力。

其次，在模型Ⅱ中，CPI 增速大幅高于实际情况，说明一旦开始对冲操作，但在中途停止，会造成停止对冲操作的年份出现严重的通货膨胀。从图 6－8 可以看出，在国际收支顺差增长最快的 2007 年停止开展对冲操作，CPI 增速将达到 15%，远远高于 4.8% 的实际增速，而且 15% 的 CPI 增速意味着出现恶性通货膨胀，将对经济增长甚至社会稳定造成重大影响。

第七章　双目标货币政策的最优化研究

第一节　基本关系和参考模型

一、基本关系

根据上一章的分析，国际收支、汇率政策和对冲政策是相互联系、相互作用的。第一步，根据国际收支是外汇供求的源头，但市场化的外汇供求往往存在缺口，如国际收支顺差产生大量外汇供给，而市场的外汇需求往往相对不足；第二步，为了保持人民币汇率合理均衡，中央银行通过外汇干预（操作）买入外汇市场的超额外汇供给，并被动投放人民币流动性（新增外汇占款）；第三步，为了避免流动性过剩和由此带来的通胀压力，中央银行通过对冲操作（法定准备金政策、公开市场操作等）回笼外汇干预所被动投放的流动性，并以“筑坝蓄水”的方式调控流动性余缺，促进国内流动性平稳运行，为经济和金融发展提供良好的流动性环境。在经历了国际收支、汇率政策和对冲操作三个阶段之后，最终投放的流动性，就形成了银行体系流动性。上述理论和逻辑关系可以用图 7 - 1 来表示。

从图 7 - 1 中可以看出，国际收支到市场流动性之间要经过两个环节的“过滤”，即汇率政策和对冲政策。而这两个环节的运行均是为了实现一定的货币政策目标。因此，国际收支、汇率政策和对冲政策是

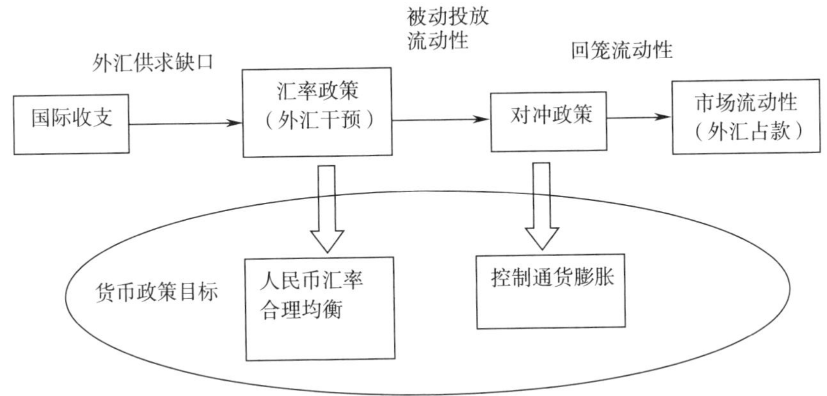

图 7-1　国际收支、货币政策目标、流动性

一个以汇率和通货膨胀为约束条件的体系，这一体系运转的结果就是国际收支顺差生成银行体系流动性供给。

二、参考模型

上文已从逻辑联系和数据分析的角度，对国际收支与汇率政策、国际收支与对冲政策进行了研究。下面将用理论模型更全面地研究货币政策与流动性的关系，即不仅是国际收支顺差的情况，而且还包括国际收支平衡和逆差的情况。在模型建立上，参考了国际货币基金组织经济学家 Jonathan D. Ostry，Atish R. Ghosh 和 Marcos Chamon 在"双目标、双工具：新兴市场经济体的货币政策和汇率政策"① 一文中所提出的一个动态模型。该文研究了新兴市场经济体运用利率政策和外汇干预这两种政策工具来保持低通胀，同时避免汇率大幅偏离中期均衡水平的情况。从研究结果来看，该文指出在通胀目标

① Ostry, Jonathan David, Atish R. Ghosh, and Marcos Chamon. Two targets, two instruments: monetary and exchange rate policies in emerging market economies. IMF discussion note (2012).

制框架下，新兴市场经济体可配合使用政策利率和外汇干预两种工具，这将使全球汇率格局更接近多边一致的水平。为了研究“双目标、双工具”与其他相关经济变量之间的关系，该文建立了一个动态经济学模型，运用有约束的最优化方法进行了研究。该模型的具体内容如下：

目标方程：$\min\limits_{r,R} EPDV[(y_t - \bar{y}_t^e)^2 + a\pi_t^2 + be_t^2 + cR_t^2]$

约束条件：

$$\begin{cases}\text{外国的实际利率遵循一阶自回归过程 } r_t^* = \rho_r r_{t-1}^* + \eta_t \\ \text{经常账户的方程 } ca_t = -\varphi_e e_t - \varphi_y y_t \\ \text{国际收支的等式 } ca_t + \Delta k_t = \sigma \Delta \mathrm{R}_t \\ \text{国内通胀的菲利普斯曲线 } \pi_t = \beta E_t \pi_{t+1} + \kappa y_t \\ \text{总需求（IS 曲线）取决于实际汇率和实际利率} \\ y_t = -\varphi_r r_t - \varphi_e e_t + u_t \end{cases}$$

鉴于我国货币政策也具有“双目标、双工具”的特点，而且其中所运用到的变量和变量间的理论关系也与 Jonathan D. Ostry，Atish R. Ghosh 和 Marcos Chamon 的模型有许多相似之处，所以借鉴该文中动态模型的原理，建立一个双约束条件的最优化选择，来研究我国货币政策和流动性之间的关系。

第二节　构建模型

参考 Jonathan D. Ostry，Atish R. Ghosh 和 Marcos Chamon 的模型，并结合我国的货币政策目标，建立一个我国货币政策框架模型。本模型由一个目标函数和四个约束条件组成，具体方程如下：

$\min\limits_{\pi,\Delta e} F(\pi, \Delta e)$，其中 $F(\pi, \Delta e) = (\pi - \pi^e)^2 + \Delta e^2$

$$
\text{s. t.}\begin{cases} aCa + bK = \Delta Fx & ① \\ Ca = -dY + c\Delta e & ② \\ k = (r - r^{*}) - \Delta e & ③ \\ M = kPY & ④ \end{cases}
$$

假设模型中的系数 a，b，c，d，m 和 k 均为正。

接下来，将分别分析每个方程的理论基础和作用原理。

一、目标函数

目标函数是 $\min\limits_{\pi,\Delta e} F(\pi,\Delta e)$ ，其中 $F(\pi,\Delta e) = (\pi - \pi^{e})^{2} + \Delta e^{2}$ 。该目标函数表示了货币政策的两个目标：保持人民币汇率合理均衡和控制通货膨胀。其中，π 表示实际通胀水平，即 CPI 同比增速，π^{e} 表示目标通胀水平，即每年初政府工作报告中所提出的年度 CPI 增长目标，二者的差就表示实际通胀与目标水平的差异，而中央银行需要通过实施货币政策，保持价格总水平基本稳定，即使二者之差（$\pi - \pi^{e}$）最小化；Δe 表示汇率的变动值，正值表示本币升值，负值表示本币贬值，从汇率政策来看，保持人民币汇率在合理均衡的水平上基本稳定是央行开展外汇操作的目标，在模型中假设当前汇率水平是合理均衡水平，而汇率政策的目标是保持汇率的稳定，即 Δe 最小化。所以，从货币政策的“双目标”来看，等价于实现两个最小化，而为了避免符号的影响，对（$\pi - \pi^{e}$）和 Δe 分别取平方，并求和。

另外，对应“双目标”，央行拥有“双工具”。一是外汇操作，即前文中提到的央行在外汇市场买入外汇、投放外汇占款，以调控外汇市场供需，引导人民币汇率的政策操作，模型中用 ΔFx 表示新增外汇占款数量，并将其作为代表外汇操作的变量；二是对冲操作，模型中用 O 表示对冲操作的数量。根据上面的分析，可知 $\Delta Fx - O$ 是央行开展冲销操作导致的基础货币增长。

所以，可以将“双目标、双工具”的货币政策表示为，选择变量 ΔFx 和 O，使得 $(\pi - \pi^e)^2 + \Delta e^2$ 最小化的过程，即最小化目标函数 $\min\limits_{\Delta Fx, O} (\pi - \pi^e)^2 + \Delta e^2$。

二、国际收支与外汇占款

公式 $aCa + bK = \Delta Fx$ 表示国际收支与外汇占款的关系。根据上面的研究，国际收支顺差情况下，央行为保持汇率稳定，需要买入外汇，形成外汇占款。模型中用方程 $aCa + bK = \Delta Fx$ 表示国际收支与外汇占款的关系，其中 Ca 表示国际收支经常项目，K 表示国际收支资本和金融项目，二者均用正数表示顺差，负数表示逆差。a 和 b 是系数。ΔFx 仍表示新增外汇占款。

需要说明的是：

1. 外汇储备与外汇占款

外汇占款代表流动性供给，而外汇储备与流动性并没有直接关系。外汇占款是中央银行购买外汇时投放的人民币资金，是流动性供给的主渠道；外汇储备是一国持有并可以随时兑换外国货币的资产，是以外币表示的资产，与流动性并没有直接关系。另外，从币值来看，外汇占款是人民币，而外汇储备是外币，比如美元，也从另一个角度印证了外汇储备与流动性的区别。而许多研究和报道均将外汇储备与外汇占款相混淆，认为外汇储备增长是导致流动性增加的主要原因，造成这种误解的原因是央行在购买外汇的同时会投放人民币，其中购买的外汇形成外汇储备，而投放的人民币就是外汇占款。所以外汇储备和外汇占款虽然相关，但是两个不同的概念，而且币值不同，在实际中数量也不同。相应地，本书研究的目标是外汇占款，而不是外汇储备。

2. 国际收支与外汇占款的数学关系

根据前面的分析，国际收支是外汇占款增长的源头，但从国际收支顺差与外汇占款增长之间的关系受到各种因素的影响，如贸易企业的外汇行为、外汇市场、汇率机制、对冲操作等因素，因此国际收支顺差与外汇占款增长并不是等量关系，而是一个复杂体系中相互关联的变量。在模型中为了简单地表示出这种关系，选择了两个系数，a 和 b，其中 a 表示国际收支经常项目与新增外汇占款的比例关系，b 表示资本与金融项目和新增外汇占款的比例关系。所以，国际收支和外汇占款的数学关系就是 $aCa + bK = \Delta Fx$。

3. 进出口和 FDI

本模型和前面的内容，分析了国际收支经常项目、国际收支资本和金融项目与外汇占款的关系。但在一些研究和实践中，也常常用贸易差额、FDI、热钱来研究与流动性有关的问题。因此，这里有必要说明一下这几个变量之间关系。

第一，贸易差额、直接投资分别是国际收支经常项目、国际收支资本和金融项目的主要组成部分，即贸易差额和直接投资可以反映国际收支经常项目、国际收支资本和金融项目的基本情况，所以贸易差额和直接投资也与流动性有关。从经常项目来看，经常账户是指对实际资源在国际间流动行为进行记录的账户，包括货物、服务、收入和经常转移，而货物贸易是经常账户中最重要项目，以 2012 年为例经常项目总顺差 1931 亿美元，而其中货物贸易顺差为 3216 亿美元；从资本和金融项目来看，资本与金融账户是指对资产所有权在国际间流动行为进行记录的账户，包括资本账户和金融账户，而金融账户又分为直接投资、证券投资、其他投资，其中直接投资也是资本和金融账户的主要部分，以 2012 年为例资本和金融项目总逆差 168 亿美元，而其中直接投资顺差达 1911 亿美元。

第二，国际收支表是按季度公布，数据相对滞后，而贸易差额（进出口数据）和 FDI 数据则是按月公布，数据频率更高，也更能反映实际变化情况，因而在实践中，往往采用进出口数据和 FDI 数据作为国际收支经常项目与国际收支资本和金融项目的替代变量进行分析和研究。

综合上面两个原因，由于贸易差额和直接投资同样符合国际收支与流动性之间的关系和原理，而且为提高数据频率和敏感性，在本书的研究中，常常会采用进出口数据和 FDI 数据进行分析。相应地，模型方程 $aCa + bK = \Delta Fx$ 中的 Ca 和 K 也可以解释为贸易差额和 FDI。

需要特别说明的是，在实证研究中，研究结果显示进出口数据与流动性的拟合结果有时会比国际收支数据的拟合结果更好，造成这种情况的原因有两个，一个就是上面提到的数据频率和敏感性更高，相应的数据更加匹配，所以拟合结果更好；另外一个是预期因素，实践中，进出口数据和 FDI 数据一公布，就会导致市场预期改变，比如进出口顺差和 FDI 增加较快，则市场会预期流动性将趋于宽松，并相应改变自身经营、投资行为，从而进一步加深预期的实现，这是一种理性预期行为，即通过预期影响实际行为，由于进出口数据和 FDI 数据与市场预期紧密相关，所以它们与流动性的联系也更加紧密。

4. 热钱

热钱（Hot Money），又称游资，或叫投机性短期资金，是只为追求高回报而在市场上迅速流动的短期投机性资金。热钱的目的是纯粹投机盈利，而不是投资于制造业、商品或服务业等实体经济，即用尽量少的时间“以钱生钱”。从实际情况看，热钱炒作的对象包括股票、黄金、其他贵金属、期货、货币、房产乃至农产品，例如红豆、绿豆、大蒜等。

热钱同样主要以国际收支为渠道进入国内。在经常项目上，可分为贸易和非贸易两类渠道，其中贸易渠道主要有进出口价格虚报、预收货款、延迟付款和假的贸易合同，而非贸易渠道则包括企业非贸易收汇和个人收汇。在资本项目上，可以通过外商投资企业以现汇出资，采用提前注资和虚假投资的方式，结汇后等待时机套利，而金融项下则主要采用境外筹资和从母公司汇入资金等形式流入国内。与此相对应地，学术界也提出了一些热钱估算的方法，比如在非正常的贸易顺差中找出热钱、利用国际收支表的净误差与遗漏项目估算热钱，目前较为常用的方法是用公式“热钱流入净额 = 外汇储备增量 - 贸易顺差 - FDI”进行估算，而近期的进展也是在该公式的基础增加一些项目，比如公式“热钱流入净额 = 外汇储备增量 - 贸易顺差 - 直接投资净流入 - 境外投资收益 - 境外上市融资”。

根据上面对热钱流入国内的渠道分析，可以看出热钱也是通过国际收支流入国内。在进入国际收支渠道之后，则会通过与本书之前分析的相同过程，产生结售汇，形成外汇供求，再经过央行外汇操作和对冲操作的影响，形成外汇占款，导致国内流动性增长。因此，热钱流入也会导致国内流动性增长。与正常情况不同的是，热钱是以投机为目的的资金，借助国际收支渠道流入国内；而正常的情况是，国际贸易和投资导致国际收支顺差，并形成外汇占款，即流动性增长。

根据上面对热钱的分析，可以看出本书的分析中已经包括了部分热钱的影响（但某些其他可能的热钱流入没有纳入其中，如境外投资收益、境外上市融资等），所以模型 $aCa + bK = \Delta Fx$ 中的 ΔFx 就已经包括了部分热钱。需要说明的是，这并不影响本书的研究，因为这里研究的是国际收支与流动性，而不管是正常贸易还是热钱流入导致的结果都是国际收支顺差或逆差，并不会影响国际收支与流动性之间的传导和影响过程。当然，热钱是一种投机性资金，不以生产、经营为目的，而且往往快速大进大出，会对国际收支的结果和稳定性造成较大影响，并进一步影响到国内的经济、金融稳定，所以未来的研究仍应该将热钱因素分离出来，分析它的产生、变化和影响，以控制和抑制热钱流入、流出对国内经济、金融造成的负面作用。

三、经常项目方程

$Ca = -dY + c\Delta e$ 表示国际收支经常项目。在构建该方程上，参考了高善文在2012年提出的一个分析框架。① 该模型将一国经济分为可贸易部门和不可贸易部门，划分的标准是该部门能否通过贸易手段弥补供应不足或者消化过剩供给，可贸易部门的价格是弹性的，不可贸易部门的价格是黏性的；另外假设条件还有：假设“一价定律”成立，而且国际价格不变；固定汇率；国际收支的经常项目开放，而资本项目关闭；该国的供求不影响全球供求的均衡。可以看出，这些假设基本符合我国的情况。

在上面假定的基础上，该模型将可贸易部门和不可贸易部门的供求均衡分开来进行研究，其中可贸易部门的价格为固定汇率下的世界价格，在国际价格不变的基础上，该部门只受汇率变动影响，且汇率为外部因素，不随供求变化而变化；而不可贸易部门的价格会随国内供求变化而变化，即会自动达到均衡水平。由此，可以将两个部门的供求情况表示为图7－2和图7－3。

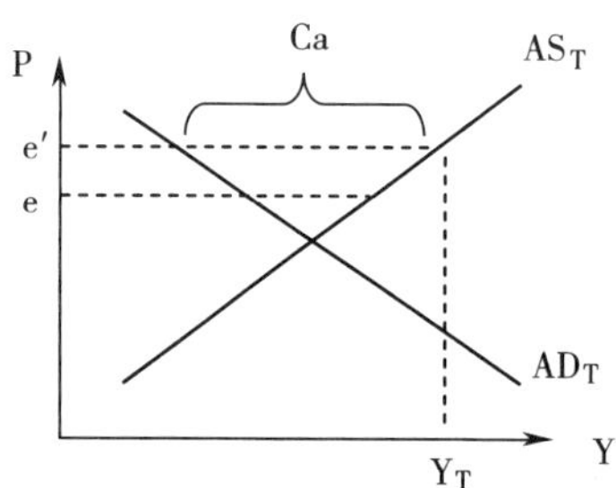

图7－2　可贸易部门的供求均衡

在模型中，AS_T 和 AD_T 分别表示可贸易部门的供需曲线，AS_N 和 AD_N 分别表示不可贸易部门的供需曲线。可以看出，两个部门的区别主要在于均衡价格和均衡量的达到方式上。从可贸易部门来看，它的

① 高善文. 一个基于国际收支变化的分析框架——产能周期理论之二［J］. 安信证券宏观研究报告，2012（1）.

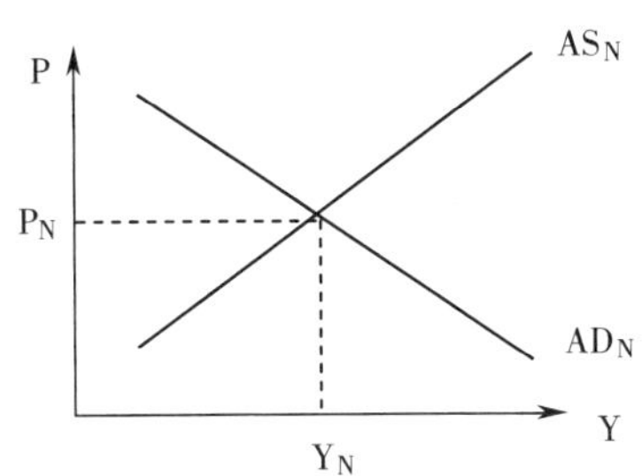

图 7－3　不可贸易部门的供求均衡

价格与国内供求无关，仅取决于汇率水平（国际价格），当汇率水平为 e 时，国内供给大于需求，则供给与需求差代表国际收支顺差 Ca，当该国汇率贬值时，即 e 上升到 e′（直接标价法），国际收支顺差也将相应增加。而不可贸易部门的供求均衡与一般的供需均衡一样，由供需决定均衡的价格和产出水平。

为了构建经常项目与总需求、汇率的关系，这里主要考虑可贸易部门的均衡条件和变化情况。下面分两种情况讨论，一个是需求变化，另一个是汇率变化。

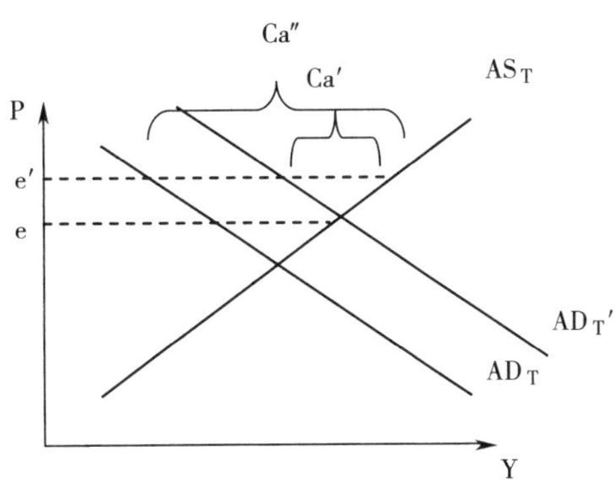

图 7－4　需求变化与汇率变化

可以看出，当国内需求从 AD_T 上升到 $AD_{T'}$ 时，国际收支顺差减少到 Ca′；当本币贬值，对应汇率上升（直接标价法）时，国际收支顺差增加到 Ca″。所以国内需求与国际收支呈反向关系，汇率与国际收支呈正向关系。将这种关系用方程表示为 $Ca = -dY + c\Delta e$，其中 d 和 c 为正的常数，表示国内需求、汇率分别与国际收支的比例关系，方程符号反映了它们之间的相互关系。

这个方程也是符合基本的经济原理的。根据国际收支吸收理论，国际收支差额 B = Y - A，其中 Y 表示国民收入，A 表示总吸收，A = C + I，即国内总需求，所以当国内需求（A）增加时，国际收支顺差（B）将减少，反之亦然；从汇率来看，汇率高低代表了出口商品价格，当本币贬值，即汇率上升（直接标价法）时，出口商品的价格下降，则出口商品的竞争力更强，所以出口增加，相应的贸易顺差也将增加。

四、资本项目方程

$k = (r - r^{*}) - \Delta e$ 表示国际收支资本项目。资本流动的理论基础是利率平价理论。该理论认为在两国利差的情况下，资金将从低利率国流向高利率国以谋取利润。但套利者在比较金融资产的收益率时，不仅考虑两种国家的利差，还要考虑两种资产的汇率差异，即外汇风险。套利者往往将套利与掉期业务相结合，以避免汇率风险。大量掉期外汇交易的结果是，低利率国货币的现汇汇率下浮，期汇汇率上浮；高利率国货币的现汇汇率上浮，期汇汇率下浮。随着套利的不断进行，远期差价就会不断加大，直到两国资产所提供的收益率完全相等，这时套利活动就会停止，远期差价正好等于两国利差，即利率平价成立。

根据利率平价理论，资本将流动到利率更高和汇率升值（预期）的国家。用 k 表示一国的资本流入量（即国家收支资本和金融项目差额），k 值与 $(r - r^{*})$ 成正比，与 Δe 成反比，为了研究的方便，设两者的比例系数均为1。

所以可以得到一国的资本流入量为 $k = (r - r^*) - \Delta e$ 。

五、货币供需方程

$M = kPY$ 表示货币供求。前面已经在货币需求理论的基础上，推导出公式：

因为，$\begin{cases} Md = kPY \\ Ms = Md = M \end{cases}$

所以，M = kPY，其中 M 表示货币供给，k 为常数，P 表示价格水平，Y 表示总产出。

同时，根据货币派生理论，货币供给等于基础货币乘以货币乘数，即 M = mB，其中，m 表示货币乘数，B 表示基础货币。

$$\begin{cases} M = kPY \\ M = mB \end{cases}$$

所以，得到公式 mB = kPY。

接下来，继续展开上述公式中的基础货币 B。根据货币银行理论，从中央银行的资产负债表来看，影响基础货币的主要因素包括财政收支、现金投放（回笼）、外汇投放和中央银行货币政策操作。从实际数据看，每年财政收支和现金投放（回笼）对基础货币的影响相对较小，其影响主要体现在年内某些时点的大幅增减所导致的流动性波动。为简化研究，这里仅考虑外汇投放和中央银行货币政策操作因素，用 ΔFx 表示新增外汇占款导致的基础货币增加，用 O 表示中央银行货币政策操作导致的基础货币增加（减少）。所以，可将基础货币增减表示为

$$B = \Delta Fx - O$$

另外，将价格水平 P 替换为通货膨胀率 π 。

所以，最后可将货币供需方程转换为：$m(\Delta Fx - O) = k\pi Y$

从该公式中，可以解出总产出 $Y = \dfrac{m(\Delta Fx - O)}{k\pi}$

第三节　模型求解

一、模型原理

上面的分析说明了模型各方程的含义和理论基础，总的来看，该模型是在 4 个约束条件下的目标函数最优化问题。

首先，目标函数包括通货膨胀率和汇率变动两个变量，表示了货币政策的两个目标——保持人民币汇率合理均衡和控制通货膨胀，最优化是指使这两个目标的实际值与目标的偏离度最小，所以将该模型称为双约束的最优化选择（这里的双约束与模型中的约束条件不同。这里的双约束是指货币政策的两个目标，即人民币汇率和通货膨胀目标；而模型中的约束条件是指最优化方程的约束条件）。

其次，在 4 个约束条件中，第 1 个约束条件主要说明了国际收支与新增外汇占款的关系，如国际收支顺差将导致外汇占款增长；第 2 和第 3 个约束条件分别说明了国际收支经常账户和资本与金融账户的情况，影响经常账户的变量是总产出和汇率变动，影响资本与金融账户的变量是利差和汇率变动；第 4 个约束条件说明了总产出与外汇占款、通货膨胀率的关系。所以，这 4 个约束条件反映了总产出、利差和汇率变动影响国际收支，而国际收支影响外汇占款增长，并影响总产出和通货膨胀，可以看做是简化了的我国货币调控环境。在此基础上，货币政策要保持人民币汇率合理均衡和控制通货膨胀，也就是要在满足这 4 个约束条件的情况下，实现目标函数的最优化。

$$\min_{\pi,\Delta e} F(\pi,\Delta e)\text{，其中 } F(\pi,\Delta e)=(\pi-\pi^{e})^{2}+\Delta e^{2}$$

$$\text{s. t.}\begin{cases} aCa+bK=\Delta Fx & \text{（公式 1）}\\ Ca=-dY+c\Delta e & \text{（公式 2）}\\ k=(r-r^{*})-\Delta e & \text{（公式 3）}\\ Y=\dfrac{m(\Delta Fx-O)}{k\pi} & \text{（公式 4）}\end{cases}$$

二、求解过程

接下来，进行模型求解。求解的方法是将 4 个约束条件代入目标函数，得到一个一元二次方程，并求出极值解。即把 Δe 替换为只含 ΔFx、π 和利差（$r-r^{*}$）的公式，该公式中不含 Ca、K 和 Y。

第一步，将（公式 4）代入（公式 1），得出经常项目公式

$$Ca=-\frac{md(\Delta Fx-O)}{k\pi}+c\Delta e \qquad \text{（公式 5）}$$

第二步，将（公式 2）和（公式 5）代入（公式 1），得出外汇占款公式

$$\Delta Fx=-\frac{amd(\Delta Fx-O)}{k\pi}+ac\Delta e+b(r-r^{*})-b\Delta e$$

整理该公式，将 Δe 移到等式左边

$$(ac-b)\Delta e=\Delta Fx+\frac{amd(\Delta Fx-O)}{k\pi}-b(r-r^{*})$$

再整理之后，得到

$$\Delta e=\frac{1}{ac-b}\left[\Delta Fx+\frac{amd(\Delta Fx-O)}{k\pi}-b(r-r^{*})\right] \qquad \text{（公式 6）}$$

第三步，将（公式 6）代入目标方程，得到目标函数

$$f(\pi)=(\pi-\pi^{e})^{2}+\left\{\frac{1}{ac-b}\left[\Delta Fx+\frac{amd(\Delta Fx-O)}{k\pi}-b(r-r^{*})\right]\right\}^{2}$$

第四步，目标函数的极值条件

$f(\pi)$ 是一个一元二次方程，且当 $\pi>0$ 时，$f(\pi)$ 连续。所以，为求得极（小）值解，可对 π 求一阶导数，并令其等于0，即令 $f'(\pi)=0$，可求得其极值解 π^*。

$$f'(\pi)=2(\pi-\pi^e)+2\left\{\frac{1}{ac-b}\left[\Delta Fx+\frac{amd(\Delta Fx-O)}{k\pi}-b(r-r^*)\right]\right\}\left[-\frac{amd(\Delta Fx-O)}{(ac-b)k\pi^2}\right]$$

整理为

$$f'(\pi)=2(\pi-\pi^e)-\frac{2amd(\Delta Fx-O)}{(ac-b)^2k}\left[\frac{\Delta Fx}{\pi^2}+\frac{amd(\Delta Fx-O)}{k\pi^3}-\frac{b(r-r^*)}{\pi^2}\right]$$

将 $\frac{2amd(\Delta Fx-O)}{(ac-b)^2k}$ 简化为系数A，即 $A=\frac{2amd(\Delta Fx-O)}{(ac-b)^2k}$

又因为令 $f'(\pi)=0$，且一般来说 π 是一个正数，所以两边乘以 π^3，等式仍然成立，即 $f'(\pi)\pi^3=0$。所以，等式转换为

$$f'(\pi)=2(\pi-\pi^e)\pi^3-A\left[\Delta Fx\pi-b(r-r^*)\pi+\frac{amd(\Delta Fx-O)}{k}\right]=0$$

进一步简化为 $f'(\pi)=2\pi^4-2\pi^e\pi^3-A[\Delta Fx-b(r-r^*)]\pi-A\frac{amd(\Delta Fx-O)}{k}=0$

再将 $A\frac{amd(\Delta Fx-O)}{k}$ 简化为系数B，即 $B=\frac{2[amd(\Delta Fx-O)]^2}{(ac-b)^2k^2}$

得到方程 $f'(\pi)=2\pi^4-2\pi^e\pi^3-A[\Delta Fx-b(r-r^*)]\pi-B=0$

并将 $[\Delta Fx-b(r-r^*)]$ 简化为系数C，即 $C=\Delta Fx-b(r-r^*)$

最终得到方程 $f'(\pi)=2\pi^4-2\pi^e\pi^3-AC\pi-B=0$

其中，$A=\frac{2amd(\Delta Fx-O)}{(ac-b)^2k}$，$B=\frac{2[amd(\Delta Fx-O)]^2}{(ac-b)^2k^2}$，$C=$

$\Delta Fx - b(r - r^*)$

第五步，求解一元四次方程。

首先，讨论一下一元四次方程的解法。上面得到一个一元四次方程，求解一元四次方程是一个复杂而有趣的问题。

专栏 一元四次方程的解法

一元四次方程是只有一个未知数，且最高次数不超过四次的多项式方程。求解一元四次方程问题，是世界数学史上一个著名的既复杂而又有趣味的问题。其中，比较著名的有费拉里和盛金提出的解法，及在此基础上的发展和更新。

费拉里（Ferrari）是卡当（Cadano）的学生，并在卡当的一元三次方程求根公式基础上提出了一元四次方程的解法。1545 年卡当在《重要的艺术》一书中公布了塔塔利亚发现的一元三次方程求根公式之后，塔塔利亚谴责卡当背信弃义，提出要与卡当进行辩论与比赛。这场辩论与比赛在米兰市的教堂进行，代表卡当出场的是卡当的学生费拉里。费拉里出身贫苦，少年时代曾作为卡当的仆人。卡当的数学研究引起了他对数学的热爱，当其数学才能被卡当发现后，卡当就收他做了学生。费拉里代替卡当与塔塔利亚辩论并比赛时，风华正茂，他不仅掌握了一元三次方程的解法，而且掌握了一元四次方程的解法，因而在辩论与比赛中取得了胜利，并由此当上了波伦亚大学的数学教授。一元四次方程的求解方法，是受一元三次方程求解方法的启发而得到的，而一元三次方程是在进行了巧妙的换元之后，把问题归结成了一元二次方程从而得解的。于是，如果能够巧妙地把一元四次方程转化为一元三次方程或一元二次方程，就可以利用已知的公式求解了。

虽然卡当提出了三次方程的求根公式，但是卡当公式解题比较复杂，缺乏直观性。20 世纪 80 年代，中国的一名中学数学教师范盛金对解一元三次方程问题进行了深入的研究和探索，发明了比卡当公式更实用的新求根公式——盛金公式，并建立了简明的、直观的、实用的新判别法——盛金判别法。盛金公式与判别法及定理形成了一套完整的、简明的、实用的、具有数学美的解三次方程的理论体系。此后，许多数学家和数学爱好者又在盛金公式的基础上，推导出了一元四次方程的求根公式。

虽然，费拉里和盛金等人都给出了一元四次方程的解法或求根公式，但都是求解系数为具体数字的方程，且根的表达式都比较复杂。从本模型来看，其系数均为变量，而且每个系数又是包括数个变量的复杂表达式，因此如果运用费拉里和盛金等人的一元四次方程解法或求根公式，一是难以得到有效的解，二是即使得出根，也因为其表达式过于复杂，而无法从中得到有意义的结论。

结合模型的理论含义，模型中的变量均属于一定的取值范围。为此，可以采取讨论模型变量取值的方法，简化方程，将其降为低次数的方程，来求解方程。

首先，将方程 $f'(\pi)=2\pi^4-2\pi^e\pi^3-AC\pi-\mathrm{B}=0$ 合并整理为

$$f'(\pi)=2\pi^3(\pi-\pi^e)-AC(\pi-\pi^e+\pi^e+\frac{B}{AC})=2\pi^3(\pi-\pi^e)$$

$$-AC(\pi-\pi^e)-AC\pi^e-B=0$$

即 $f'(\pi)=(2\pi^3-AC)(\pi-\pi^e)-AC\pi^e-B=0$

其中，$\mathrm{A}=\dfrac{2amd(\Delta Fx-O)}{(ac-b)^2k}$，$\mathrm{B}=\dfrac{2[amd(\Delta Fx-O)]^2}{(ac-b)^2k^2}$，$\mathrm{C}=\Delta Fx-b(r-r^*)$

系数讨论如下：

A 和 B 中的主要变量为（$\Delta Fx - O$），而 B 可以看作是 A 的变形，即将 A 中的 $\frac{(\Delta Fx - O)}{k}$ 求平方。A 和 B 中的其他字母，如 a，b，c，d，m 和 k 均为方程系数根据相关理论，可以确定为固定常数。所以，A 和 B 的大小主要取决于（$\Delta Fx - O$）。根据模型设定，ΔFx 表示新增外汇占款量，O 表示中央银行的对冲操作量，（$\Delta Fx - O$）就表示在国际收支顺差导致外汇占款增加条件下，中央银行开展对冲操作的结果，也是在当前的“双目标”货币政策框架下，国际收支导致的国内流动性变化。

为求解方程，假设 A 和 B 为接近零的值，即假设（$\Delta Fx - O$）是一个接近零的值，此时可将上述一元四次方程转换为两个简单的低次方程，从而得出极值解。支持这个假设的理由有两个：

一是符合实际情况。在表 6－1 国际收支、新增外汇占款和对冲操作的情况中，可以看出，当把公开市场操作和法定存款准备金加总之后，2002 年以来的对冲比例是很高的，即央行的对冲操作基本上对冲了绝大部分由于国际收支顺差导致的新增外汇占款，虽然 2012 年比较特殊，其对冲比例较低，但这也是由于国际收支顺差大幅减少的原因，所以虽然 2012 年的对冲比例低，但国际收支顺差导致的流动性增加是有限的。总的来看，实际中的（$\Delta Fx - O$）是一个比较小的量，所以假设它是一个接近零的值，具有实践基础。

二是符合极小值的二阶导要求。本模型是要在约束条件下求极小值，极小值的必要条件是函数下凸，即二阶导数为负，否则极小值就不存在。下面的内容将讨论方程解的存在性，并会得出只有（$\Delta Fx - O$）是一个比较小的值时，极小值才存在，所以极小值的存在性也要求（$\Delta Fx - O$）是一个接近零的比较小的值。

下面就在“A 和 B 为接近零的值”的假设条件基础上讨论方程的解：

令$f'(\pi) = (2\pi^3 - AC)(\pi - \pi^e) - AC\pi^e - B = 0$

当“A 和 B 为接近零的值”时，可将方程近似为

$f'(\pi) = (2\pi^3 - AC)(\pi - \pi^e) \approx 0$

此时，方程就成为一个乘式，则方程等价于

或$\begin{cases}(2\pi^3 - AC) = 0 \\ (\pi - \pi^e) = 0\end{cases}$

所以方程的解为

$$\pi^* = \pi^e \text{或者} \pi^* = \left(\frac{AC}{2}\right)^{\frac{1}{3}}$$

则方程得解。并将 π 的值代入公式 6，就可求得对应 Δe 的解。

三、求解结果

最后，总结一下上面的求解过程。

◆ 模型的基本内容是：

$\min\limits_{\pi,\Delta e} F(\pi,\Delta e)$，其中 $F(\pi,\Delta e) = (\pi - \pi^e)^2 + \Delta e^2$

$$\text{s. t.}\begin{cases} aCa + bK = \Delta Fx & ① \\ Ca = -dY + c\Delta e & ② \\ k = (r - r^*) - \Delta e & ③ \\ Y = \dfrac{m(\Delta Fx - O)}{k\pi} & ④ \end{cases}$$

◆ 将方程整理，并用 π 替代 Δe 后，得出模型的目标函数是

$$\min f(\pi) = (\pi - \pi^e)^2 + \left\{\frac{1}{ac - b}\left[\Delta Fx + \frac{amd(\Delta Fx - O)}{k\pi} - b(r - r^*)\right]\right\}^2$$

◆ 求解 $f(\pi)$ 极小值的一阶导数条件为：$f'(\pi) = 0$

整理后，可转换为$f'(\pi) = (2\pi^3 - AC)(\pi - \pi^e) - AC\pi^e - B = 0$

其中，$A = \frac{2amd(\Delta Fx - O)}{(ac-b)^2 k}$，$B = \frac{2[amd(\Delta Fx - O)]^2}{(ac-b)^2 k^2}$，$C = \Delta Fx - b(r - r^*)$

◆ 假设“A 和 B 为接近零的值”，求解方程

当“A 和 B 为接近零的值”时，方程近似为

$$f'(\pi) = (2\pi^3 - AC)(\pi - \pi^e) \approx 0$$

从而最终得出使 $F(\pi, \Delta e) = (\pi - \pi^e)^2 + \Delta e^2$ 最小化时的两组 π^* 和 Δe^*：

$$\begin{cases} \pi^* = \pi^e \\ \Delta e^* = \frac{1}{ac-b}\left[\Delta Fx + \frac{amd(\Delta Fx - O)}{k\pi^e} - b(r - r^*)\right] \end{cases}$$

$$\begin{cases} \pi^* = \left(\frac{AC}{2}\right)^{\frac{1}{3}} \\ \Delta e^* = \frac{1}{ac-b}\left[\Delta Fx + \frac{amd(\Delta Fx - O)}{k\left(\frac{AC}{2}\right)^{\frac{1}{3}}} - b(r - r^*)\right] \end{cases}$$

四、解的存在性

前一部分的内容运用变量替换的方法，将二元函数转换为一元函数求极值；又采取讨论系数取值范围的方法，将一元四次方程降次，并最终求得使 $F(\pi, \Delta e)$ 最小化时的两组 π^* 和 Δe^*。接下来，要分析模型解的存在性，即上面求解的两组 π 和 Δe 是否可以使 $F(\pi, \Delta e)$ 最小化，而且在数学上是存在的。

从模型形式来看，本模型是有约束的二元函数极值问题。一般来说，求解有约束的极值问题有两种方法，一种是拉格朗日乘数法，另一种是代入法，即将问题转换为一元函数极值问题。由于从本模型的约束条件中，可以解出 $\Delta e = g(\pi)$，即 $\Delta e = \frac{1}{ac-b}$

$\left[\Delta Fx + \frac{amd(\Delta Fx - O)}{k\pi} - b(r - r^*)\right]$，所以使用代入法求解更加合适。则所对应的极小值条件为：$f'(\pi) = 0$ 和 $f''(\pi) > 0$。

在模型求解的过程中，已经按照一阶条件 $f'(\pi) = 0$，求得了驻点 π^* 和 Δe^*。接下来，需要讨论是否满足极小值的二阶条件，即 $f''(\pi) > 0$，只有满足二阶条件才能证明 π^* 和 Δe^* 是极小值点，否则模型解就不存在。

对 $f'(\pi) = 2\pi^4 - 2\pi^e\pi^3 - AC\pi - B$ 求导

$$f''(\pi) = 8\pi^3 - 6\pi^e\pi^2 - AC = \pi^2(8\pi - 6\pi^e) - AC$$

分项来分析 $f''(\pi)$ 的正负。

首先，π^2 是一个正值，π 和 π^e 分别表示实际通货膨胀率和通货膨胀目标，在实践中，虽然实际通货膨胀率与通货膨胀目标往往不完全一致，但二者的偏离是较小的，所以可以认为 $(8\pi - 6\pi^e)$ 也是一个正值，则 $\pi^2(8\pi - 6\pi^e) > 0$。

接下来，讨论 $-AC$ 的情况，其中 $A = \frac{2amd(\Delta Fx - O)}{(ac - b)^2 k}$，$C = \Delta Fx - b(r - r^*)$。第一，C 等于新增外汇占款减去国内外利差（乘以系数 b），利差是百分数，而（年度）新增外汇占款是万亿级的数值，所以 C 应该是一个正值。第二，A 的主要变量为 $(\Delta Fx - O)$，其他字母如 a，b，c，d，m 和 k 均为方程系数，且在 A 中均为正（系数本身为正数，而且 $(ac - b)^2$ 也为正数），所以 A 主要取决于 $(\Delta Fx - O)$ 的情况。

把 $\pi^2(8\pi - 6\pi^e)$ 项和 $-AC$ 项加总来看，$f''(\pi)$ 是否大于 0，主要取决于 A，而 A 又主要取决于 $(\Delta Fx - O)$。由于 $\pi^2(8\pi - 6\pi^e) > 0$，而 $-AC < 0$，所以要满足 $f''(\pi) > 0$，就要求 $-AC$ 项尽可能地小，即 $-AC$ 是个接近 0 的值。而 A 的大小主要取决于 $(\Delta Fx - O)$，所以要求 $(\Delta Fx - O)$ 尽可能接近 0，即央行基本完全对冲新增外汇占款。

综上所述，模型解存在的条件是（$\Delta Fx-O$）尽可能接近0，即央行基本完全对冲新增外汇占款。从数学的角度来说，只有（$\Delta Fx-O$）尽可能接近0，才能保证$f''(\pi)>0$，模型的最小值解才存在（模型解的存在条件也是前面为方程降低次数所设定的假设条件，所以证明了这一假设条件的合理性）。

第四节　模型应用与结论

在本章的前几节内容中，首先构建了双约束模型，接下来阐述了该模型的原理以及各个方程的含义，再下来求解模型，并讨论了模型的存在性问题。在本节中，将在前面内容的基础上，分析该模型在流动性以及货币政策方面的应用和结论。

一、流动性供给增长

首先，国际收支顺差与流动性增长并不是简单的等量关系，从前面的分析可以看出，国际收支顺差导致的外占款增加，需要经过央行货币政策对冲之后，剩余的部分才能成为新增流动性。因此，国际收支顺差导致流动性增长要受到央行对冲政策的制约，国际收支顺差与流动性增长并不是简单的等量关系，国际收支（顺差）并不必然导致流动性过剩。举例来说，当国际收支持续、大量顺差时，央行为稳定汇率而干预外汇市场，并投放大量外汇占款，但同时央行的对冲工具，如法定存款准备金率和公开市场操作可以有效对冲新增外汇占款，最终的流动性增长量可能并不显著。

需要说明的是，这里所指的流动性是银行体系流动性，即基础货币中的超额准备金。而宏观流动性可分为银行体系流动性和全社会的流动性，其中银行体系流动性是指商业银行的超额准备金，全社会流动性则指整个经济的货币供给，如 M_2、社会融资总量等。根据货币供给理论，超额准备金是基础货币的主要组成部分，而基础货币乘以货币乘数就等于全社会的流动性（货币供给）。从对冲政策的角度来看，对冲操作的目标是调节基础货币，保持基础货币（银行体系流动性）的平稳运行。而全社会的货币供给除了取决于基础货币变动，更重要的是取决于货币乘数的大小，而货币乘数的大小是整个经济、金融运行结果，包括贷款增速、债券供给、股票发行等影响因素。所以国际收支是流动性供给的源头，对冲操作可以调节源头的大小或快慢，保持银行体系流动性（基础货币）的平稳，而最终全社会的流动性是否过剩是整个经济、金融运行的结果，并不是国际收支顺差的直接结果。

上述结论可以从两方面得到证明：

一是具备实际数据支持。根据上一章对冲政策效应的估算，可以看出在对冲政策的调控下，国际收支顺差对银行体系流动性的影响总体是可控的。2002 年至 2007 年国际收支持续顺差，对冲政策力度较大，2008 年以来受国际金融危机影响，国际收支顺差增速较前期明显放缓，相应的新增外汇占款也有所回落，为保持流动性总体平稳合理，对冲力度有所减弱。总体来看，对冲政策通过回笼、储藏和投放调控由于国际收支顺差导致的流动性增加，实现了国内流动性的平稳运行，为国内经济发展提供了良好的流动性环境，2002 年以来国内流动性（超额准备金余额）基本保持在 1.5 万亿元左右，呈现平稳运行状态。从货币增速和通货膨胀率来看，在国际收支持续顺差或趋于平衡的变化情况下，对冲政策也保证了 M_2 增速和 CPI 增速的相对平稳。开展对冲操作可以使货币增速的波动性减弱，且极值更加平稳，既不会出现极度高点，也不会出现极度低点。同时，对冲政策有效抑制了通货膨胀的波动性和强度。在持续不开展对冲操作的情况下，CPI 增速的波动性要高于实际情况。在国际收支顺差较高的年份，新增流动性较多，对冲政策有效缓解了流动性过剩压力，抑制了潜在的通胀压力，而在国际收支趋于平衡的年份，流动性供给不足，货币操作，特别是公开市场操作到期投放了前期积累的流动性，缓解了市场的流动性压力。

二是具备双约束模型的理论支持。在双约束模型中，将货币政策的两个目标——保持汇率稳定和控制通货膨胀，作为两个约束条件进行研究：央行为保持汇率稳定而干预外汇市场令国际收支顺差转化为新增外汇占款 ΔFx；而央行为控制通货膨胀采取对冲操作 O，回笼外汇占款。在模型中，用 $aCa + bK = \Delta Fx$ 表示国际收支（顺差）导致的外汇占款增长，用 $(\Delta Fx - O)$ 表示在央行货币政策对冲之后所剩余的部分，也就是流动性实际增加的部分，所以国际收支导致流动性的增长是 $(\Delta Fx - O)$。从方程解的存在性要求来看，$(\Delta Fx - O)$ 必须是一个比较小、接近 0 的数，即外汇占款基本得到对冲。外汇占款基本得到对冲是双约束模型解的存在性要求，也是货币政策双目标框架下的必然选择，只有基本对冲新增外汇占款，央行才可能既保持汇率的稳定，又控制国内的通货膨胀。这也证明了一个辩证关系，在当前的货币政策框架下，国际收支导致流动性变化是央行实现双货币政策目标的结果，同时双目标的实现又要求外汇占款基本得到对冲。

二、货币政策目标的实现——均衡规则

这里讨论一个更加具有一般意义和代表性的问题，即不仅是在国际收支顺差和央行干预外汇市场从而被动投放流动性的背景下，研究货币政策与流动性的关系；而是在一般条件下，包括国际收支趋于均衡和央行逐步退出经常外汇干预的条件下，研究二者之间的关系。

双约束模型的基础是央行的货币政策目标为保持人民币汇率合理均衡和控制通货膨胀。通过求解模型，得到了最优条件下的通货膨胀率 π^* 和汇率变动率 Δe^*。利用该解，可以检验货币政策的目标能否实现，或者实现的情况如何。为此，将 π^* 和 Δe^* 与货币政策目标 π^e

和0相比较（之前的内容中假设当前汇率水平是合理均衡水平，而汇率政策的目标是保持汇率的稳定，即 Δe 最小化，则可将 $\Delta e=0$ 作为汇率政策的目标），如果模型解与政策目标完全相等，则说明货币政策可以实现目标；如果差距很大，则说明货币政策无效；如果有一定差距，则说明货币政策有一定效果，但并不能完全实现既定目标。所以，通过分析模型解与政策目标的相互关系，可以研究央行通过货币政策工具，即外汇操作 ΔFx 和公开市场操作 O 能否实现其政策目标。

模型的解为，在（$\Delta Fx-O$）接近零的条件下，使 $F(\pi,\Delta e)=(\pi-\pi^{e})^{2}+\Delta e^{2}$ 最小化，有两组 π^{*} 和 Δe^{*}：

$$\begin{cases}\pi^{*}=\pi^{e}\\ \Delta e^{*}=\dfrac{1}{ac-b}\left[\Delta Fx+\dfrac{amd(\Delta Fx-O)}{k\pi^{e}}-b(r-r^{*})\right]\end{cases}$$

$$\begin{cases}\pi^{*}=\left(\dfrac{AC}{2}\right)^{\frac{1}{3}}\\ \Delta e^{*}=\dfrac{1}{ac-b}\left[\Delta Fx+\dfrac{amd(\Delta Fx-O)}{k\left(\dfrac{AC}{2}\right)^{\frac{1}{3}}}-b(r-r^{*})\right]\end{cases}$$

其中 $A=\dfrac{2amd(\Delta Fx-O)}{(ac-b)^{2}k}$，$C=\Delta Fx-b(r-r^{*})$

首先，讨论货币政策的通货膨胀目标实现情况。在第一组解中，$\pi^{*}=\pi^{e}$，表示实际的通货膨胀率等于通货膨胀目标，即完全实现货币政策目标；在第二组解中，$\pi^{*}=\left(\dfrac{AC}{2}\right)^{\frac{1}{3}}$，因为A和C中并没有包含 π^{e}，因此无法判断实际通货膨胀率与通货膨胀目标之间的关系，但是根据假设条件（$\Delta Fx-O$）接近零，因此AC也应该是一个接近零的值，从货币政策目标来看，将通货膨胀率控制到0显然是难以实现的，而且当经济保持在潜在产出水平之上时，合理的通货膨胀率也是一个大于0的较小的值，即低通胀水平，因此，第二组解中的 $\pi^{*}=\left(\dfrac{AC}{2}\right)^{\frac{1}{3}}$，虽然不一定等于通货膨胀目标 π^e ，但总体来看也基本实现了控制通胀水平的目标。

其次，讨论汇率平稳目标的实现情况。在两组解中，分别有

$$\Delta e^* = \frac{1}{ac-b}\left[\Delta Fx + \frac{amd(\Delta Fx - O)}{k\pi^e} - b(r - r^*)\right]$$ 和

$$\Delta e^* = \frac{1}{ac-b}\left[\Delta Fx + \frac{amd(\Delta Fx - O)}{k\left(\frac{AC}{2}\right)^{\frac{1}{3}}} - b(r - r^*)\right]$$

由于假设条件（$\Delta Fx - O$）接近零，可以将其中的 $\frac{amd(\Delta Fx - O)}{k\pi^e}$ 和 $\frac{amd(\Delta Fx - O)}{k\left(\frac{AC}{2}\right)^{\frac{1}{3}}}$ 约等于 0，所以两个解就近似地相等于 $\Delta e^* = \frac{1}{ac-b}[\Delta Fx - b(r - r^*)]$ 。前面的内容讨论过，假设当前的汇率水平基本接近合理均衡，则货币政策的汇率目标就是保持汇率相对平稳，即 $\Delta e^* = 0$ 。根据上面的公式，要实现这个目标，就需要 $\Delta Fx = b(r - r^*)$ ，即央行购买外汇的量应该等于国内外利差乘以一个固定倍数，当央行的外汇操作满足这一规则时，就能保证汇率保持平稳，即 $\Delta e^* = 0$ 。但需要说明的是，得到这一结果理论基础是，在模型中 $k = (r - r^*) - \Delta e$ ，即资本流入取决于国内外利差和汇率变动。

最后，需要强调实现货币政策目标的前提条件，也是模型求解的假设条件（$\Delta Fx - O$）接近零。在前面对解的存在性讨论中，说明了只有（$\Delta Fx - O$）接近零时，才能保证模型的解存在。从货币政策的角度来看，只有央行基本对冲新增外汇占款时，才有可能实现货币政策目标。否则实际通货膨胀率和汇率波动都无法收敛到目标值上，此时，货币政策就是无效的。所以，央行需要基本对冲新增外汇占款，才能保证货币政策是有效的。

总结一下模型关于货币政策的结论和意义。一是央行要实现货币政策目标，需要基本对冲新增外汇占款，否则货币政策就是无效的；二是当央行基本对冲新增外汇占款时，可以实现其控制通货膨胀的目标，而且在两种可能的解中，有一种情况是实际的通货膨胀率等于通货膨胀目标，即完全实现货币政策目标，央行可以在实践中相机抉择，促使政策效果更接近这种情况；三是当央行基本对冲新增外汇占款，且央行的外汇操作满足某一规则，即购买外汇的量应该等于国内外利差乘以一个固定倍数，此时，就能保证汇率保持平稳，即 $\Delta e^{*}=0$；四是结合通货膨胀目标和汇率目标的实现情况看，在国际收支影响流动性变化的背景下，只要央行可以基本对冲新增外汇占款，就能实现货币政策的目标，即保证货币政策的有效性。因此，也可以将此结论进一步扩展为一种货币政策规则，即为了实现货币政策双目标，央行的最优政策可以是使（$\Delta Fx-O$）接近零，即采取均衡政策。而且需要说明的是，ΔFx 和 O 的含义也是可以扩展的，比如广义上的 ΔFx 是指央行外币操作，既包括买入外汇，也包括卖出外汇；广义上的 O 是指央行本币操作，包括公开市场操作、PSL、SLF、MLF 等各种本币工具。而且两者的符号也可相机调整，不一定是 ΔFx 投放流动性的同时通过 O 回笼流动性，而是只要保持两者的和接近零即可。

第八章　流动性供求对货币市场利率的影响

货币市场利率对于流动性具有非常重要的意义。一方面流动性是最主要的货币市场利率影响因素，市场流动性的松紧将直接导致货币市场利率升降，同时，货币市场利率也是流动性作用传导的主要渠道，货币市场利率变化可沿收益率曲线由短及长传导至中长期利率，最终作用于实体经济；另一方面货币市场利率又是监测和分析流动性的有效指标，由于统计原因和自身复杂性，流动性的绝对水平往往难以观测，货币市场利率既反映了流动性的水平，又具有真实交易背景，通过货币市场利率来监测和分析流动性具有科学性和合理性。

第一节　货币市场与货币市场利率

一、货币市场

货币市场通常是指期限在1年或1年以内的金融资产进行交易的市场。货币市场的主要功能是使资金盈余者的资金供给与资金短缺者的资金需求相匹配。在货币市场中，金融机构之间进行短期金融工具交易，进行短期融资和流动性管理。货币市场充分满足了各类金融机构的流动性管理需求，实践中同业拆借和债券回购等短期融资交易十分活跃，日均交易量高达数千亿元人民币。对于宏观经济和金融市场，货币市场发挥了两方面的作用：一是反映了宏观经济和市场流动性的状况；二是货币市场利率提供了各种金融资产的定价基础。

二、货币市场利率

由于货币市场是进行短期融资和流动性管理的市场，所以货币市场利率的变动真实地反映了金融市场流动性的松紧状况，而且货币市场利率对资金供求变化的反应具有灵敏性和高效性的特点，因此货币市场利率是反映市场流动性状况的重要指标，也代表了流动性的市场价格。

根据有无质押担保的区别，我国货币市场主要可分为同业拆借市场和债券回购市场，同业拆借是指金融机构相互间进行的无担保短期资金借贷活动；债券回购是指交易的一方将持有的债券卖出，并在未来约定的日期以约定价格买回的交易行为，另外，根据债券所有权是否转移又分为质押式回购和买断式回购。根据交易期限分类，拆借交易和回购交易的期限品种为从1天到1年，市场按1天（隔夜）、7天、14天、21天、1个月、2个月、3个月、4个月、6个月、9个月和1年共11个品种统计和计算成交量和加权平均利率①。从实际市场情况看，目前质押式回购的交易量远超过拆借交易量，而且质押式回购的交易量主要集中在隔夜（1天）和7天两个品种上，隔夜和7天质押式回购利率实质上已经成为短期市场利率的代表（见图8－1）。

---

① 根据银行间市场的规则，在统计时，交易期限向上取整。比如2天至7天的交易都统计在7天品种内。

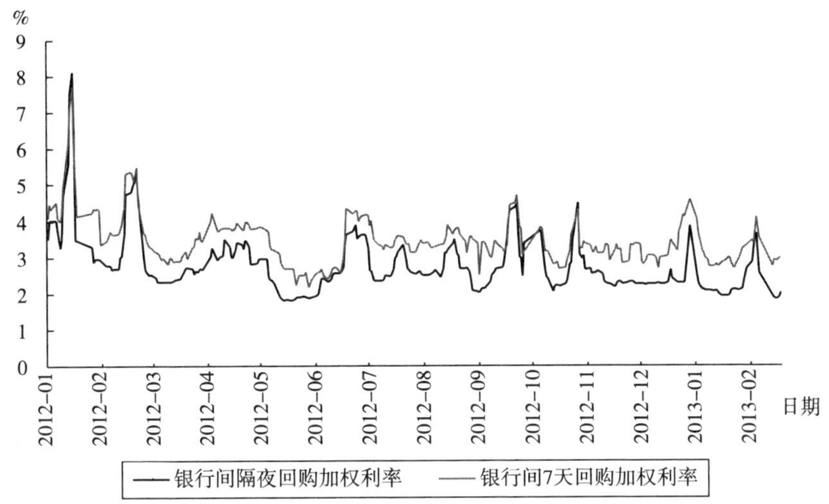

图 8－1　隔夜和 7 天回购加权利率走势

（资料来源：Wind）

第二节　流动性供给变化对货币市场利率的影响

根据前面的分析，流动性供给函数与市场利率无关，而是受外生变量决定。因此，流动性供给曲线是一条垂直于 x 轴的直线。当影响流动性供给的各因素变动时，流动性供给曲线将水平左、右移动。从图 8－2 来看，受某个影响流动性供给的因素作用，比如当国际收支导致外汇占款增加时，流动性供给曲线将向右移动，即从当前的实线位置平移到虚线的位置。

仍以外汇占款变化为例（其他影响流动性供给的因素或流动性供给总量变化对货币市场利率的影响也类似），国际收支顺差导致外汇占款增长，从而令市场的流动性供给增加，流动性供给曲线向右平移。

当影响流动性需求的其他因素（除利率以外的影响因素）保持不变时，流动性需求曲线保持不动。此时，市场中流动性供给大于流动性需求，货币市场利率下降，从而导致市场流动性需求增加，则流动性供、需再次相等，市场达到新的均衡。从图 8－2 上来看，市场均衡点从 i^* 沿着流动性需求曲线移动到 i^{**}。

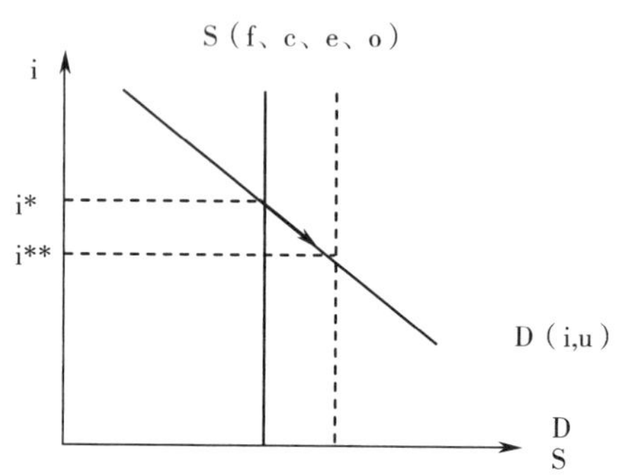

图 8－2　国际收支顺差对流动性均衡点的影响

根据上面的分析，可以将流动性供给各因素和流动性供给总量对货币市场利率的影响表示为流程图的形式（见图 8－3）。

由此，可以得出以下结论：

第一，流动性供给增加具有压低货币市场利率的作用。在影响流动性需求的其他因素保持不变的情况下，流动性需求曲线保持不变，流动性供给增加将导致货币市场利率下降；但是如果除利率以外的其他因素发生变化，流动性需求曲线将平移，则流动性供给变化对货币市场利率产生的影响存在不确定性，需要结合流动性供、需变化的幅度来确定货币市场利率的变化情况。

第二，流动性供给增加将导致资金融出方和资金融入方的流动性需求增加，从而使市场达到新的均衡点。当流动性供给增加时，货币市场利率下降，而货币市场利率下降将增加资金融出方和融入方的流动性需求，其中由于融出资金的收益减少，资金融出方倾向于

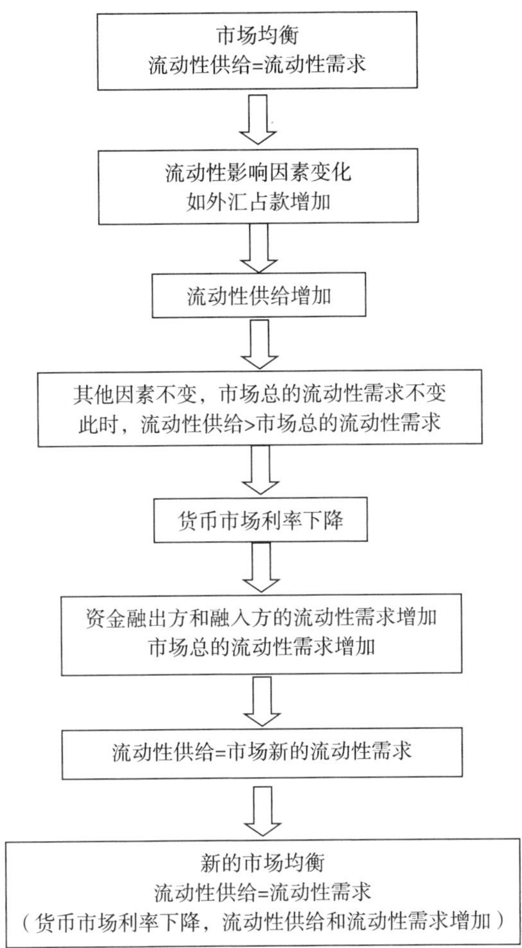

图 8－3　国际收支影响货币市场利率的逻辑顺序

持有流动性，而不是向市场融出资金，所以自有性流动性需求增加；同时由于融入资金的成本降低，资金融入方也将加大融入资金的规模，所以交易性流动性需求增加。此时，市场均衡点将沿着流动性需求曲线向右下移动，直到流动性需求与流动性供给再次相等，则市场达到均衡。

第三节　流动性需求变化对货币市场利率的影响

一、流动性需求函数

根据流动性供需模型Ⅱ，构造的我国流动性需求函数。流动性需求是指整个市场的流动性需求，包括资金融出方的流动性需求和资金融入方的流动性需求。其中，资金融出方主要指资金充裕的国有大型商业银行、政策性银行、货币市场基金等，资金融出方会根据市场利率高低决定自身的流动性需求，即除去向市场融出的部分，自身需要留有多少流动性，即自有性流动性需求；资金融入方主要指资金相对短缺的中小型商业银行、城市商业银行、农村信用社、证券公司等，资金融入方的流动性需求是指需要多少流动性才能满足其开展业务的需要，即交易性流动性需求。

将流动性需求函数写为 $D = D(i,u)$ ，其中 i 是指货币市场利率与超额准备金利率的差，u 是指法定存款准备金需求、商业银行的支付清算和投资需求、监管因素、季节因素及其他扰动因素对流动性需求的影响。因此，可以将流动性需求函数写为：

$D = D(i,u) = D_1(i) + D_2(u)$，其中 $D_1(i)$ 表示受利率变化影响的流动性需求，$D_2(u)$ 表示受其他因素影响的流动性需求。同时，由于流动性需求与利差（货币市场利率）呈反向变化关系，因此可以得到一条斜率为负的流动性需求曲线（见图 8－4），即货币市场利率①越高

① 由于超额准备金利率相对平稳，因此这里用货币市场利率变化代表二者利差的变化情况。

时，流动性需求越小，货币市场利率越低时流动性需求越大。

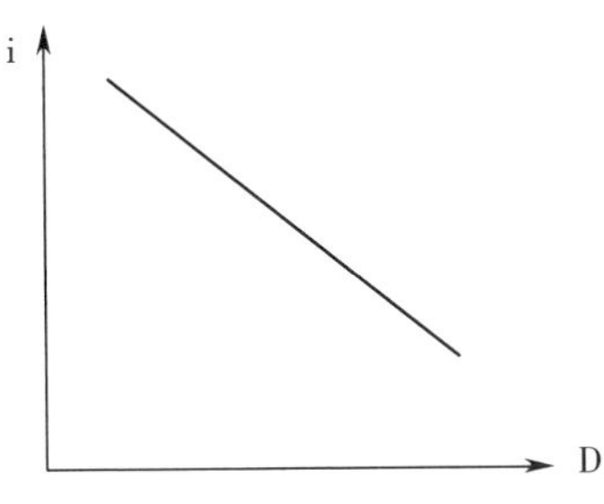

图 8－4　流动性需求曲线

二、流动性需求变化对货币市场利率的影响

（一）流动性需求变化的两种情况

根据上面的分析，流动性需求函数包括两种自变量，一种是货币市场利率，另一种是除利率之外的其他因素。与之相对应的，流动性需求也存在两种变化情况，一种是沿流动性需求曲线发生的流动性需求增减，另一种是流动性需求曲线的平行位移。其中，第一种变化是

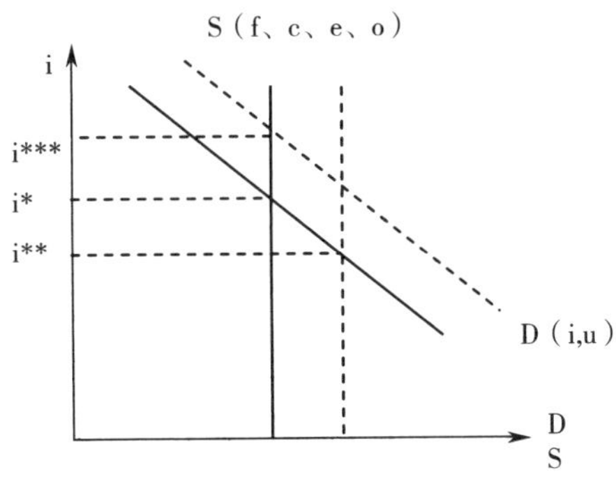

图 8－5　流动性供需均衡

指当货币市场利率增减时，流动性需求相应的减少或增加，具体表现为均衡点沿着流动性需求曲线向左上方移动或者向右下方移动；第二种变化是指除了利率的其他因素变化时，如法定准备金需求增减时，流动性需求曲线会向右或向左平移。

（二）流动性需求变化对货币市场利率的影响

关于流动性需求对货币市场利率的影响，一直存在含糊不清的概念。直观地说，流动性需求增加会导致货币市场利率上行，即二者是正向关系，但假设如此，则流动性需求曲线就是一条斜率为正的曲线，显然与实际情况和理论均不符。

解释这个问题，需要从流动性需求函数的结构来分析。根据上面的研究，可以得到市场流动性需求包括受利率影响的需求和其他因素影响的需求，其中，受利率影响的流动性需求与货币市场利率呈负相关性，而其他因素影响的流动性需求与货币市场利率呈正相关性。需要说明的是，产生两种相关关系的理论机制是不同的：从受利率影响的需求来看，货币市场利率上升导致资金融出方的收益和融入方的成本增加，所以资金融出方和融入方的流动性需求减少；从其他需求的角度来看，其他因素导致的流动性需求增加，在流动性供给不变的情况下，货币市场利率上行，资金融入方和融出方的流动性需求同时下降，则市场总的流动性需求先增后减，并再次与流动性供给相等，市场达到新的均衡。所以对于上面的问题，需要分为受利率和其他因素影响的流动性需求两种情况来分别进行解释。

（三）流动性需求变化与货币市场利率走势的因果关系

流动性需求和货币市场利率的因果关系是如何的呢？从实践情况看，流动性需求增加将导致市场流动性紧张，从而推高货币市场利率；而根据上述的流动性需求函数，货币市场利率升高，将减少流动性需求。那么流动性需求和货币市场利率到底哪个是因，哪个是果？这两种说法是否矛盾？

为了解释上面的问题，并明确流动性需求与货币市场利率的因果关系，可以结合流动性需求变化的两种情况进行分析：

第一，从流动性需求曲线上的均衡点位置来看，当货币市场利率上升导致流动性需求减少时，均衡点沿着流动性需求曲线移动。这里的流动性需求是指受利率影响的流动性需求，即货币市场利率高时，资金融出方倾向于减少自身流动性需求，并将资金借出，以获得较高的利息收入；而资金融入方由于融资成本升高，而减少融入流动性的需求。

第二，从流动性需求曲线的水平位置来看，当除利率以外的其他因素导致流动性需求增加时，流动性需求曲线将向右平移，从而导致货币市场利率上升。这里的流动性需求是指其他因素影响的流动性需求，即其他因素导致流动性需求增加时，会使在当前均衡点上市场总的流动性需求大于供给，从而令货币市场利率上升。此时，货币市场利率上升导致资金融出方和融入方的流动性需求减少，令市场总的流动性需求回落，并等于流动性供给，从而使货币市场的供需再次达到均衡。从图 8 -5 来看，表现为当流动性需求曲线从实线位置向右平移到虚线位置时，货币市场利率从 i^* 上行到 i^{***}。

总的来看，流动性需求和货币市场利率是互为因果的。从受利率影响的需求来看，货币市场利率是因，而流动性需求是果，且二者呈负相关关系，即货币市场利率上升导致流动性需求减少，在图 8 -5 中表现为均衡点沿着流动性需求曲线向左上移动；从其他因素影响的流动性需求角度来看，流动性需求是因，而货币市场利率是果，且二者呈正相关关系，即流动性需求增加导致市场流动性需求大于供给，从而使货币市场利率上升，在图中表现为流动性需求曲线向右平移。

第四节 流动性供求均衡与货币市场利率

一、流动性供求均衡

令流动性供需函数相等，即 $f+c+e+o=D(i,u)+\Delta r+\Delta er=D_1(i)+D_2(u')+\Delta r+\Delta er$

其中 u′表示除超额准备金需求和法定准备金需求之外的影响流动性需求的因素。

移项后可得，$\Delta er=f+c+e+o-\Delta r-D_1(i)-D_2(u')$

即市场均衡时，超额准备金净变化等于影响流动性的各因素变化加总（财政、现金、外汇、货币政策操作、法定存款准备金需求）减去流动性需求。

二、流动性净变化与流动性合意水平

在流动性数量研究一章中，运用公式 1：$\Delta er=f+c+e+o-\Delta r$ 表示流动性净变化。这里又得出了公式 2：$\Delta er^*=f+c+e+o-\Delta r-D_1(i)-D_2(u')$ 为与公式 1 中的 Δer 相区别，将公式 2 的左端表示为 Δer^*。

比较二者的区别在于，等式 1 中的 Δer 表示受各影响因素作用导致的流动性增减；等式 2 中的 Δer^* 表示流动性供需缺口。从金融机构的角度来看，等式 1 表示的是外生因素变化导致的市场流动性增减；等式 2 表示的是包括外生和内生因素（金融机构自身流动性需求）条件下的市场流动性供需均衡点。所以，在等式 1 中 Δer 表示的是外生因素变化导致流动性净变化，在等式 2 中 Δer^* 表示的是流动性合意

（均衡）水平与流动性实际水平的差。

如果 $\Delta er^{*}=0$，则表示流动性供给等于需求，当前流动性处于供求均衡水平，即当前流动性水平是合意的。

如果 $\Delta er^{*}>0$，则表示流动性供给大于需求，当前流动性高于供求均衡水平。

如果 $\Delta er^{*}<0$，则表示流动性供给小于需求，当前流动性低于供求均衡水平。

三、流动性供求均衡与货币市场利率

对于流动性与货币市场利率的研究一直是理论和实务领域的一个关注焦点。一般来说，现有的研究主要通过计算流动性净变化来分析和预测货币市场利率走势，即根据影响流动性的各因素及流动性总量变化，分析市场流动性松紧状况，从而得出货币市场利率走势。但近年来，随着我国金融市场的发展，金融机构的流动性需求多样化且波动加剧，导致流动性净变化与货币市场利率之间的函数关系有所减弱。计算每年 12 个月的月度流动性净变化（取自流动性数量研究部分）与各月的隔夜和 7 天回购利率算术均值的相关系数见表 8－1。根据理论和常识判断，流动性与货币市场利率应呈负相关性，即流动性增加货币市场利率下降，反之亦然。但运用流动性净变化数据与货币市场利率进行相关分析的结果却并不尽如人意，在最近的 7 个年份内，有 3 个年份的流动性净变化与货币市场利率呈现相当强的正相关性。

表 8－1　　　　流动性净变化与货币市场利率相关系数

年份	流动性净变化与隔夜回购利率	流动性净变化与 7 天回购利率
2008	－0. 65	－0. 71
2009	0. 21	0. 30

续表

年份	流动性净变化与隔夜回购利率	流动性净变化与7天回购利率
2010	0.80	0.79
2011	-0.25	-0.16
2012	-0.44	-0.40
2013	0.46	0.53
2014年1—9月	-0.54	-0.55

造成这种情况的原因，主要来自于对流动性需求的忽略。正如上文所说，随着金融机构的流动性需求多样化且波动加剧，相同的流动性净变化（各影响因素变化加总）所导致的货币市场利率变化可能完全不同。比如，受IPO因素影响流动性需求大幅增加的背景下，即使流动性净增加较多，可能仍无法满足市场需求，最终货币市场利率将上升，从而导致流动性净变化与货币市场利率走势的背离。因此，为了准确研究流动性与货币市场利率的关系，就必须结合流动性供给和需求两方面的变化，分析货币市场利率走势。

根据上文推导的公式，$\Delta er^* = f + c + e + o - \Delta r - D_1(i) - D_2(u')$，其中 Δer^* 表示为达到流动性供需均衡，超额准备金需要变化的量。

如果 $\Delta er^* = 0$，则表示流动性供给等于需求，货币市场利率持平。

如果 $\Delta er^* > 0$，则表示流动性供给大于需求，货币市场利率下降。

如果 $\Delta er^* < 0$，则表示流动性供给小于需求，货币市场利率上升。

假设 Δer^* 与货币市场利率变化 Δi 成比例关系，即 $\Delta i = F(\Delta er^*) = F(f + c + e + o - \Delta r - D_1(i) - D_2(u'))$，其中F表示某一线性函数关系。根据此公式，货币市场利率变化是财政、现金、外汇、货币政策操作、法定存款准备金需求以及受货币市场利率本身和一些相关因素影响的流动性需求共同作用的结果。总而言之，就是货币市场利率取决于流动性供需缺口，而不是流动性净变化。

四、实证研究

根据上文的推导 $\Delta i = F(\Delta er^*)$，为研究流动性与货币市场利率的关系，就需要构建流动性供需缺口 Δer^* 的表达式，从而在得到各因素数据的基础上，计算流动性供需缺口，最后根据流动性供需缺口研究货币市场利率走势变化。本书将采用时间序列回归这一研究方法来计算流动性供需缺口各因素的系数，从而得到流动性供需缺口的表达式。

（一）构建回归方程

根据 $\Delta i = F(\Delta er^*) = F(f + c + e + o - \Delta r - D_1(i) - D_2(u'))$，构建回归方程。

1. 基本假设

首先引入基本假设：货币市场利率具有高弹性。具体来说，货币市场利率可根据市场流动性供需缺口迅速调整，比如市场流动性供大于求，货币市场利率将迅速下降，并导致市场流动性供给下降，而流动性需求上升，从而市场流动性达到均衡；而当市场流动性供不应求时，货币市场利率将迅速上升，并导致市场流动性供给增加，而流动性需求减少，从而市场流动性达到均衡。价格弹性与价格黏性是相对的概念，两种情况对应市场是否可以出清，在价格黏性情况下，价格不随市场供求及时变化，市场无法出清；而价格弹性的情况下，价格随市场供求及时调整，市场实现出清。由于以下的回归方程均采取月度数据进行研究，所以在货币市场利率高弹性这一假设基础上，可以认为在每个时间周期（月度）内，市场均可达到出清，即市场流动性达到均衡。也可以这样理解，由于某种外部因素冲击，市场流动性供求可能出现短期失衡，但长期来看这种失衡都将得到解决，所以在下面的研究中，将假设第 $t-1$ 期的流动性供需处于均衡，并在此基础上研究第 t 期的情况。

2. 变量处理

以下分别讨论对上式中各个项目的处理：

（1）流动性影响因素

关于流动性影响因素，令 $f+c+e+o-\Delta r=L$，即 L 表示流动性各影响因素的总变化。

（2）$D_1(i)$

关于 $D_1(i)$，它表示受利率变化影响的流动性需求，与利率呈反向关系，利率上升则流动性需求减少，利率下降则流动性需求增加。在回归方程中，可令 $D_{1t}(i)=\beta\Delta i_{t-1}$。该等式的内部包含两个假设：假设条件一，金融机构将根据 t－1 期的利率变化情况而决定在 t 期的流动性需求。比如，t－1 期的货币市场利率上升，则金融机构将在 t 期减少其流动性需求，反之亦然；假设条件二，由于 t－1 期的流动性供需处于均衡，$D_{1t}(i)$ 即可表示 t 期的流动性需求变化。

（3）$D_2(u')$

关于 $D_2(u')$ 表示受其他因素影响的流动性需求。u′包括 IPO 冻结资金、市场预期变化、季节因素、监管要求及其他扰动因素等对流动性需求的影响。对于 $D_2(u')$ 的研究也是流动性需求研究中最具挑战性和创新性的部分，随着市场的发展，影响流动性需求的因素不断增加，而且这些因素各具特点，或者难以计量，比如对于投资者预期和心理的研究，或者本身存在争议，比如监管要求对流动性需求的影响，但这些因素对流动性需求的影响都是至关重要的。这也是近年来影响市场流动性均衡和货币市场利率走势的重要原因，因此有必要对其进行深入研究。本书将尝试对其中的两个因素进行一些量化分析，一是 IPO 冻结资金，二是市场政策预期变化。

其中，IPO 冻结资金以每月新股 IPO 申购资金冻结量加总为研究对象。

对于政策预期变化，结合基准利率、法定存款准备金率和公开市场操作利率变化，构造一个关于市场机构预期货币政策松紧变化的虚拟变量，以政策调整次数为计量单位，每次政策放松则计为1，每次政策收紧则计为－1，设基期值（2002年1月份）为0。这种设计的原理在于，当政策转紧时，金融机构倾向于多备流动性，以应对可能出现的市场波动，此时全市场的流动性需求将相应增加，反之则流动性需求减少。需要说明的是，由于政策调整，如法定存款准备金率调整对流动性需求的影响已经包含在L中，这里考虑的是政策调整对金融机构预期和心理的影响，所以均以0或正负1表示。对于该变量的设计和计量也是回归方程中一个充满挑战的问题，未来可考虑设计更加复杂的计量关系来考察政策预期对流动性需求的影响。

（二）回归分析

根据以上分析，可构建回归方程：$\Delta i_t = \beta_1 L_t + \beta_2 \Delta i_{t-1} + \beta_3 IPO_t + \beta_4 YUQI_t$

其中，L是指流动性影响各因素加总（包括外汇占款、财政库款变化、现金投放回笼、法定存款准备金需求和货币政策操作）；Δi_{t-1}表示受利率变化影响的流动性需求$D_1(i)$，IPO表示当期新股申购冻结资金总量，YUQI表示当期的货币政策预期变化。

用2008年1月至2014年6月的78个月度数据，以隔夜利率走势为对象进行数量分析。

表8－2　相关系数矩阵

参数	上期利率变化	流动性净变化	IPO	政策预期
隔夜回购利率变化	－0.22	－0.10	0.04	－0.07

具体来看，隔夜回购利率变化与上期利率变化负相关；流动性净增加则隔夜利率下降；IPO冻结资金增加则隔夜利率上升；政策预期

宽松则隔夜利率下降。各变量间的相关系数均与理论相符。

表 8－3　　　　回归结果

参数	估计值	标准误	t－统计量	概率
流动性	－0.0015	0.0016	－0.9393	0.0369
上一期利率变化	－0.2407	0.1133	－2.1248	0.3506
IPO	0.2413	3.1548	0.0765	0.9392
政策预期	－2.8433	4.1521	－0.6848	0.4956
adjusted R^2	0.0328			
D. W. 统计量	2.1513			

所以，回归得到方程 $\Delta i_t = -0.0015L_t - 0.2407\Delta i_{t-1} + 0.2413IPO_t - 2.8433YUQI_t$

方程拟合情况如图 8－6 所示。

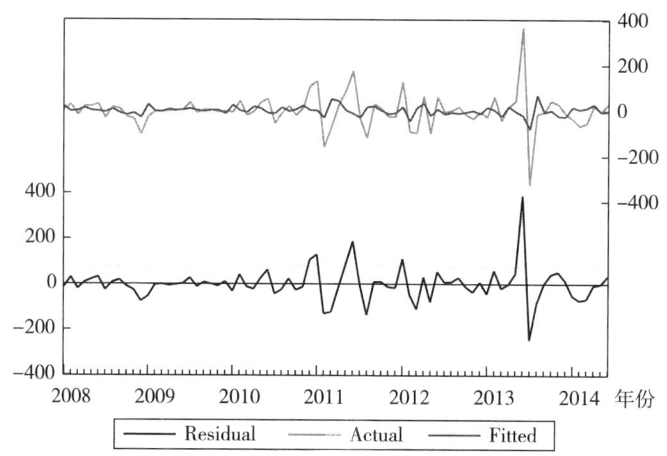

图 8－6　方程拟合情况

总体来看，虽然回归系数的显著性不高，但各系数关系均与理论吻合。说明模型具有理论参考意义，可以用此框架解释流动性供求对货币市场利率走势的影响。造成回归系数显著性较低的原因可能是月度数据降低了货币市场利率的敏感性，货币市场利率是一种高度市场化利率，逐日数据可以更加准确地反映各因素的影响。但由于数据可得性的限制，目前仍仅能使用月度数据进行分析，虽然牺牲了显著性，但仍然可以得出有效的结论。

第九章　流动性与债券收益率

本章将研究流动性总量及各影响因素与债券市场利率的关系。债券市场是金融市场的基础和重要组成部分，债券收益率是市场利率体系中的中长期利率，而且也代表了债券投资的真实收益水平。从流动性对市场利率的影响来看，流动性可沿着收益率曲线由短及长影响市场利率，首先流动性可影响短期的货币市场利率，这种关系已在上一章进行了研究，其次流动性对市场利率的影响将继续向更长期限的利率传导，即进一步影响债券市场利率，而债券市场利率是实体经济融资的成本，利率的高低和变化将对实体经济产生重要影响。因此，总的来看，流动性可通过短期利率变化影响中长期利率，最终作用于总产出、价格水平等实体经济变量。

第一节　相关概念

一、债券市场

债券市场是发行和买卖债券的场所。债券发行市场，又称一级市场，是发行单位初次出售新债券的市场，在发行市场上，政府、金融机构和企业为筹集资金向投资者发行债券融资；债券流通市场，又称二级市场，是指已发行债券买卖转让的市场，通过债券流通市场，投资者可以转让债权，即把债券变现。债券市场是各类经济主体进行直接融资和金融机构进行资产配置的主要渠道。债券市场的主要功能有：一方面，债券市场已成为优化资源配置、推动国民经济发展的重要渠道，各类债券，如企业短期融资券、中期票据、公司债券和企业债券等都扩大了企业的直接融资渠道，有效支持了企业发展，并推动经济增长；另一方面，债券市场对金融机构合理配置资产、有效实施资产负债管理发挥了重要作用，近年来推出的各类金融债券和资产证券化产品为商业银行进行主动负债管理提供了重要工具，为金融机构合理调整资产负债结构提供了多样化的选择。

债券市场是金融市场的基础，也是实体经济融资的主要来源。一个成熟和发达的债券市场可以为全社会的投资者和筹资者提供低风险的投融资工具，是向实体经济提供资金支持的主要渠道，也是增加居民财产性收入最稳健、最基础的渠道，同时债券收益率是社会经济中一切金融产品收益水平的基准，而且债券市场也是传导中央银行货币政策的重要载体。近年来，我国债券市场快速发展，其在资源配置中的基础作用不断增强，在支持实体经济发展、优化社会融资结构、促进金融改革和对外开放等方面发挥的作用日益突出。截至 2013 年 1 月底，我国债券市场债券余额已达 26. 4 万亿元。从全社会的融资渠道来看，2012 年社会融资总量中企业债券融资占比达到 14% ，是除贷款之外最主要的社会融资渠道，而且从增速来看，随着直接融资的快速发展，债券融资在社会融资总量中的占比快速上升，2005 年至 2012 年新增贷款占比从 78. 5% 下降到 52. 1% ，而同期债券融资占比从 6. 7% 上升到 14. 3% 。

二、债券市场利率

（一）票面利率与收益率

与债券相关的利率比较复杂，首先可以分为发行市场利率和二级市场利率，其中发行利率是指债券首次发行时的利率，二级市场利率是指已发行债券进行交易的利率。其中，二级市场利率是市场买卖双方交易的均衡利率，发行利率一般参照二级市场利率进行确定。另外，二级市场利率是时间序列数据，而发行利率只出现在某个具体债券发行的当天。所以从研究的角度来看，显然二级市场利率更具代表性。

从二级市场利率来看，最主要的利率包括债券票面利率（债券利息）和债券收益率。具体来看，债券收益率（bond yield）是衡量债券投资收益通常使用的一个指标，是债券收益与其投入本金的比率。债券的投资收益不同于债券利息，债券利息仅指债券票面利率与债券面值的乘积，它只是债券投资收益的一个组成部分。除了债券利息以外，债券的投资收益还包括价差和利息再投资所得的利息收入。因此，债券收益率才能真正代表债券投资的收益情况。

（二）即期收益率和到期收益率

而债券收益率又分为即期收益率和到期收益率。其中，即期收益率是债券利息除以债券当前的市场价格①所计算出的收益率，它并没有考虑债券投资所获得的资本利得或是损失，只在衡量债券某一期间所获得的现金收入相较于债券价格的比率；到期收益率是指以特定价格购买债券并持有至到期日所能获得的收益率，即可以使投资购买债券获得的未来现金流量的现值等于债券当前市价的贴现率。它相当于投资者按照当前市场价格购买并且一直持有到到期时可以获得的年平均收益率。因此，到期收益率更能代表债券投资的收益水平。

（三）不同债券品种的收益率

根据发行主体划分，可将债券划分为国债、政府机构债、地方政

① 与债券票面利率不同，债券票面利率是债券利息除以债券面值。

府债、公司债、企业债、金融机构债等。其中，国债的发行主体为财政部，代表了国家信用，属于无风险债券，相应地，国债收益率就是无风险收益率，是其他债券收益率的基础。比如，公司债和企业债的债券收益率会高于国债，而高出的利差则代表了对信用风险的补偿。

总的来看，到期收益率代表了债券投资的真实收益水平，而且从品种来看，国债收益率不受发行主体信用风险的影响，是债券市场其他各种收益率的基准。因此，本书选取国债到期收益率作为债券市场利率的研究对象（见图9－1）。

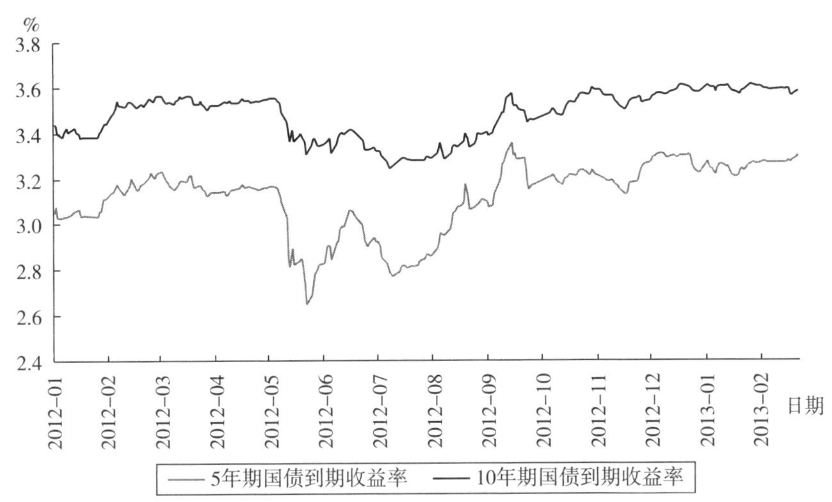

图9－1　5年期和10年期国债到期收益率走势

（资料来源：中央结算公司网站）

第二节　理论基础

随着我国利率市场化不断推进，利率的价格机制和杠杆作用越来越重要。在一个成熟的金融市场中，以债券为主的直接融资方式是社会的主要融资方式，而债券收益率既代表了企业的融资成本，又代表了资金的投资收益，因此，债券收益率是整个金融体系，甚至是整个经济的价格基础。从影响债券收益率的因素来看，债券收益率的水平和变化情况受到各种宏观因素的影响，如通货膨胀、经济增速、流动性、国际收支、政策变化和市场预期等。比如，国际收支顺差导致流动性增加，流动性增加会使短期利率下降，并通过利率期限传导、债券价格变化等渠道影响收益率曲线。

一、传统利率期限结构理论

传统的利率期限结构理论包括期限结构预期理论、流动性偏好理论和市场分割理论。

Fisher 于 1896 年提出的最古老的期限结构预期理论。该理论认为如果人们预期利率会上升（例如在经济周期的上升阶段），长期利率就会高于短期利率。如果所有投资者预期利率上升，收益曲线将向上倾斜；当经济周期从高涨、繁荣即将过渡到衰退时如果人们预期利率保持不变，那么收益曲线将持平。如果在经济衰退初期人们预期未来利率会下降，那么就会形成向下倾斜收益曲线。

Hicks（1939）和 Culbertson（1957）提出流动性偏好理论。该理论认为长期债券收益要高于短期债券收益，因为短期债券流动性高，易于变现。而长期债券流动性差，人们购买长期债券在某种程度上牺牲了流动性，因而要求得到补偿。

Modigliani 和 Sutch（1966）的市场分割理论。该理论认为因为人们有不同的期限偏好，所以长期、中期、短期债券便有不同的供给和需求，从而形成不同的市场，它们之间不能互相替代。根据供求量的不同，它们的利率各不相同。

二、现代利率期限结构理论

随着 1978 年 Black - Scholes 期权定价模型的提出，金融理论开创出了以衍生产品定价为主的数量化研究领域。利率期限结构理论也从传统的定性研究方法发展到了以随机量化分析、静态拟合、动态构建为主要特点的现代阶段，对利率变动随机性进行拟合和估计的利率模型层出不穷，许多经济学家都建立了不同的数量模型。如著名的Cox - Ingersol - Ross 模型（Cox，Ingersol and Ross，1980，1985a，1985b），Vasicek 单因子模型（Vasicek，1977），Ho - Lee 模型（Ho and Lee，1986），Hull - White 模型（Hull and White，1990），双因子模型（Brennan and Schwartz，1979；Longstaff and Schwartz，1992）和 HJM 多因子模型（Health，Jarrow and Merton，1992）等。

三、Nelson - Siegel 模型

Nelson - Siegel 模型是一种通过参数模型来描述收益率曲线动态变化的方法，由 Charles Nelson 和 Andrew Siegel（1987）提出。Nelson 和 Siegel 用拉盖尔函数构造出到期收益率函数，并由此得出只包含四个参数的利率期限结构模型：

$$y(\tau) = \beta_1 + \beta_2\left(\frac{1 - e^{-\lambda\tau}}{\lambda\tau}\right) + \beta_3\left(\frac{1 - e^{-\lambda\tau}}{\lambda\tau} - e^{-\lambda\tau}\right)$$

Diebold 和 Canlin（2006）指出 β_1，β_2，β_3 和 λ 有着丰富而直观的经济学含义。其中，λ 决定着指数衰减的速度；β_1 是收益率曲线的水平参数（Level），代表收益率的长期水平；β_2 的变化对收益率曲线近端的影响大于对远端的影响，决定着整条曲线斜率的变化，可以看作收益率曲线的斜率参数（Slope）；β_3 决定着曲线中部的陡峭程度，称为

曲度参数（Curvature）。

Nelson - Siegel 模型的形状符合传统预期理论，该模型的参数简洁清楚地描述了利率期限结构的特征，即水平因素、斜率因素和曲率因素，并且所表示的曲线灵活，可以用来描绘利率期限结构的各种形状。因此，我们可以将宏观经济变量与 Nelson - Siegel 模型中的参数结合起来，研究宏观经济对利率期限结构的影响。当然，也就可以研究流动性对利率期限结构的影响。

Diebold、Rudebusch 和 Aruoba（2006）采用动态 Nelson - Siegel 模型研究了宏观经济变量和利率期限结构的相互影响。他们采用美国数据进行的实证研究表明，联邦基金利率的增加会立即推升斜率因子，导致长短期利差的增加。Rudebusc 和 Wu（2008）将利率期限结构三因子模型中的水平因子和斜率因子与宏观经济变量联系起来，以新凯恩斯理论为基础设定宏观经济模型，据此进行的实证分析表明，利率期限结构中的因子具有明显的宏观经济和货币政策基础；水平因子与市场认知的央行中期通胀目标具有密切关系，而斜率因子与央行为稳定经济对短期利率调控而产生的通胀和产出缺口的周期波动有关。Bekaert、Cho 和 Moreno（2010）采用新凯恩斯模型进行的实证研究表明，货币政策冲击是利率期限结构因子模型中斜率因子和曲度因子变动的主要原因，进一步表明了货币政策对利率期限结构的影响。郭涛和宋德勇（2008）采用静态 Nelson - Siegel 模型来研究中国利率期限结构中的货币政策信息，通过央行基准利率调整和存款准备金率变化对市场利率的影响来说明货币政策对收益率曲线的作用。其实证结果表明，调整准备金率对利率期限结构只有短暂影响，而基准利率的提高则会改变投资者的通货膨胀预期，影响收益率曲线的远端，实现货币政策的传导。于鑫（2009）采用结构向量自回归（SVAR）模型来研究宏观经济变量对利率期限结构的影响，将主成分分析方法得出的三个利率因子与主要宏观经济变量形成 SVAR 模型，通过脉冲响应分析来研究货币政策对利率期限结构的影响。研究结论认为，货币政策主导着斜率因子和曲度因子的变化，但其影响存在着一定的时滞性。胡志强和王婷（2009）用最近五年我国国债数据对 Nelson - Siegel 模型参数进行估计，然后对系统的三个参数——水平因子、斜率因子和曲率因子时间序列建立向量自回归模型，采用动态回归方法预测整个收益率曲线的未来趋势。沈根祥（2011）以中国人民银行发行的央票利率为货币政策变量，以动态 Nelson - Siegel 模型为基础构造动态因子模型，采用卡尔曼滤波估计利率期限结构因子，与货币政策变量一起建立误差修正模型，以此分析货币政策对利率期限结构的短期动态影响和长期均衡影响。

第三节　流动性影响债券收益率的传导机制

流动性是债券市场的重要影响变量，流动性变化会对债券投资成本、债券投资需求及债券投资者预期等方面造成影响，这些因素的变化将导致债券价格的涨跌，从而影响实体经济的融资成本和金融机构的投资收益。总体来看，可以从以下两方面分析流动性对债券市场利率的影响。

一、期限传导机制

从利率期限来看，货币市场利率是短期限利率，而债券市场利率的期限则更长。根据债券期限理论，短期利率变化会导致长期利率同方向变化，即短期利率决定了长期利率的走势。因此，如果货币市场利率会影响债券利率（收益率），那么就可以推出流动性可以通过影响货币市场利率来影响债券市场利率这一结论。

（一）利率期限结构理论

利率期限结构利率说明为什么各种不同期限的即期利率与到期期限的关系及变化规律。传统的利率期限结构理论包括期限结构预期理论、流动性偏好理论和市场分割理论。根据我们所要研究的问题，期限结构预期理论最适合说明短期利率与长期利率之间的联动关系。根据上一节对利率期限理论的介绍，预期理论认为长期利率是短期利率预期的函数，长期利率与短期利率之间的关系取决于当前短期利率与未来预期短期利率之间的关系。因此，若收益曲线向上倾斜，这是由于预期短期利率在未来呈上升趋势；若收益曲线向下倾斜，则是由于预期短期利率在未来呈下降趋势。同理，持平的收益曲线是由于预期短期利率不变，拱形的收益曲线由于短期利率预期先升后降。预期假说也解释了长期利率与短期利率一起变动的原因。一般而言，短期利率有这样的特征，即短期利率水平如果今天上升，那么往往在未来会更高。因此，短期利率水平的提高会提高人们对未来短期利率的预期。由于长期利率相当于预期的短期利率的平均数，因此短期利率水平的上升也会使长期利率上升，从而使短期利率与长期利率同方向变动。

（二）货币市场利率与债券利率的相关性分析

根据期限结构预期理论，短期利率会对长期利率产生影响，并导致长期利率同方向变动。接下来，运用实际数据对理论进行检验。在数据选择方面，货币市场利率选择隔夜和 7 天回购利率；债券市场利率方面，则根据上面的分析，选择国债到期收益率进行研究，具体期限上，选择当前市场上最活跃且最具代表性的期限，分别为 3 个月、1 年期和 10 年期的国债到期收益率（见图 9－2）。

根据图 9－2，2008 年以来货币市场利率（隔夜和 7 天回购利率）与债券利率（3 个月、1 年期和 10 年国债到期收益率）的走势具有明

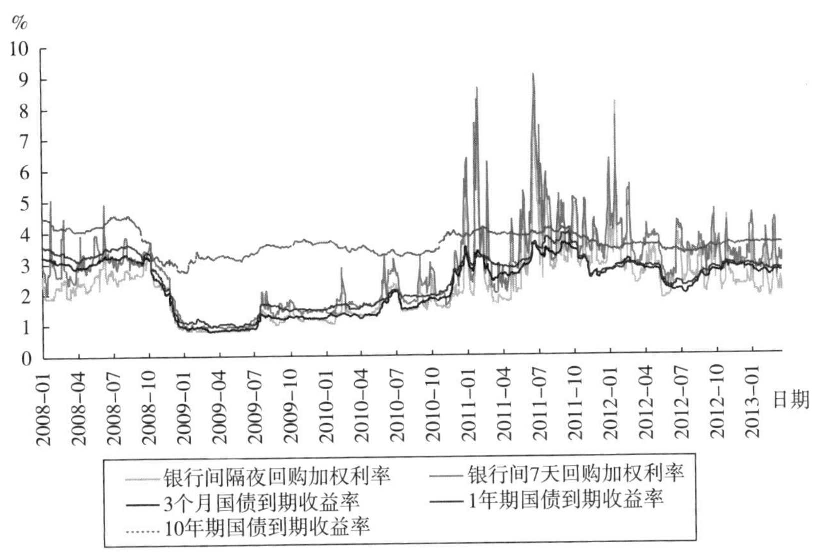

图9-2　货币市场利率和国债到期收益率走势

（资料来源：Wind）

显的正相关性。虽然由于受各种因素的影响，货币市场利率的波动性很大，但从平均值和长期趋势来看，其与债券利率的同向变化关系还是十分明显的。另外，从不同期限的债券收益率来看，短期限的债券收益率，如3个月和1年期国债到期收益率的走势与货币市场利率更加契合，而长期限国债收益，如10年期国债收益率的走势则与货币市场利率有所差别。

从相关系数矩阵来看（见表9-1），同样可以得出相同的结论。首先，货币市场利率和国债收益率相关程度很高，特别是与3个月、1年期国债收益率的相关系数均在0.8左右，而且均呈现正相关性，即货币市场利率与国债收益率同向变化。其次，从债券期限来看，期限越长，其与货币市场利率的相关程度越低，从表中数据来看，10年期国债收益率与货币市场利率的相关系数最低，而3个月期国债收益率与货币市场利率的相关系数最高。

表 9-1　　货币市场利率和债券利率相关系数矩阵

参数	隔夜回购利率	7 天回购利率
3 个月国债到期收益率	0.76	0.81
1 年期国债到期收益率	0.71	0.77
10 年期国债到期收益率	0.37	0.41

（三）货币市场利率影响债券利率的实践机制

由以上分析可知，根据利率期限理论，货币市场利率会导致债券收益率同方向变动，即货币市场利率越高，债券收益率也越高，反之亦然。同时，对实际数据的检验结果也支持上述理论的结论。下面将结合实践，分析货币市场利率导致债券收益率同方向变动的原因及其作用机制：

1. 资金成本

从市场主体债券交易成本的角度看，通常情况下，货币市场利率是金融机构的实际融资成本或考核成本，银行也会选择 7 天等期限品种货币市场利率作为其内部债券交易账户的资金成本。因此当货币市场利率上升时，债券投资的成本也会随之上升，并进而带动债券收益率的上升。

2. 市场流动性需求

从市场主体的融资角度看，当货币市场利率上升时，一般意味着市场资金面趋紧；部分市场主体，如货币市场基金等，可能会通过变现债券的方式进行融资，这会导致债券收益率上升。对于某些通过货币市场融资支持其债券投资的市场主体，这种情况更为明显，在市场资金面偏紧时，其可能面临被迫平盘的情况。

3. 杠杆交易

如果货币市场利率持续下行或长期维持低位运行，在资金杠杆和套利交易的作用下，也会带动中长期债券收益率下行；反之，如果资金面持续紧张，货币市场利率持续上行或长期维持在高位运行，导致融资考核成本上升甚至与债券收益率长期倒挂，则在去杠杆的作用下，中长债收益率亦会上行。

4. 资产管理行为

从资产组合管理角度看，假定资产组合只包括货币市场产品和债券，则当货币市场利率上升时，会吸收更多投资者抛售债券，并将其用于货币市场；当债券收益率上升时，投资者也会将资金从货币市场转移至债券市场。而且，短期债券与货币市场资产具有更强的替代性，这在一定程度上也可以解释为什么短期债券收益率与货币市场利率之间相关性更大。

5. 债券期限

根据上面的数据分析结果，债券期限越短，则货币市场利率对债券收益率的影响越强。从相关性分析来看，货币市场利率与中短期债券收益率的联动性更强，而与长期债券联动性弱一些。造成这种现象的原因是，中短期债券收益率受资金成本的变化以及资金面松紧的变化影响更大，因此与货币市场利率的走势也更为一致。而长期债券收益率除了受资金面松紧和资金成本影响以外，还更多受到经济增长、通胀水平和政策调整等周期性因素的影响，而且还与市场对未来利率走向的预期以及债券供求状况相关。根据上面提出的利率期限理论，可以看出长期利率取决于对未来短期利率预期的情况，因此如果市场对未来市场利率走势的预期与当前货币市场利率走势并不完全一致，那么货币市场利率的走势与长期债券收益率的走势也可能出现背离，这影响了货币市场利率与长期债券收益率之间的联动性。

（四）流动性通过货币市场利率间接影响债券收益率

上面的分析从理论和实践的角度均证明了货币市场利率具有导致

债券收益率同向变化的作用。可以得到流动性通过影响货币市场利率对债券市场产生影响的传导链条（见图9－3）。

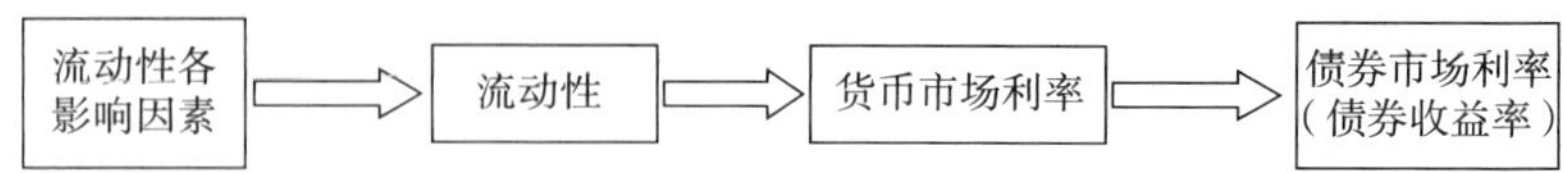

图9－3　流动性通过货币市场利率影响债券市场利率的传导链条

从图9－3中，可以看出流动性各影响因素会首先影响流动性供求，从而导致货币市场利率变化；最后，根据上面的分析货币市场利率将导致债券收益率同向运动，所以债券市场利率也将相应变化。

二、价格传导机制

除了上面分析的流动性通过影响货币市场利率来影响债券市场利率的渠道之外，流动性也可直接影响债券市场价格，并导致债券收益率变化。

（一）债券价格

债券与股票一样，都是一种有价证券。债券市场价格是指债券在二级市场上交易的价格，债券的市场价格由市场供求关系决定，其他影响因素都是通过作用于供求关系而影响债券的市场价格。由于影响债券市场价格的因素复杂且多变，所以债券的市场价格呈现出高低起伏的变化情况。另外，在下文中提到的债券价格即指债券市场价格。

（二）债券价格与债券到期收益率

在前文中已经提到债券到期收益率是将债券持有到偿还期所获得的收益。到期收益率又称为最终收益率，是投资购买债券的内部收益率，即可以使投资购买债券获得的未来现金流量的现值等于债券当前市价的贴现率。令 F 为债券面值，C 为按票面利率按期支付的利息，P 为债券当前市场价格，r 为到期收益率，则：$P = \sum_{t=1}^{n} \frac{C_t}{(1+r)^t} + \frac{F}{(1+r)^n}$

从公式中可以看出债券收益率与债券价格成反比关系。这是由于债券的利息和本金（票值）是固定的，而公式中到期收益率在分母上，因此二者成反比关系。从逻辑关系来看，如果市场利率上升，而债券的利息和到期归还的本金不变，为保证投资者买入已发行的债券可获得较高的收益率，债券价格将下降；而如果市场利率下降，债券价格将上升。同时，要指出的是二者之间的关系是相互的，即当市场价格下降时，则意味着投资者购买的债券可以获得更高的收益，即所获得的到期收益率更高；反之亦然。

（三）影响债券价格的因素

1. 经济增速

经济增速的快慢反映了整个经济活动的效率，从而决定中长期的利率走势。一般来讲，经济增速下降对债券市场有利。因为经济形势不好时，通货膨胀预期就比较低，则中央银行一般都不会提高利率，反而会降低利率，在这种形势下，投资债券的风险就比较小，而潜在的收益则比较大。同时，经济增速比较慢时，企业的盈利能力也会下降，股票市场将走弱，并导致一部分资金从股市流出，并有一部分流入债券市场，这在客观上会推动债券价格的上升。但同时也要看到，经济增速下降会导致企业违约率的增加，而增加债券市场的风险。

2. 通胀水平

债券的名义收益率等于实际收益率加上通货膨胀率。在名义收益率不变的情况下，通货膨胀率越高，则债券的实际收益率越低，即投资者获得的收益越少。通货膨胀率上升时，投资者需要得到更高的名义收益率才能保证实际收益率不变。因此，通货膨胀率上升将导致债券收益率上升、债券价格下降。

3. 流动性供给

流动性供给是影响债券需求的主要因素，流动性供给增加时，可用于债券投资的资金就会增加，则债券需求增加，将导致债券价格上涨，债券收益率下降。

4. 心理预期

投资者心理或预期的变化也会影响债券的价格变动。受利好因素的影响债券上涨时，投资者对债券市场持乐观态度，并加大投资力度，从而推动债市市场更大程度的上涨；反之，债市下跌时或出现利空因素时，投资者对债券市场持悲观态度，并减少投资力度，从而导致债市市场更大程度的下跌。

（四）流动性对债券价格和收益率的影响

以外汇占款对债券收益率的影响为例，从理论层面来看，根据国民收入恒等式 $S-I=X-M$，国家对外贸易盈余等于一个国家的国民储蓄与投资之差，这就是所谓的储蓄减去投资等于一个国家的对外贸易盈余，近年来我国贸易盈余持续增长，意味着我国的储蓄越来越大于投资，而储蓄大于投资，利率就会下降，债券价格就会上涨。如果假设整个经济体中的投资就只有债券投资一种渠道，从宏观经济的角度看，储蓄是债券需求，投资是债券供给，则储蓄大于投资就是债券需求大于供给，将导致债券价格上涨，则债券到期收益率下降。根据之前的分析，国际收支是我国流动性供给的主渠道，而流动性供给是影响债券需求的主要因素，流动性供给增加将导致债券需求增加，从而使债券价格上涨，债券收益率下降。因此，在债券市场中，流动性会影响债券价格，同时债券价格又与债券收益率存在反向变化的关系。

所以总的来看，上述传导过程最终将体现为流动性对债券收益率的影响（见图9－4）。

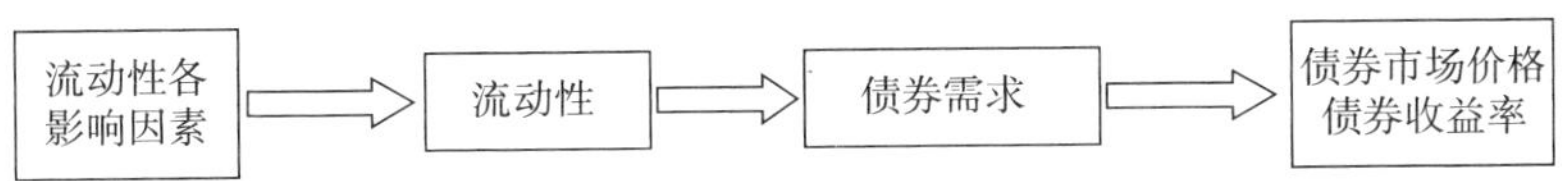

图9－4 流动性影响债券价格和收益率的传导链条

第四节 运用Nelson－Siegel模型研究收益率曲线的特征因素

一、模型简介

根据前面的分析，一方面债券价格（收益率）是市场交易的价格，是交易双方力量对比、交易策略、走势判断等行为所产生的结果，而许多因素都会对这种市场交易行为产生影响，并进而影响到债券价格（收益率），比如经济增速、通货膨胀、流动性状况、心理预期及其他相关因素；另一方面，从债券价格（收益率）来看，它又与债券的到期期限有关，同一种债券但是到期期限不同，收益率就有所不同，而且从理论和实践看，债券收益率和到期期限之间存在规律性的变化关系，将债券收益率和到期期限放在同一图中就构成了债券的收益率曲线（见图9－5）。因此，需要使用一种科学的方法来研究流动性对债券收益率的影响，既要区分开不同经济变量对债券收益率的影响，又要从债券收益率跟随到期期限的变化中抽离出最具代表性的特征因素以作为研究的目标。

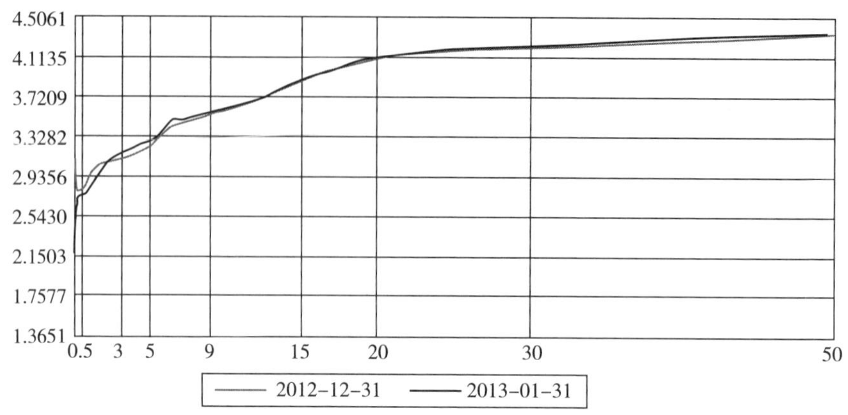

图9－5　银行间固定利率国债收益率曲线（2012年底和2013年初）

（资料来源：中央结算公司网站）

二、建立改进的Nelson－Siegel模型

（一）利率期限理论

利率的期限结构是指金融资产的到期收益率和到期期限之间的关系及变化规律，而期限结构理论正是研究这种关系的理论。最早的利率期限结构理论包括Fisher于1896年提出的期限结构预期理论、Hicks和Culbertson提出的流动性偏好理论、Modigliani和Sutch提出的市场分割理论。此后，关于利率期限结构的新理论层出不穷，比如由科克斯（J. C. Cox）、英格索尔（J. E. Ingersoll）和罗斯（S. A. Ross）三名美国经济学家提出的Cox－Ingersol－Ross模型，Vasicek单因子模型，Ho－Lee模型，双因子模型和HJM多因子模型等。近年来，出现了许多用模拟收益率曲线的实证方法，如息票剥离法、多项式样条法、指数样条法、Nelson－Siegel模型。目前中国债券市场上交易的国债都是息票

债券，国内对于国债利率期限的构建有息票剥离法、多项式样条法和Nelson－Siegel模型。运用几种方法模拟收益率曲线各有利弊，哪种方法更有效目前尚无定论，但可以根据所要研究的问题选择合适的方法，以达到最优的效果。

针对流动性影响债券收益率这一问题，选择Nelson－Siegel模型更为合适。首先，息票剥离法适用于期限分布均匀且密集的国债市场，如美国国债市场，而我国的国债品种数量仍然不多，短期和长期的期限结构是残缺的，运用息票剥离法会使得估计结果出现偏离；其次，样条法的分界点和样条阶数虽尽可能地贴近目标曲线，但这种方法的主观性比较强，不同的人会有不同的理解，并导致完全不同的结果，并与实际利率期限结构出现偏差；最后，Nelson－Siegel模型所表示的曲线灵活，可以用来描绘利率期限结构的各种形状，该模型准确有效地将收益率曲线归结为三个特征要素，即水平因素、斜率因素和曲率因素，这三个因素既可以充分代表收益率曲线的实际情况，又各自具有理论意义，并可以结合其他变量来研究宏观经济变化对债券收益率的影响。因此，选择Nelson－Siegel模型研究流动性对债券收益率的影响。

（二）Nelson－Siegel模型

根据上面的分析，Nelson－Siegel模型是最为合适的理论模型。

1. 模型推导

对于收益率曲线的估算和预测，Charles Nelson和Andrew Siegel提出了一种通过参数模型描述收益率曲线的方法，根据该方法，远期利率函数可以表示为：$f_t(\tau) = b_{1t} + b_{2t}e^{-\lambda_t\tau} + b_{3t}\lambda_t\tau e^{-\lambda_t\tau}$。可以看出，Nelson－Siegel模型的远期利率曲线包括一个常数项和一个拉盖尔函数，其中拉盖尔函数是指数衰减型的多项式，是一种常用的数学模拟方法。根据远期利率公式，得到相应的收益率曲线为：$y_t(\tau) = b_{1t} + b_{2t}$

$\frac{1-e^{-\lambda_t\tau}}{\lambda_t\tau}-b_{3t}e^{-\lambda_t\tau}$ ①。

此后，Diebold Francis X. 和 Li Canlin 于 2004 年提出了改进后的 Nelson – Siegel 模型，得出 $y_t(\tau)=\beta_{1t}+\beta_{2t}(\frac{1-e^{-\lambda_t\tau}}{\lambda_t\tau})+\beta_{3t}(\frac{1-e^{-\lambda_t\tau}}{\lambda_t\tau}-e^{-\lambda_t\tau})$ ②，而这个改进的模型较原始模型更加科学，因而本书也将运用改进后的模型进行研究。将该模型与原始的Nelson – Siegel 模型进行比较，可以看出 $b_{1t}=\beta_{1t}$，$b_{2t}=\beta_{2t}+\beta_{3t}$ 和 $b_{3t}=\beta_{3t}$，但改进后的 Nelson – Siegel 模型更加科学，原因是从模型参数的乘项来看，在原始的 Nelson – Siegel 模型中，$\frac{1-e^{-\lambda_t\tau}}{\lambda_t\tau}$ 和 $e^{-\lambda_t\tau}$ 都为相同的单调递减图形，从而造成了两个问题：一是 b_{2t} 和 b_{3t} 乘项的趋势基本相同，从而难以理解 b_{2t} 和 b_{3t} 的实际意义；二是在回归过程中容易出现多重共线性，从而难以得到 b_{2t} 和 b_{3t} 的估计值。

2. 参数分析

接下来，对 Diebold Francis X. 和 Li Canlin 改进后的 Nelson – Siegel 模型中参数意义进行说明。

（1）变量 τ 是指债券的到期期限，$y_t(\tau)$ 是指在 t 时期观测到的期限为 τ 的债券到期收益率。

（2）变量 λ_t 是指数函数的衰减率：λ_t 的值越小，则指数函数衰减的越慢，则模型所模拟的收益率曲线越贴近长期债券的收益率曲线；反之，λ_t 的值越大，则指数函数衰减得越快，则模型所模拟的收益率曲线越贴近短期债券的收益率曲线。

（3）β_{1t}，β_{2t} 和 β_{3t} 的乘项。β_{1t}，β_{2t} 和 β_{3t} 是三个潜在的动态参数，其

---

① Nelson, C. R. and Siegel, A. R. Parsimonious Modeling of Yield Curves [J]. Journal of Business, 1987 (60): 473 – 487.

② Diebold, Francis X. Li Canlin Forecasting the term structure of government bond yields [R]. CFS Working Paper, No. 2004, 9.

乘项随期限变化的情况将影响β_{1t}，β_{2t}和β_{3t}对债券收益率曲线的影响大小。具体来看：

其中，β_{1t}的乘项是1，即是公式中的常数项，当公式中的后两项在时间增长到极限时衰减到0时，而常数项保持不变，因此β_{1t}可以被看作长期因子；

β_{2t}的乘项是$\frac{1-e^{-\lambda_t\tau}}{\lambda_t\tau}$，当$\tau$趋近于0时有$\lim\limits_{\tau\to 0}(1-e^{-\lambda_t\tau})=\lambda_t\tau$，因此此时$\frac{1-e^{-\lambda_t\tau}}{\lambda_t\tau}$等于1，随着$\tau$增长，$\frac{1-e^{-\lambda_t\tau}}{\lambda_t\tau}$将快速单调下降至0，因此$\beta_{2t}$可以被看作短期因子；

β_{3t}的乘项是$\frac{1-e^{-\lambda_t\tau}}{\lambda_t\tau}-e^{-\lambda_t\tau}$，同理根据极限定理，当$\tau$趋近于0时，$\frac{1-e^{-\lambda_t\tau}}{\lambda_t\tau}-e^{-\lambda_t\tau}$等于0，随着$\tau$增长，$\frac{1-e^{-\lambda_t\tau}}{\lambda_t\tau}-e^{-\lambda_t\tau}$将先增加后减少，并最终衰减至0，因此$\beta_{2t}$可以被看作中期因子。

（4）参数β_{1t}，β_{2t}和β_{3t}。在上面对β_{1t}，β_{2t}和β_{3t}的乘项进行分析的基础上，进一步研究这三个变量的实际意义。可以看出β_{1t}，β_{2t}和β_{3t}分别代表了收益率曲线的水平因素、斜率因素和曲率因素。

首先，β_{1t}是长期因子，其代表了收益率曲线的水平位置，从极值来看$y_t(\infty)=\beta_{1t}$，另外由于对于所有到期期限β_{1t}的值都是一样的，当β_{1t}增加时所有各期限的到期收益率都将等量增加，即使收益率曲线水平上移（β_{1t}减少时，收益率曲线将水平下降），因此β_{1t}是收益率曲线的水平因素。

其次，短期因子β_{2t}代表了收益率曲线的斜率，因为根据$y_t(\tau)$的公式，$y_t(\infty)-y_t(0)=-\beta_{2t}$，需要说明的是一般情况下债券期限越长利率越高，因此$y_t(\infty)-y_t(0)=-\beta_{2t}>0$，所以可以看出$\beta_{2t}<0$，同时，结合上面对$\beta_{2t}$乘项的分析（随着$\tau$增长，$\beta_{2t}$的乘项将从1减小到0），可以看出当$\beta_{2t}$增加（绝对值减小）时，其对短期债券收益率的影

响大于对长期债券收益率的影响，则长期债券收益率与短期债券收益率的利差减小，即改变了收益率曲线的斜率，使得收益率曲线变得更平坦，因此β_{2t}是收益率曲线的斜率因素。

最后，中期因子β_{3t}代表了收益率曲线的曲度。根据上面对β_{3t}乘项的分析，随着债券期限的增长，β_{3t}的乘项将呈现从小到大再减小的趋势，即在短期限和长期限趋近于0，在中间曲线较大，当β_{3t}增加时，将会使中间期限债券的收益率增加，而短期限和长期限的债券收益率变化不大，即改变了收益率曲线的曲度，使得收益率曲线更加弯曲，因此β_{3t}是收益率曲线的曲率因素。

3. 模型效果评估

债券收益率是一个受多种因素影响且高度动态变化的复杂系统，为了将流动性对债券收益率的影响从收益率曲线的动态变化中抽离出来，并作为进一步分析的基础，本书选择了运用改进后的 Nelson - Siegel 模型作为研究方法。在上文建立了模型之后，需要说明这一模型是否有效，是否准确地解释了收益率曲线的特征，从而能够与流动性各影响因素相互比对，以对该模型的效果进行评估。

从理论的角度看，一个科学有效的收益率曲线模型需要具备以下几个功能：首先能够复制出收益率曲线的历史平均水平，其次能够根据不同时点的要求构造出不同形状的收益率曲线，而且既要能高度接近债券的实际收益率，又能将收益率曲线的长短利差保持在稳定的水平上。根据上述要求，可以评估本书所使用模型的科学性和有效性：

（1）该模型所模拟的收益率曲线是递增且凹的，符合一般情况下收益率曲线的要求。根据上面的分析，该模型模拟的收益率曲线的平均水平取决于参数β_{1t}，β_{2t}和β_{3t}的平均值，当$\beta_{1t} > 0$、$\beta_{3t} > 0$且$\beta_{2t} < 0$时，收益率曲线显然是递增且凹的。

（2）同理，当参数β_{1t}，β_{2t}和β_{3t}变化时，该模型所模拟的收益率曲线也将呈现出各种图形，如单调递增的凹形、单调递减的凹形、单调递增的凸形和单调递减的凸形，符合根据不同时点的要求构造出不同形状收益率曲线的要求。

（3）能高度接近债券的实际收益率，又能将收益率曲线的长短利差保持在稳定的水平上。由于参数 β_{1t} 决定了收益率曲线的平均水平，因此只要 β_{1t} 接近债券收益率的平均水平，就可以保证模拟的收益率曲线总体接近实际收益率；又由于参数 β_{2t} 决定了收益率曲线的长短期利差，因此只要 β_{2t} 保持稳定则收益率曲线的长短利差也将保持稳定。

（4）模拟的短期收益率波动性将大于长期收益率，这也符合实际情况的要求。因为模型中短期收益率取决于 β_{1t} 和 β_{2t}，而长期收益率只取决于 β_{1t}，显然长期收益率更加稳定。

总的来看，该模型符合收益率曲线的各种关键特征，因此可以用于进一步研究。比如运用2012 年 12 月 31 日的市场实际数据进行运算，可以得到 NS 模型模拟的收益率曲线（见图 9 –6），可以看出模拟的曲线具有单调递增且凹形的特点，而且与实际成交数据基本吻合。

三、模型计算

（一）模型革新

1. 期限 τ 的处理。由于实际成交的债券期限基本都不是整数年份，所以在 Diebold 和胡志强的研究中都采取了将债券期限并归的方法，即相邻期限的债券并归成为一个整数年份。但这种做法并不够科学，一是这种并归本身就对原始数据造成了影响，二是在回归中期限是否取整并不影响计算。因此，本书直接将债券剩余期限代入计算参数的乘项，并以此进行回归。

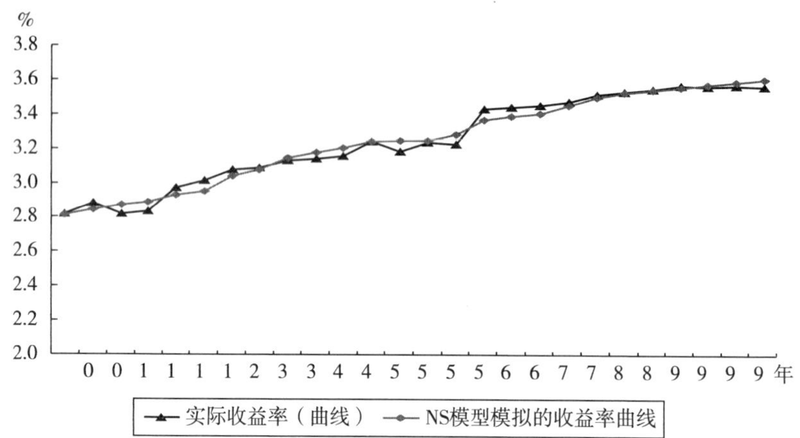

备注：1. 实际收益率是取自市场加权平均结算价收益率，是市场实际成交的结果。

2. 图中的实际收益率（曲线）和 NS 模型模拟的收益率曲线并不是实践中交易机构、结算机构或者第三方机构（如中央国债公司和外汇交易中心）公布的收益率曲线。日常公布的收益率曲线同样是在市场实际成交收益率的基础上生成的，但不同的机构采用的方法也有所不同，如多项式法、NS 法等，同时为了使生成的收益率曲线连续完整，这些机构常常还会对没有成交的期限进行估算，并加入人为判断的因素。本书需要通过模型计算得到收益率曲线的三个特征因素，并进而分析其与流动性的关系，因此需要根据 NS 模型模拟得出到期收益率的表达公式，而不是仅仅简单地套用第三方机构公布的收益率曲线数据①。

图 9－6　NS 模型模拟的收益率曲线与市场实际收益率（2012 年 12 月 31 日）

2. 参数 λ 的选择。变量 λ_t 是指数函数的衰减率：λ_t 的值越小，则指数函数衰减的越慢，则模型所模拟的收益率曲线越贴近长期债券的收益率曲线；反之，λ_t 的值越大，则指数函数衰减的越快，则模型所模拟的收益率曲线越贴近短期债券的收益率曲线。具体研究中，一般根据研究对象选择一个固定的 λ_t 值，如 Diebold 将其设定为 0.0609，胡

① 由于第三方机构公布的收益率曲线数据在模型计算的基础上又进行了各种技术处理和加入了人为因素，而且从中也无法得到收益曲线的特征因素，所以直接采用第三方机构公布的收益率曲线数据与宏观经济变量（如经济增长、国际收支）进行研究，显然难以得出准确且合理的结果。

志强将其设定为1/3，但本书认为根据回归总方差大小选择0.1更为合理（见图9－7）。

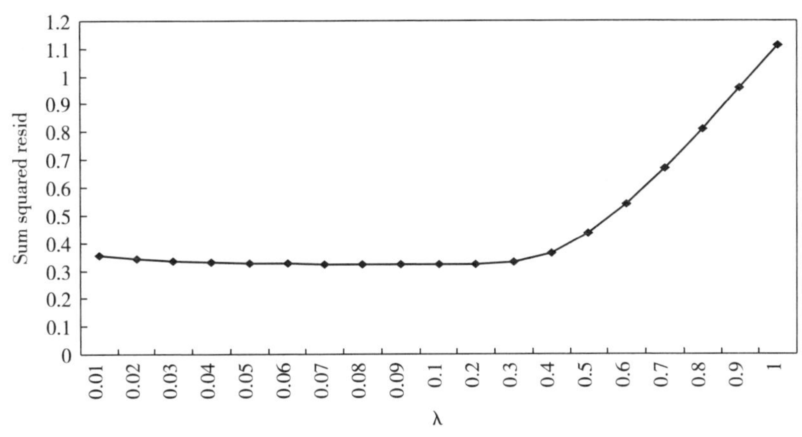

图9－7　回归总方差与 λ_t 相关（2012年7月31日）

从图9－7可以看出，回归总方差随着 λ_t 增大而先减后增，为了使模拟的收益率曲线更加接近实际市场情况，因此应该选择总方差最小的 λ_t 值。为此，需要在每一个时间点都计算各个 λ_t 值对应的回归总方差，并选择方差最小的 λ_t 值来回归计算参数结果。以2012年7月31日为例，当 λ_t 值取0.1时回归总方差达到最小，综合其他各个时点回归的结果可以看出，方差最小对应的 λ_t 值并不固定，但总体来看基本在0.1左右波动，因此本书统一选择0.1作为各个时点回归的 λ_t 值。

（二）计量方法

本书以采用2006年3月至2012年底的银行间市场国债成交数据进行分析，数据频率为月度，债券实际收益率取自中央国债公司公布的中债估值数据中的市场加权平均结算价收益率，数据时间点选择为每个月的最后一个工作日。

模型设置采用 Diebold Francis X. 和 Li Canlin 于2004 年改进的 Nelson－Siegel 模型 $y_t(\tau) = \beta_{1t} + \beta_{2t}\left(\frac{1-e^{-\lambda_t\tau}}{\lambda_t\tau}\right) + \beta_{3t}\left(\frac{1-e^{-\lambda_t\tau}}{\lambda_t\tau} - e^{-\lambda_t\tau}\right)$，回归方法采用胡志强①（2009 年）提出的最小化利差平方和的方法估计 β_{1t}，β_{2t} 和 β_{3t}。

具体回归方法分为以下几个步骤：

第一步，根据模型生成 β_{2t} 和 β_{3t} 的乘项 $\frac{1-e^{-\lambda_t\tau}}{\lambda_t\tau}$ 和 $\frac{1-e^{-\lambda_t\tau}}{\lambda_t\tau} - e^{-\lambda_t\tau}$，可以看出两个乘项只与变量 τ 和 λ 有关，在“模型革新”中已经说明了如何选择这两个变量，即直接将 τ 取为市场成交债券的实际到期期限，而令 λ 等于0.1。

第二步，进行 OLS 回归，用到期收益率与计算得到 $\frac{1-e^{-\lambda_t\tau}}{\lambda_t\tau}$ 和 $\frac{1-e^{-\lambda_t\tau}}{\lambda_t\tau} - e^{-\lambda_t\tau}$ 进行包含常数项的 OLS 回归，该回归得到三个系数，分别是常数项、$\frac{1-e^{-\lambda_t\tau}}{\lambda_t\tau}$ 项的系数和 $\frac{1-e^{-\lambda_t\tau}}{\lambda_t\tau} - e^{-\lambda_t\tau}$ 项的系数，分别对应于参数 β_{1t}，β_{2t} 和 β_{3t}。

第三步，进行异方差检验，由于回归使用的是横截面数据，所以很容易出现异方差的问题，并导致回归失败，因此需要进行异方差检验。随机误差项包含众多因素对因变量的影响，如果其中某一个或多个因素随着自变量的观测值的变化而对因变量产生不同的影响，就会导致异方差，即回归模型中的随机误差项不满足经典假设条件中的同方差性。而异方差会导致参数估计值虽然是无偏的，但不是有效的，同时参数的显著性检验失效、预测失效等，一般来看横截面数据作样本时出现异方差的可能性比较大。本书采取怀特（White）异方差检验

① 胡志强，王婷．基于 Nelson－Siegel 模型的国债利率期限结构预测［J］．经济评论，2009(6)：57－66.

方法，比如对2012年8月31日的回归检验结果如表9－2所示。

表9－2　　异方差检验结果

F－statistic	6.503751	Probability	0.000682
Obs * R－squared	16.25502	Probability	0.002695

可以看出收尾概率远小于0.1（或0.05），则拒绝原假设，残差存在异方差。为此需要进行异方差修正，本书采取加权最小二乘法进行修正，并将权重选择为误差项标准差的倒数。经过修正后的回归检验结果如下表9－3所示。

表9－3　　异方差检验结果

F－statistic	0.674192	Probability	0.615100
Obs * R－squared	2.886734	Probability	0.576956

由此可以看出修正后的模型已不存在异方差问题，可以使用回归结果进行研究。

第四步，将每个时间点的回归结果进行汇总，并根据时间先后排序，就得到了收益率曲线的三个特征因素 β_{1t}，β_{2t} 和 β_{3t} 的时间序列。

第五节　流动性总量及各影响因素对国债收益率曲线的影响

一、国债收益率曲线的特征因素

根据上面NS模型及进行计量计算得到的结果，可以得到国债收益率曲线的三个特征因素 β_{1t}，β_{2t} 和 β_{3t} 的时间序列（见图9－8）。

根据前面的分析，β_{1t}，β_{2t} 和 β_{3t} 分别代表了收益率曲线的水平因素、斜率因素和曲率因素，从图 9－8 中可以看出，水平因素 β_{1t} 从 2008 年以来总体呈现"V"形走势；而斜率因素基本维持较小的负值，仅在个别月份有明显增长，并接近或出现正值；曲率因素 β_{3t} 从 2008 年以来走势呈现"N"字形，其中在 2010 年初达到峰值。

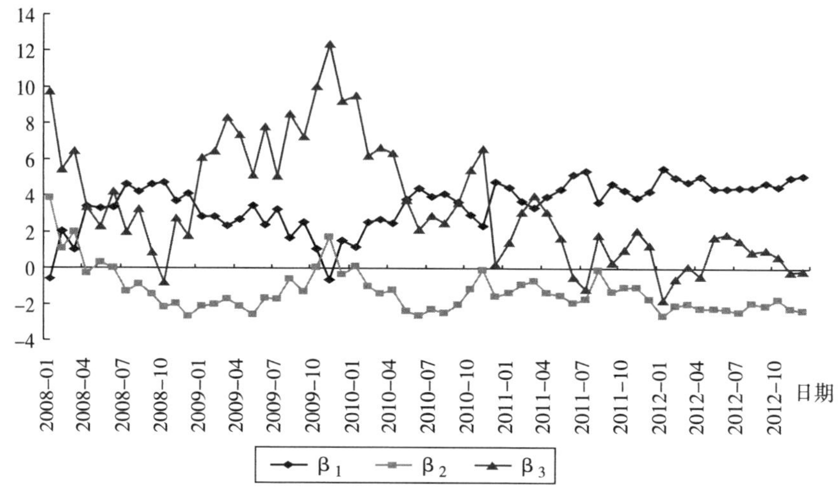

图 9－8　收益率曲线特征因素时序走势①

接下来，将分别研究流动性及各影响因素对收益率曲线水平因素、斜率因素和曲率因素的影响。每部分分析均采用 2008 年 1 月至 2012 年 12 月的 60 个月度数据进行分析，债券收益曲线仍选用国债收益率曲线，分析时首先进行相关分析，判断流动性各因素（各因素均按对流动性的影响确定正负号，即增加流动性为正，反之为负）对债券收益率曲线特征因素影响的总体方向是否合理，然后选取代表性因素进行深入研究。

① 本节的分析以 2008 年至 2012 年的数据作为样本区间。虽然此前的回归是从 2006 年开始，但从计算结果来看，2006 年和 2007 年的数据波动较大，存在个别异常值，这可能与所采用的数据源有关。

二、流动性总量及各影响因素对收益率曲线水平因素的影响

（一）相关性分析

表 9－4　　　　相关性分析

参数	外汇占款	财政收支	现金投放	法定存款准备金	公开市场投放/回笼	流动性净变化
国债收益率曲线水平因素	－0.38	0.12	－0.02	0.08	0.23	0.12

根据理论分析和实践常识，流动性增加将压低债券收益率。从上面各因素与国债收益率曲线水平因素的相关性分析可以看出，只有外汇占款和现金投放回笼符合规律。究其原因，应该看到这里研究的债券收益曲线水平因素代表的是收益率曲线长期水平，在流动性各因素中，只有外汇占款保持长期增加状态，因此具有长期压低收益率曲线的作用；而其他因素，包括流动性总量变化，都是波动变化的，从长期来看，正负变化相互抵消，因而导致负相关关系受到损失。因此，下面将单独就外汇占款对债券收益率水平因素的影响进行研究。

（二）外汇占款对收益率曲线水平因素的影响

国际收支顺差将导致新增外汇占款，并增加流动性供给。因此，国际收支对债券收益率的影响将变现为外汇占款与债券收益率的关系（见图 9－9）。根据上面的研究，国际收支会通过货币市场利率和债券价格两个传导途径影响债券收益率：国际收支顺差导致流动性供给增长，并令货币市场利率下降，而货币市场利率将导致债券收益率同向运动，所以债券市场利率也将下降；另外，国际收支顺差令流动性供

给增加将导致债券需求增加，从而使债券价格上涨，债券收益率下降。所以外汇占款与债券收益率总体水平应呈反向变化关系，从图 9－9 来看二者的负相关关系比较明显，2008 年以来二者的相关系数为－0.38。

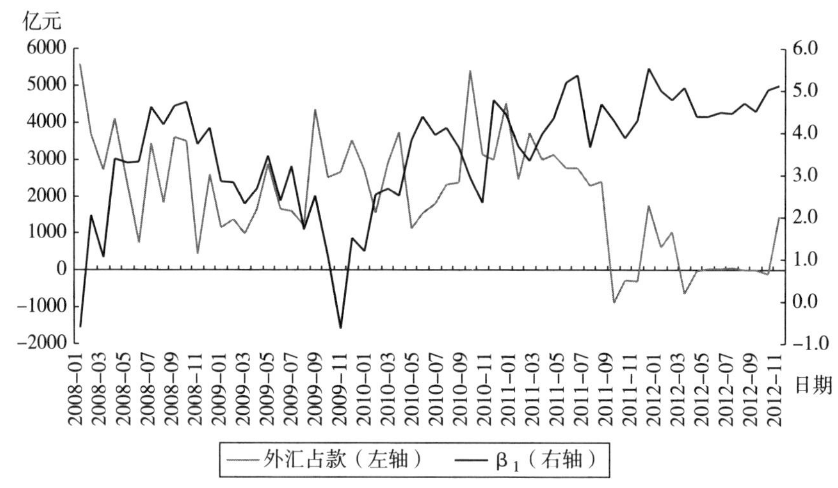

图 9－9　新增外汇占款与水平因素 β_{1t}

（三）回归分析

为了进行定量研究，将 2008 年以来的月度新增外汇占款（EX）、GDP（GDP 数据在季度内取相同数据）和 CPI 数据与 β_{1t} 进行回归（以下的回归相同）。回归结果如表 9－5 所示。

表 9－5　回归结果

参数	估计值	标准误	t－统计量	概率
常数项	6.492521	1.13136	5.738689	0
GDP	－0.3375	0.140663	－2.39937	0.0198
CPI	0.259757	0.069591	3.732652	0.0004
EX	－0.00032	0.000116	－2.75655	0.0079
R^2	0.318791			
F 统计量	8.735585			

可以看出外汇占款对债券收益率存在显著影响，而且每新增1000亿元外汇占款，将导致长期债券收益率水平下降0.32%，也证明国际收支持续顺差导致的新增外汇占款压低了债券收益率的平均水平。

此外，可以看出GDP和CPI增速也对国债收益率曲线平均水平影响显著。其中，GDP增速增加1%，国债收益率曲线平均水平下降0.34%；CPI增速增加1%，国债收益率曲线平均水平上升0.26%。

三、流动性及各影响因素对国债收益率曲线斜率因素的影响

（一）相关性分析

表9-6　　相关性分析

参数	外汇占款	财政收支	现金投放	法定存款准备金	公开市场投放/回笼	流动性净变化
国债收益率曲线斜率因素（负 β_2）	-0.45	0.12	0.00	0.15	0.18	0.12

β_{2t} 代表了收益率曲线的斜率，而且 $y_t(\infty) - y_t(0) = -\beta_{2t}$，因此 $-\beta_{2t}$ 代表了长期债券收益率减短期债券收益率的利差。当 $-\beta_{2t}$ 增加时，表示长短期债券利差加大，收益曲线更加陡峭；而 $-\beta_{2t}$ 减少时，表示长短期债券利差减小，收益曲线更加平坦。

从上面的相关性分析结果中可以看出，除外汇占款与收益率曲线斜率呈反向关系以外，即外汇占款增加曲线更加平坦；其他因素均与收益率曲线斜率呈正向关系，即流动性其他影响因素导致的流动性增加将使收益率曲线更加陡峭。

（二）外汇占款对收益率曲线斜率因素的影响

将2008年以来的 $-\beta_{2t}$ 和外汇放入同一图中（见图9－10），可以看出二者呈负相关关系，相关系数为－0.45。即当外汇占款增加得多的时候，债券长短期利差较小；而当外汇占款增加得少的时候，债券长短期利差较大。

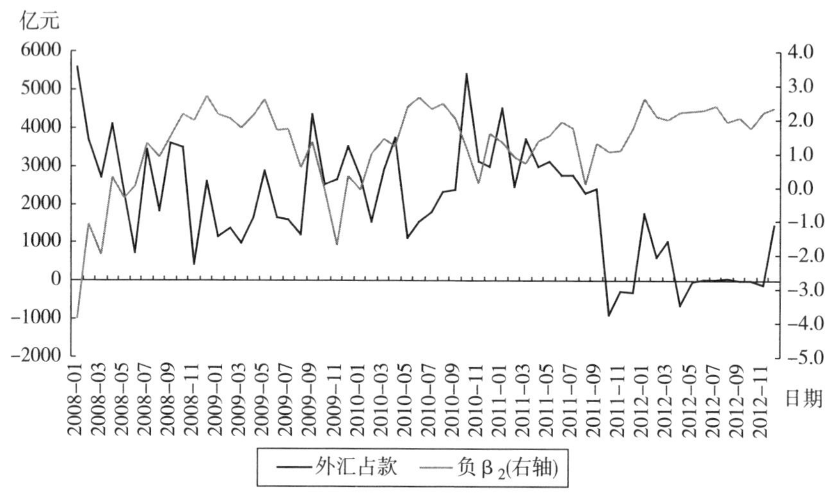

图9－10　外汇占款与斜率因素 $-\beta_{2t}$

造成这种现象的原因与外汇占款对收益率曲线水平因素的影响类似。由于外汇占款对流动性的影响是长期性和持续的，因此它将整体压低收益率曲线，即表现为收益率曲线的平坦化下移。

（三）流动性总量对收益率曲线斜率因素的影响

由于其他各因素和流动性总量变化与收益率曲线斜率都是呈正相关关系的，这里将重点研究一下流动性总量变化对收益率曲线斜率的影响。

从图9－11中可以看出，流动性总量净变化与国债收益率曲线斜率呈明显的正相关关系。原因是流动性总量增加将首先导致短期利率

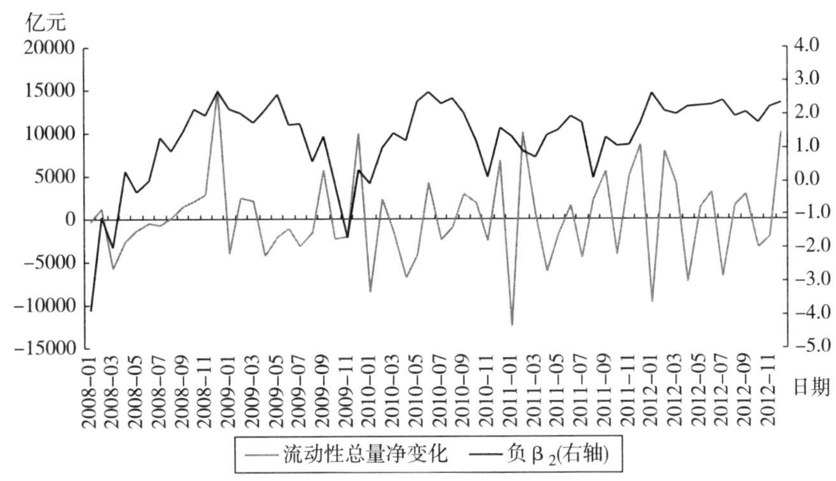

图 9－11　流动性总量净变化与斜率因素 $-\beta_{2t}$

下降，而当经济增长、价格总水平等宏观经济指标保持不变时，中长期利率相对稳定，则此时收益率曲线将趋于陡峭。

（四）回归分析

同样，将 2008 年以来的新增外汇占款（EX）、流动性总量变化（L）、GDP（GDP 数据在季度内取相同数据）和 CPI 数据与 $-\beta_{2t}$ 进行回归分析。回归结果如下表 9－7 所示。

表 9－7　回归结果

参数	估计值	标准误	t－统计量	概率
常数项	3.4181	1.0455	3.2694	0.0019
GDP	－0.1416	0.1299	－1.09	0.2805
CPI	－0.0946	0.0642	－1.473	0.1464
L	2.02×10^{-5}	2.68×10^{-5}	0.7557	0.4531
EX	－0.00024	0.0001	－2.2672	0.0273
调整 R^2	0.252			
F 统计量	5.9693			

可以看出外汇占款对债券收益率曲线曲率的影响显著，每新增1000亿元外汇占款，将导致债券收益率曲线长短利差减少0.24%；而流动性总量对债券收益率曲线曲率的影响不够显著，但可以看出每新增1000亿元流动性总量，将导致债券收益率曲线长短利差增加0.02%。

四、流动性及各影响因素对国债收益率曲线曲率因素的影响

（一）相关性分析

表9-8　相关性分析

参数	外汇占款	财政收支	现金投放	法定存款准备金	公开市场投放/回笼	流动性净变化
国债收益率曲线曲率因素	0.34	-0.11	0.04	-0.12	-0.21	-0.13

β_{3t} 是收益率曲线的曲率因素，当 β_{3t} 增加时，将会使中间期限债券的收益率增加，而短期限和长期限的债券收益率变化不大，即改变了收益率曲线的曲度，使得收益率曲线更加弯曲。从表9-8中可以看出，外汇占款和现金投放回笼与国债收益率曲线曲率成正比，即外汇占款增加和现金回笼增加流动性时，收益率曲线曲度加大；而其他因素，如财政收支、法定准备金、货币操作和流动性净变化与国债收益率曲线曲率成反比，即这些因素增加流动性时，收益率曲线曲度减小。

（二）外汇占款对收益率曲线曲率因素的影响

将2008年以来的 β_{3t} 和新增外汇占款放入同一图中（见图9-12），可以看出二者呈正相关关系，相关系数为0.34。即国际收支顺差导致

的外汇占款增长会令收益率曲线更加弯曲，因为前面的分析已经指出，新增外汇占款对短期债券收益率的影响大于对较长期限债券收益率的影响，而影响更长期限债券收益率的原因是贸易顺差状况。当外汇占款增长时，短期收益率明显下降，而中期收益变化较小，长期收益率受贸易收支趋势的影响也可能有所下降，所以总的来看，外汇占款增长会令收益率曲线更加弯曲（更加凹）。

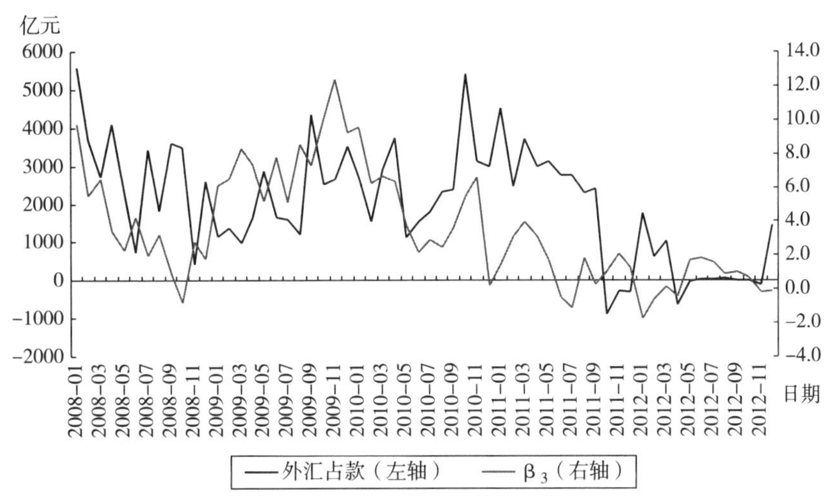

图 9－12　新增外汇占款与曲率因素 β_{3t}

（三）货币操作对收益率曲线曲率因素的影响

从相关分析中可以看出公开市场操作与收益率曲线曲率的负相关关系最为明显。即公开市场操作回笼流动性越多，收益率曲线曲度加大，即收益率曲线更加弯曲（更加凹）。这种变化的原理是货币政策操作（以公开市场操作为例），主要功能是投放和回笼短期流动性，因此短端利率变化更加明显，比如公开市场回笼量加大时，中短期利率将逐步上升，但长期利率受经济基本面影响变化不大，因此曲线曲率上升。从这个意义上说，也为我国中央银行开展类似美联储开展的扭转操作提供了有力的实证基础。

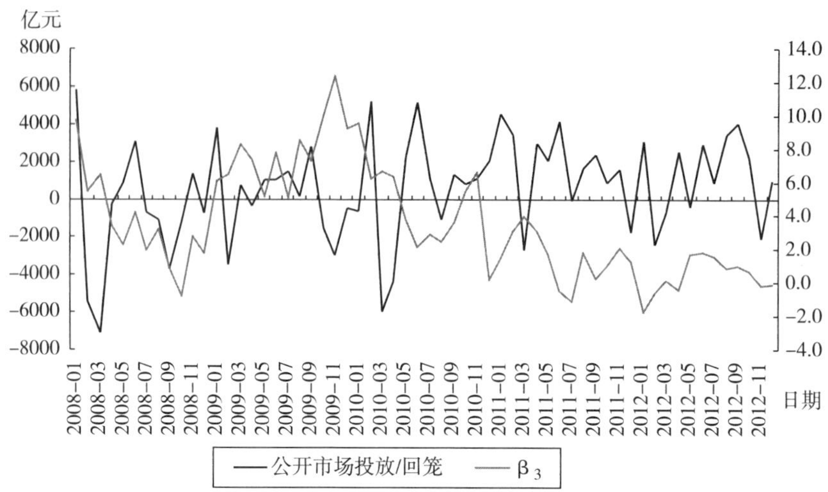

图 9-13　公开市场操作与曲率因素 β_{3t}

（四）回归分析

同样地，将 2008 年以来的新增外汇占款（EX）、公开市场操作投放回笼（OMO）、GDP（GDP 数据在季度内取相同数据）和 CPI 数据与 β_{3t} 进行回归分析。回归结果如表 9-9 所示。

表 9-9　　回归结果

参数	估计值	标准误	t-统计量	概率
常数项	-2.8081	2.4693	-1.1372	0.2604
GDP	0.8286	0.3050	2.7165	0.0088
CPI	-0.8701	0.1503	-5.7909	0.0000
OMO	-0.0001	0.0001	-1.1631	0.2498
EX	0.0008	0.0002	3.0552	0.0035
调整 R^2	0.4307			
F 统计量	12.16			

综上所述，货币政策操作对收益率曲线曲率的影响不够显著，但基本能满足25%的显著性要求，且货币操作每回笼1000亿元，将增加曲线斜率0.1%；外汇占款对曲线曲率的影响较为显著，外汇占款每增加1000亿元，将增加曲线斜率0.8%。此外，GDP和CPI对曲线曲率的影响也较为显著，GDP增速每上升1%，将增加曲线曲率0.82%；CPI增速每上升1%，曲线曲率将减少0.87%。

第六节　检验结果汇总

首先需要说明两个重要问题：

1. 为何各流动性影响因素对国债收益率曲线的特征因素作用不同？在本书的分析中，对流动性各影响因素，包括流动性总量变化的数据处理方法是相同的，单位相同且方向相同，即均以亿元为单位，均以增加流动性计为正，减少流动性计为负。为何各流动性影响因素对国债收益率曲线的特征因素作用不同？造成这种情况的原因是，虽然从数据上看各流动性影响因素，包括流动中总量变化的数值是可比的，但每个因素影响收益率曲线的原理和特征均大不相同，比如外汇占款是国际收支顺差背景下央行汇率政策所导致的流动性供给长期增加，而流动性供给长期持续增加将改变收益率曲线特征；法定存款准备金影响的是流动性需求，即通过流动性需求变化作用于收益率曲线；而财政收支可以同时影响流动性供需，并体现为季度波动的特点，因此是在流动性供需共同作用下改变收益率曲线特征。所以，各因素对收益率曲线作用的机制各不相同，影响也必然有所区别。

2. 为何某些分析结论与常识不符？比如，当除外汇占款和现金投放回笼之外的其他因素导致流动性增加时，收益率曲线平均水平不降反升。要解释这个问题，首先需要说明本章研究的基本方法，即结构化分析方法，该方法以NS模型为基础将收益率曲线分解为三个特征因素，同时将流动性总量也分解为若干因素，分别研究特征因素与流动性各因素之间的交叉关系，因此这是一种结构化的特征因素研究方法，是一种分析各因素之间内在深层次关系的方法，只有通过这种方法才可以把各因素的关系单独剔除出来，进行“纯净”研究，并得到科学的结果，而一般我们常说的流动性总量增加将导致收益率曲线下降是一个总量的关系，因此两种方法截然不同，一种是常识上的总量判断，另一种是科学的结构化分析，所以必然会得到不同的结果。此外，收益率曲线各特征向量表示的是一个长期的平均变化趋势，某些因素的频繁波动很可能导致正负关系相互抵消，从而得出与简单常识不同的结论。从某种意义上说，这些与常识不同的结论也正是本章研究的意义所在，由此可有助于学者和投资人员运用此方法找到科学的结论和常人所难以发现的盈利机会。

最后，将本章的主要结论汇总成表，以便读者研阅。

表 9－10　流动性各因素、GDP、CPI 与收益率曲线特征因素的关系汇总表

	该表中各因素均表示为增加流动性的方向						均表示为增速上升	
参数	外汇占款	财政收支	现金投放	法定存款准备金	公开市场投放/回笼	流动性净变化	GDP 增速	CPI 增速
收益率曲线水平因素	下降	上升	下降	上升	上升	上升	下降	上升
收益率曲线斜率因素	平坦化	陡峭化	陡峭化	陡峭化	陡峭化	陡峭化		
收益率曲线曲率因素	曲度加大	曲度减小	曲度加大	曲度减小	曲度减小	曲度减小	曲度加大	曲度减小

表 9－11　　　　　　　　　　实证检验结果

参数	因素名称	实证结果
收益率曲线水平因素	外汇占款	每新增 1000 亿元外汇占款，将导致平均（长期）债券收益率水平下降 32 个基点
	GDP 增速	GDP 增速上升 1%，国债收益率曲线平均水平下降 34 个基点
	CPI 增速	CPI 增速上升 1%，国债收益率曲线平均水平上升 26 个基点
收益率曲线斜率因素	外汇占款	每新增 1000 亿元外汇占款，将导致债券收益率曲线长短利差减少 24 个基点
收益率曲线曲率因素	外汇占款	外汇占款每增加 1000 亿元，将增加曲线曲率 80 个基点
	货币政策操作	货币操作每投放 1000 亿元，将减少曲线曲率 10 个基点
	GDP 增速	GDP 增速每上升 1%，曲线曲率增加 0.82%
	CPI 增速	CPI 增速每上升 1%，曲线曲率减少 0.87%

第十章　全球流动性的计量和分析

近年来，随着国际金融市场的发展和人民币国际化的进程不断推进，流动性也不再局限于一国范围之内，而是逐步表现出国际、国内互动连接的特征，在此背景下，对流动性的研究需要具有全球视角，才可更加准确地进行分析，从而得到科学的结果。因此，本书最后一章将从全球流动性这一角度对已有的流动性研究框架进行扩展和探索。具体来看，金融危机后全球流动性的重要性大大提升，一方面全球流动性对全球经济的平衡及稳定增长、国际贸易、国际资本流动和金融市场都产生了重大影响；另一方面全球流动性既是国际金融危机爆发的重要驱动因素和传播媒介，也是影响危机后各国经济复苏和世界经济再平衡的关键因素。然而，在当前理论界和实践层面中，存在各种各样的关于全球流动性的定义，加之全球流动性本身也具有难以定性、定量和容易被混淆的特征，因此可能导致政策失效和投资分析失误。本章将以我国自身情况为出发点，对全球流动性进行了一些探索性的测算和研究，力求为未来的进一步研究提供一些参考和基础。

第一节　全球流动性计量的方法总结

由于全球流动性定量难，且容易混淆，已有的研究从不同的角度对全球流动性的计量进行了研究。从货币政策角度来看，发达国家国内的低利率政策降低了银行信贷成本和投资的机会成本，从而促使广义货币迅速增长；从资产价格来看，韦希特尔等（2003）指出：房地产价格上升可通过两种渠道来推动银行信贷扩张。第一，房地产价格上升提高了银行自有资产价值及房地产抵押物的价值，促使银行提供更多房地产抵押贷款。第二，在房地产繁荣时期，由于对风险的短视，银行的竞争越来越激烈，那些原本谨慎的银行也不得不放松贷款标准；从金融创新的角度来看，金融衍生产品的杠杆效应，使投资者潜在的金融权益被多倍放大，导致金融流动性大大增加。据朱民、马欣统计，2006 年的全球流动性中，M_1 占 1%，M_2 占 11%，证券化债券只占全球流动性的 13%，而以金融衍生产品形式存在的那部分流动性约占 75%，金融衍生产品的价值与全球 GDP 的比率高达 800%；从全球流动性的流向来看，塞巴斯蒂安和贝克认为，东亚新兴经济体充当了吸收全球过剩流动性的角色。

也有研究从量和价两方面对全球流动性进行了分析。如徐震宇以 G5 经济体如美国、欧元区、英国、加拿大以及日本的货币供应量以及中国的货币供应量的加总衡量全球流动性，张云和刘俊民以各国外汇储备加总和美元、欧元国际资产余额来衡量全球流动性，左小蕾和巴曙松均以美联储、欧央行、日本央行长期维持低利率的宽松货币政策来反映全球流动性的过剩。而从国际金融机构的角度来看，IMF 将流动性度量从传统的货币供应量扩大到以资产抵押为基础的融资，将传统的货币供应量定义为核心流动性，而将以抵押为基础的融资定义为非核心流动性，全球流动性就是美、欧、日、英四大货币的核心流动性与非核心流动性之和；国际清算银行则将全球流动性划分为官方流动性和私人流动性，官方流动性包括储备发行国的基础货币和各国官方外汇储备，私人流动性为金融机构之间跨国的融资活动。

第二节　全球流动性的驱动因素和传导机制

为了选择一个计量全球流动性的合理而且准确的方法，有必要研究当前全球流动性的驱动因素和传导机制。全球流动性具体表现为跨境信贷和外汇贷款等。全球流动性的产生和变化取决于流动性发源国和接收国的行为，同时也取决于官方部门和私人部门的行为。

一、宏观经济因素推动全球流动性扩张

宏观经济变量，如经济增长率、通货膨胀率会影响货币政策的方向，同时这些经济变量也会影响到投资者风险偏好和信贷增长，此外，货币政策会影响一国国内的短期利率和无风险收益率曲线，而银行间市场利率、债券收益率和其他资产的收益率都是以无风险收益率为定价基准的，即在无风险收益率的基础上加上流动性溢价、信用风险溢价。随后，市场利率又会影响整个经济体的信贷规模、融资成本和流动性状况。同时，需要注意的是中长期利率，特别是中长期实际利率也会直接受到货币政策的影响，而且会受到全球储蓄投资模式的影响。

宽松的货币条件和偏低的长期利率也会增加私人部门的全球流动性，机构会更有动力开展套利交易和利用不同币种进行投资。因此，当利率偏低和利差变大时，投资者的风险偏好加大，形成资产泡沫，贷款标准被忽视（如次贷危机的爆发）。

二、汇率制度是全球流动性传导的重要渠道

另外一个影响全球流动性在不同的货币区和国家间流动的因素是汇率制度。如果汇率可以浮动，将会减轻由于货币错配和其他宏观经济因素所导致的政策溢出效应和国际资本流动。如果一个国家采用盯住汇率制度，且资本可以自由流动，则将被动地增加和减少外汇储备（克鲁格曼，“不可能三角”）。而且，如果一国宣称将维持盯住汇率，则会刺激投机资金进行无风险套利，并可能导致固定汇率制度的失败。

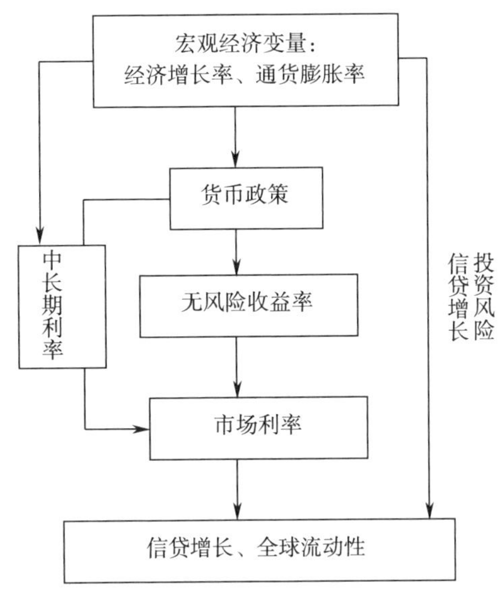

图 10－1　宏观经济因素对全球流动性的影响途径

然而，浮动汇率制度也不可能完全隔绝来自国外宏观经济变化的溢出效应，比如在此次金融危机中，发达国家虽然采用浮动汇率制度，但是由于资本市场的紧密相连，溢出效应依然十分显著。因此，不管是固定汇率还是浮动汇率，当全球流动性过剩时，国内的信贷和资产价格都将上升，并循环往复导致全球流动性愈发过剩。

总体来看，全球流动性接收国的信贷和流动性增长取决于其汇率制度的灵活性和其金融市场结构等因素。

三、金融创新和风险偏好是全球流动性的主要驱动力

（一）金融创新

金融创新，即金融工具的创新，可以增加市场流动性和资金流动

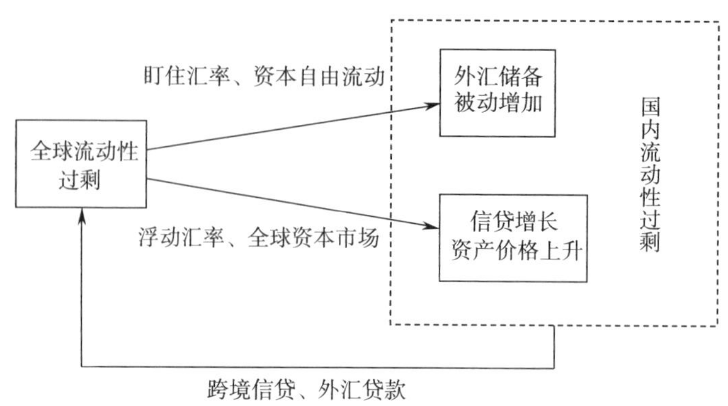

图 10－2 全球流动性传导（以全球流动性过剩为例）

性。一个金融创新的例子就是资产证券化，通过把资产打包，并建立特殊目的载体 SPV，资产证券化可以把缺乏流动性的资产变得具有流动性。国际商业银行大量投资于别国的资产证券化产品显示金融创新对全球流动性的影响是显著的。另外一个例子是质押融资的广泛使用，质押回购融资是金融机构主要的短期资金来源，由于质押融资可以循环开展（即机构运用质押融入的资金买入资产后，再次使用买入的资产进行质押融资），因此质押融资具有创造流动性的功能，如果在全球范围内循环进行质押融资，则会增加全球流动性。最后，衍生品也会影响全球流动性，一方面衍生品成本低，灵活度高，因此可以在国际市场和国内市场作为标准化的投资和套期保值工具，另一方面，衍生品也可能是导致缺乏流动性的潜在因素，因为维持衍生品头寸需要逐日盯市，维持保证金水平，所以可能导致投资者面临风险暴露和潜在的期限错配风险。

（二）风险偏好

风险偏好决定了市场参与者提供流动性的意愿。风险偏好和流动性偏好的变化会导致金融机构改变杠杆率，从而增加或者减少流动性。

比如，风险偏好对全球流动性的影响体现在套利交易对全球流动性的推动作用中，套利交易不仅仅取决于货币政策和利息差异，也取决于金融机构的风险偏好。因此，当投资者预期发生意外变化时，全球流动性也会相应增减。

总的来说，当投资者风险偏好上升时，金融机构的资产负债表扩大、杠杆率上升，同时商业银行将更依靠短期的拆借来满足自身资金需求。反之，当市场大幅波动时，资金供给减少，机构不仅面临流动性短缺的情况，甚至会面临失去偿付能力的风险，这时在市场上，风险偏好大幅下降、信用风险激增、市场流动性濒临枯竭，金融机构急于降低杠杆率，而不愿意与对手方开展交易（即2008年雷曼倒闭后全球金融市场面临的情况），因此市场大幅波动时全球流动性枯竭。

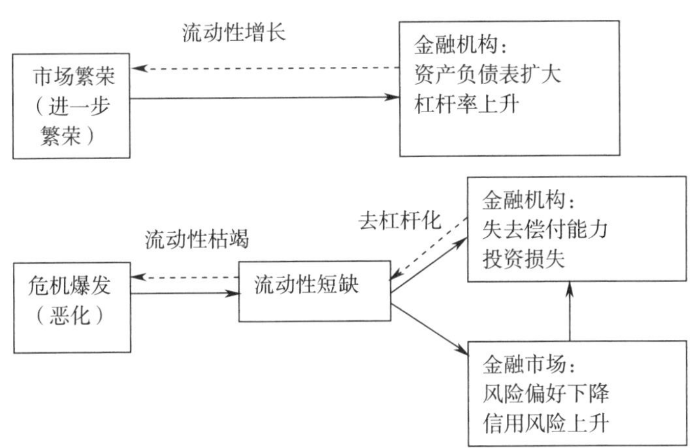

图10－3 全球流动性循环与市场波动（虚线表示流动性对市场的反作用）

因此，市场繁荣时，商业银行和其他金融机构通过加大投资增加市场流动性；当危机爆发时，对流动性的影响取决于它们的负债和投资的状况，如果金融机构的杠杆率过高，或者货币期限错配，则会加快其对流动性的负面影响机制。

第三节　全球流动性的计量

一、计量基础

根据以上对全球流动性传导机制的分析，并结合国际清算银行对全球流动性的定义，可以看出在资本流动和全球一体化的条件下，全球流动性不仅包括官方来源，还包括私人部门来源，而且私人部门来源大于官方来源，官方部分是全球流动性的外生部分，在危机发生后是流动性的唯一来源，而私人部分是内生部分，取决于金融机构承担风险和提供期限和币种转换的能力和意愿，这一过程可以放大或压缩中央银行的货币政策效果。

20 世纪 90 年代中期以前，“全球流动性”这一概念几乎等同于“外汇储备”，国际上的相关讨论也主要关注央行货币互换、SDR 分配等官方资金来源，在当时资本和货币交易受到严格管制、私人部门金融交易无足轻重的年代，使用这一狭义的流动性定义有其合理性。然而在当今国际金融市场上，来自私人部门的资金在国际金融市场中的占比逐渐提高，甚至大幅超过了官方资金，流动性这一概念也应随之变化，可以采用主要融资货币的跨境信贷和外汇贷款总量来衡量全球流动性。

二、对美元和欧元全球流动性的计量

当前，国际货币包括美元、欧元、日元、英镑四大货币，但从资产量和使用程度来看，美元和欧元均占绝大部分。因此，以美元和欧元的跨国融资为研究对象，对全球流动性进行测算（见图 10－4 和图 10－5）。

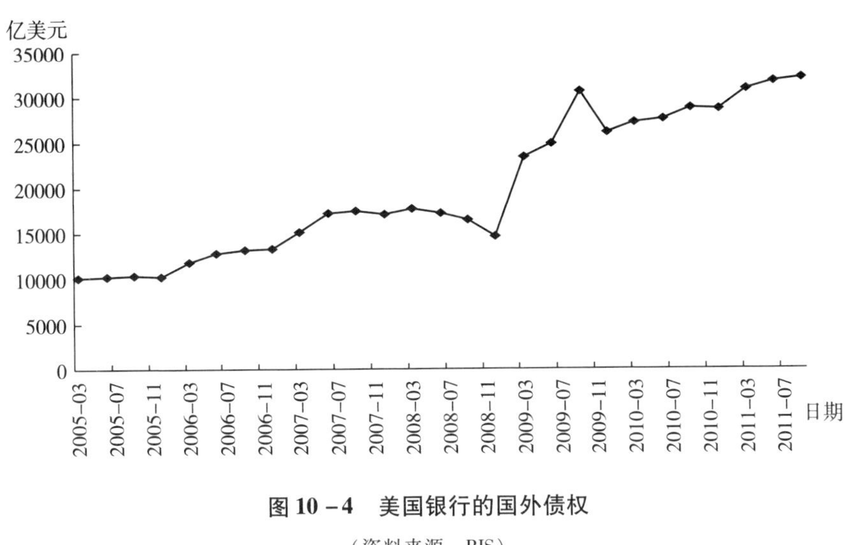

图 10－4　美国银行的国外债权

（资料来源：BIS）

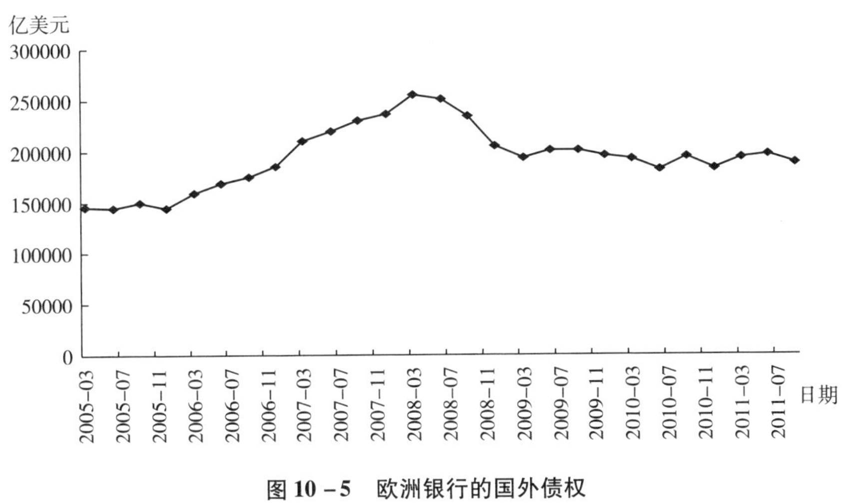

图 10－5　欧洲银行的国外债权

图 10－4 和图 10－5 中的数据表示美国银行和欧洲银行的国外债权，即等同于美国银行和欧洲银行向世界提供的流动性余额。从美国的数据来看，金融危机导致从 2008 年下半年开始，美国银行向国际市场提供的流动性明显减少，在定量宽松的货币政策推出后，2009 年以

来恢复持续增长的势头；而欧洲的情况相对较差，同样受金融危机的影响，欧洲银行向国际市场提供的流动性从2008年下半年开始减少，但由于受到欧债危机的影响，始终没有像美国一样恢复增长，而保持了低位波动的状况。

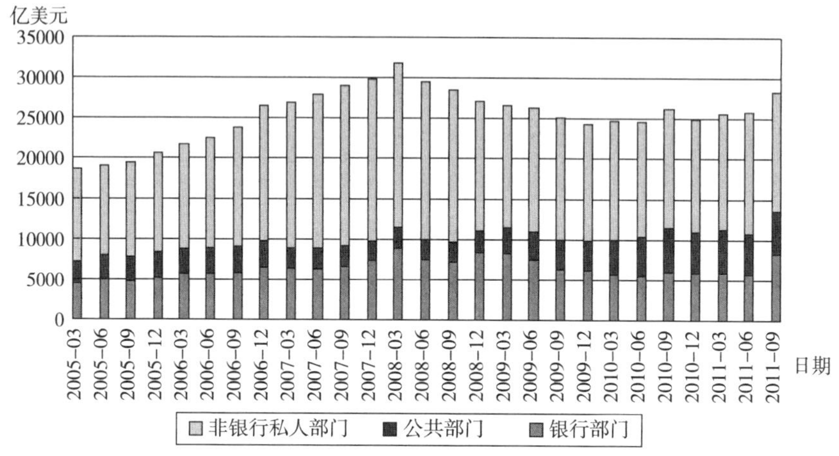

图10-6　美国银行的国际债权（分部门）

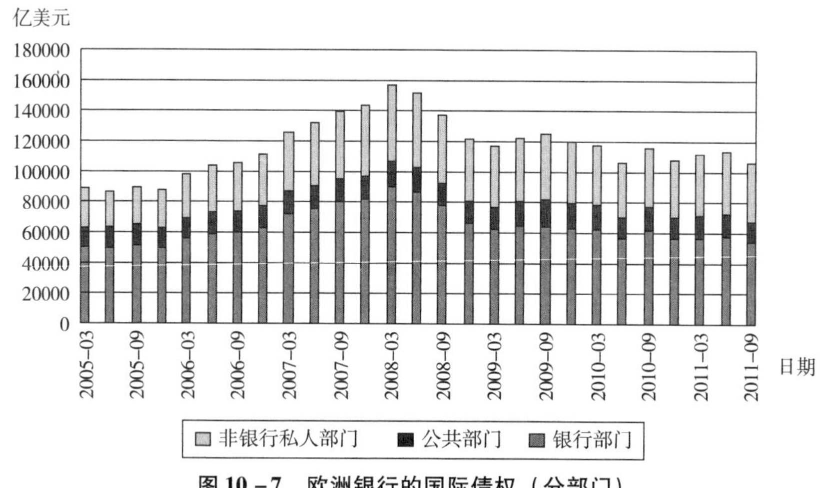

图10-7　欧洲银行的国际债权（分部门）

（资料来源：BIS）

从分项数据来看，美国银行提供的全球流动性更多地流向了非银行的私有部门，而欧洲银行提供的全球流动性更多地流向了银行业，即同业间的借贷更多。两者的共性是流向公共部门的全球流动性都占比较小，这也证明了当前全球流动性确实是以私人部门的流动性为主。

第四节　全球流动性与我国外汇储备变化的相关性

根据货币乘数理论，中央银行提供的基础货币经过商业银行的货币创造过程后，产生的货币供给与基础货币的比例为货币乘数。在当今，国际金融市场高度相连，资本流动性强，货币创造过程也不只局限于一国之内，而会跨国发展。以美国为例，自 2008 年 3 月救市至 2009 年 10 月，美国基础货币投放量由 8575.73 亿美元增加到 18836.31 亿美元，增幅高达 119.65%，对应货币供应量由 76283 美元增加到 83598 亿美元增加 9.59%，其中的部分流动性通过商业银行的投资活动由美国逐渐扩散至全球，从而影响到我国。由于我国现行的外汇管理制度，外汇资产进入我国后，由商业银行向人民银行兑换成人民币，形成外汇占款，从而增加国内流动性。

全球流动性在我国的主要表现形式仍然是我国外汇储备，即国外银行对我国提供外汇资产将导致我国外汇储备的增长，因此对全球流动性研究的一个应用就是研究其对我国外汇储备的影响。外汇占款引起的外汇储备增长是我国长期以来主要的基础货币提供方式，因此，全球流动性的增减会引起我国外汇储备变化，从而影响到基础货币的供给，并最终对国内流动性状况造成影响。[①]

① 前文指出了外汇占款与外汇储备的异同，外汇占款是流动性影响因素，而外汇储备不是。但央行购买外汇资产会形成外汇储备，并投放外汇占款，所以外汇储备与流动性具有间接关系。而且在全球流动性框架中，外汇储备代表了官方部分的全球流动性，加之外汇储备和全球流动性都是外币计价资产，所以本章以外汇储备为研究对象，分析全球流动性与国内流动性的关系。

一、美、欧银行对我国的债权数据变化

根据 BIS 的国别数据，可以得到美、欧银行对我国的债权数据变化情况（见图 10－8 和图 10－9）。

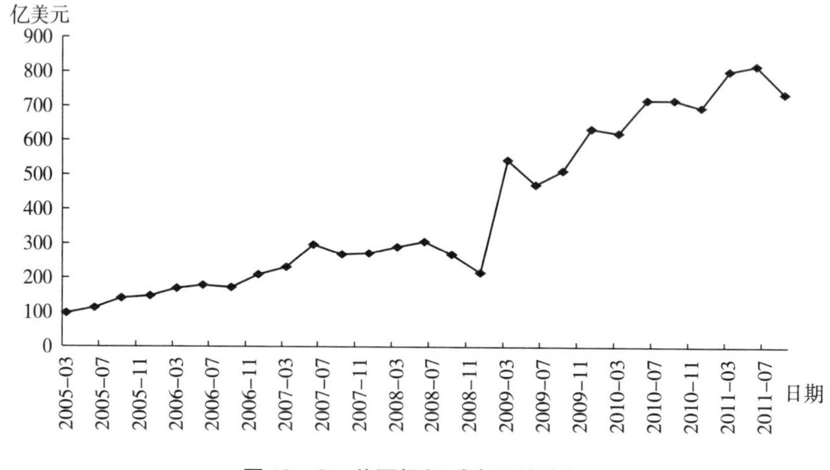

图 10－8　美国银行对中国的债权

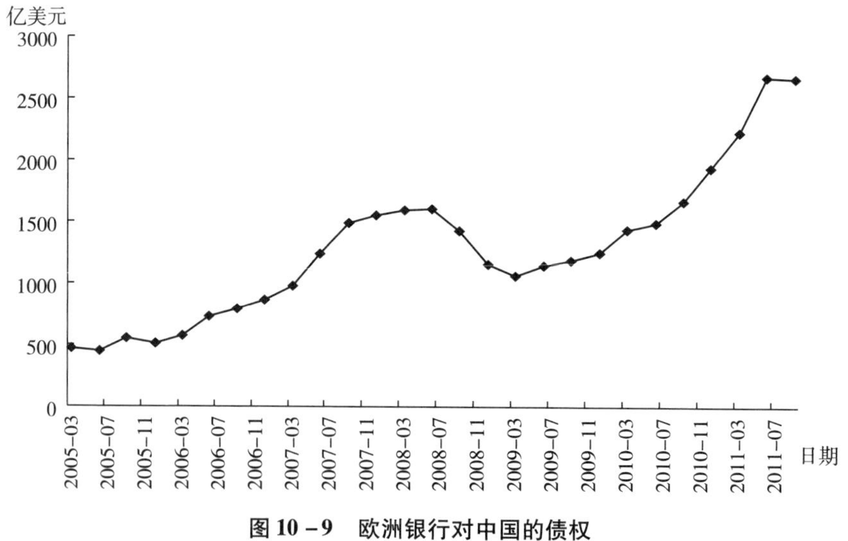

图 10－9　欧洲银行对中国的债权

比较图 10－8 和图 10－9 与图 10－4 和图 10－5 可以看出，美国银行对我国的债权走势基本与其向世界提供的流动性走势吻合；但欧洲银行对我国的债权在金融危机的影响过后却持续增长，与其向世界提供的流动性走势有所分歧。

二、全球流动性对我国外汇储备增量的影响

根据以上的欧、美银行对我国债权的数据计算我国外汇储备增量。我们以 BIS 的最新数据为研究对象，选取 2005 年第二季度至 2011 年第三季度的 26 个季度数据为样本区间进行分析。

以往的研究往往以贸易顺差与 FDI 之和研究我国外汇储备增长，剩余部分则一律认为是热钱流入，即我国外汇储备增长 = 贸易顺差 + FDI + 未解释部分（热钱）。

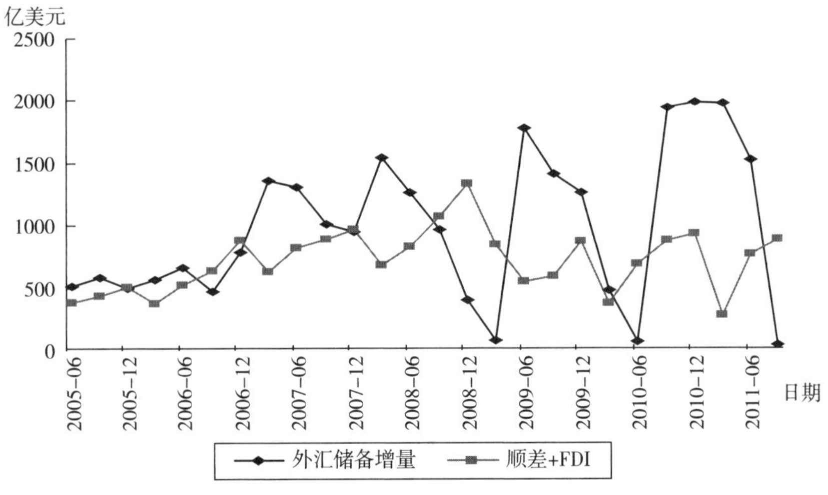

图 10－10　外汇储备增量与贸易顺差 + FDI 之和

（资料来源：国家外汇管理局，Wind）

从图 10－10 中可以看出，运用贸易顺差 + FDI 计算的外汇储备增量与实际外汇储备增量的拟合程度并不严密，而样本期内两者的相关系数仅为 －0.0038。

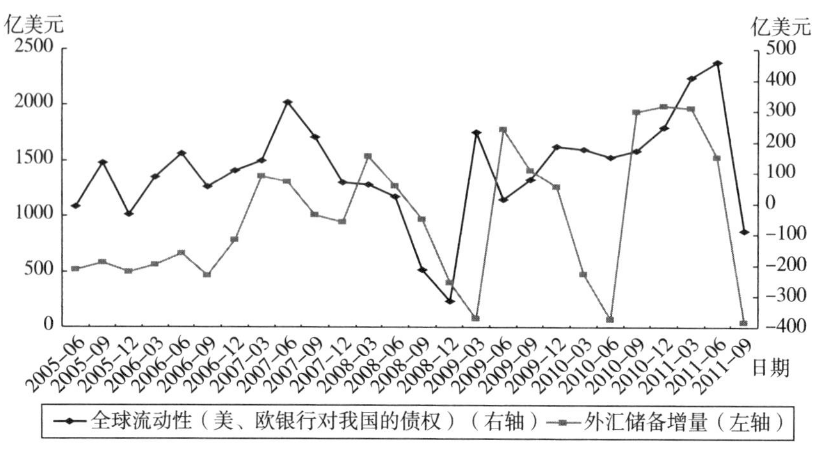

图 10－11　外汇储备增量与全球流动性

（资料来源：国家外汇管理局，BIS）

从图 10－11 可以看出，外汇储备增量与全球流动性（对我国的债权部分）的拟合程度较高，两者的相关系数高达 0.41。

因此，可以对我国外汇储备增量 = 贸易顺差 + FDI + 未解释部分（热钱）这一公式进行改进，加入全球流动性项，即新的公式为我国外汇储备增量 = 贸易顺差 + FDI + 全球流动性变化 + 未解释部分（热钱）。

在加入了全球流动性之后，对外汇储备增量的拟合明显得到了提升，运用贸易顺差 + FDI + 全球流动性计算的外汇储备增量与实际外汇储备增量的相关系数提高到了 0.28（见图 10－12）。

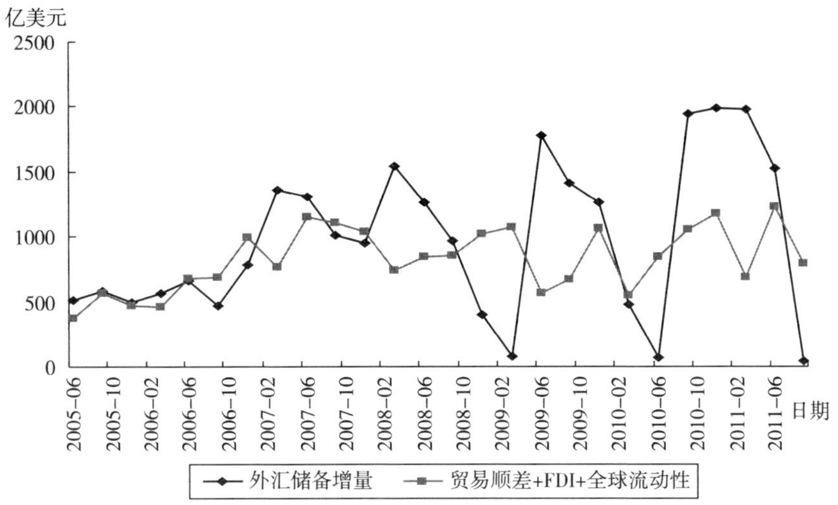

图 10－12　外汇储备增量与贸易顺差＋FDI＋全球流动性之和

（资料来源：Wind）

三、实证分析

以上述变量建立滞后阶数为 2 的 VAR 模型①，在模型中用 reserve、trade、fdi 和 gl 变量分别代表我国外汇储备增量、贸易顺差、FDI 和全球流动性（欧、美银行对我国的债权）。该模型无特征根在单位圆外，表明 VAR 模型是平稳的。

对模型进行脉冲响应分析，贸易顺差对外汇储备增长的影响在第 1 期达到最大，随后迅速减小，而全球流动性和 FDI 对外汇储备增长的影响较为相似，均在第 2 期达到最大，随后会正负波动，并逐渐减弱。

① 滞后 2 期的 VAR 模型可通过 LR、FPE 和 AIC 滞后阶数检验规则。

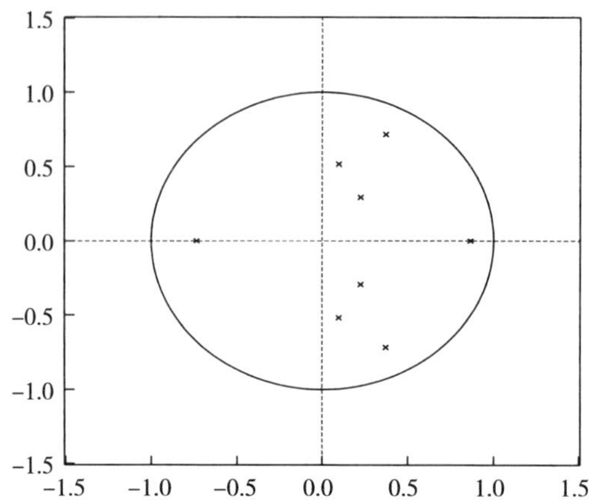

图 10－13　单位根检验结果

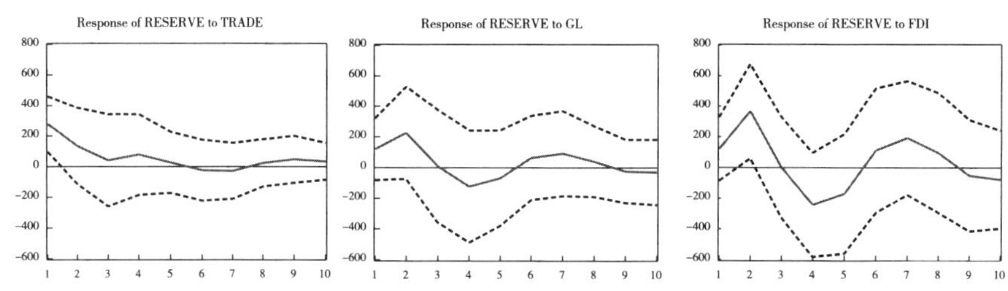

图 10－14　脉冲响应结果

对模型进行方差分解分析，全球流动性对预测误差的贡献度在20%左右，FDI 和贸易顺差的贡献度分别在 33% 和 13% 左右。因此，全球流动性对外汇储备增长的重要性是较高的，从各变量的重要性来看，重要性从大到小排序是 FDI、全球流动性和贸易顺差（见表 10－1）。

表 10－1　方差分解结果

周期	S. E.	FDI	GL	TRADE	RESERVE
1	39. 81126	11. 62083	19. 03611	9. 111892	60. 23117
2	44. 21117	31. 94725	24. 01783	6. 324112	37. 71081
3	51. 34615	31. 07637	23. 45767	6. 338511	39. 12744

续表

周期	S. E.	FDI	GL	TRADE	RESERVE
4	53. 05406	32. 09566	20. 58186	11. 23134	36. 09113
5	55. 31808	33. 68133	19. 86310	12. 23145	34. 22413
6	56. 10977	33. 83702	19. 55976	12. 79816	33. 80506
7	57. 39654	35. 19574	18. 87758	13. 90612	32. 02056
8	58. 06692	35. 83027	18. 86782	13. 76966	31. 53225
9	58. 78102	35. 66763	18. 70163	14. 24076	31. 38999
10	59. 10121	35. 74152	18. 50050	14. 63853	31. 11946

第五节　未来研究方向

从本章的分析中可以看出，一是宏观经济因素是全球流动性的主要影响因素，金融创新和风险偏好是全球流动性的主要驱动力，而汇率制度是全球流动性传导的重要渠道；二是在当今国际金融市场上，来自私人部门的资金在国际金融市场中的占比逐渐提高，甚至大幅超过了官方资金，流动性这一概念也应随之变化，因此可以用美国银行和欧洲银行的海外债权量衡量全球流动性对我国的影响；三是建议使用“我国外汇储备增量 = 贸易顺差 + FDI + 全球流动性变化”来测算我国外汇储备增量，使用这一方法可以有效提高估算的拟合程度和相关性，从而提升我们对流动性测算和研究的有效性，避免出现可能的漏损。

同时需要说明的是，全球流动性的定义并不是一个唯一的概念，根据所要研究的问题，可以选择不同的定义方法，比如对研究全球流动性对货币政策的影响，选择数量型的指标，如信贷加总较为合适；而研究全球流动性的溢出效应，如对通胀的影响，选择价格型指标，如利率水平更为合理。本章立足现有数据，以银行体系流动性为研究对象，提出可以将美国银行和欧洲银行对我国的国际债权作为衡量全球流动性的一个参考指标。未来，从全球范围和人民币国际化的视角来研究流动性仍是一个极具理论和实践意义的创新性方向。

第十一章　多层次的流动性数量观

第一节　何为流动性

一、国际金融组织对流动性的定义

2000 年 9 月，IMF 发布的《货币与金融数据手册》中将流动性定义为“资产能够在短期以市场价格，或接近市场的价格卖出变现的程度”。按照这个定义，现金则是流动性最强的资产，因为可以直接用作交易媒介。此外，流动性也表明对风险的预估，是市场信心的体现；流动性充足的时期人们往往认为风险溢价较低。

全球金融体系委员会特别工作组发表于国际清算银行（BIS）官网的文章特别说明了“全球流动性”的概念。该文认为，全球流动性分为两个部分：一是官方流动性，指能无条件用于官方结算的工具，如外汇储备，这部分流动性只有央行可以创造；另一部分是私人流动性，产生于金融机构，如金融机构的做市、银行间拆借等活动。

虽然流动性最初的定义是衡量资产的可变现能力，但市场上使用“流动性”一词，更多是在形容资金的松紧程度，即对市场上存在具有流动性的金融工具的数量的衡量。国际货币基金组织

（IMF）认为，总体流动性的口径大于广义货币。广义货币具体包括货币发行、可转让存款、其他存款、存款性金融机构发行的票据、央行发行的票据；此外，总体流动性还包括存款性金融机构的长期证券、其他金融机构的股权、财政存款、储蓄国债、市政债券等。

二、流动性的分类

流动性可以分为三个层次：货币流动性、银行间流动性和市场流动性。

货币流动性起源于央行注入的资金，包括短期或中期银行负债，是整个市场流动性的基础。央行的公开市场操作投放、货币发行、存款性金融机构的存款准备金都属于货币流动性。充裕的货币流动性能降低做市商的融资成本，为二级市场提供充足的资金。

银行间流动性是指由银行资产负债表扩张带来的流动性，包括贷款扩张、同业存单、银行拆借等。货币流动性和银行间流动性的总和，就是我们在衡量市场资金面松紧时常提到的“流动性”。市场流动性则主要是指证券市场的活跃程度，比如债券市场的交易量可以作为市场流动性的度量指标，它不仅与市场资金充裕程度有关，还与市场制度、法律法规、投资者数量等一系列复杂的因素相关。

从资本市场的角度而言，流动性是指可以用于购买资产的资金充裕程度，市场的流动性越充足，投资者配置资产的需求越高，越能推高资产价格。从货币政策对资本市场作用的角度上说，流动性是货币政策传导的重要媒介，监管部门通过流动性的收放，可以抑制过高的资产价格或推升过低的资产价格。

第二节　流动性面面观：数量角度

一、狭义流动性的核心：超储率

1. 逐步下行的超储率

超额存款准备金是银行可以动用的备用资金，是狭义流动性的核心。银行机构作为银行间流动性的净融出方，银行的超额存款准备金是其存放在中央银行、超出法定存款准备金的资金，主要用于支付清算、头寸调拨或作为资产运用的备用资金，是银行间狭义流动性的核心。超额存款准备金作为基础货币的重要组成部分，是金融机构流动性最强的资产，其充裕程度的变化一直以来被作为衡量银行体系资金宽裕与否的重要指标。

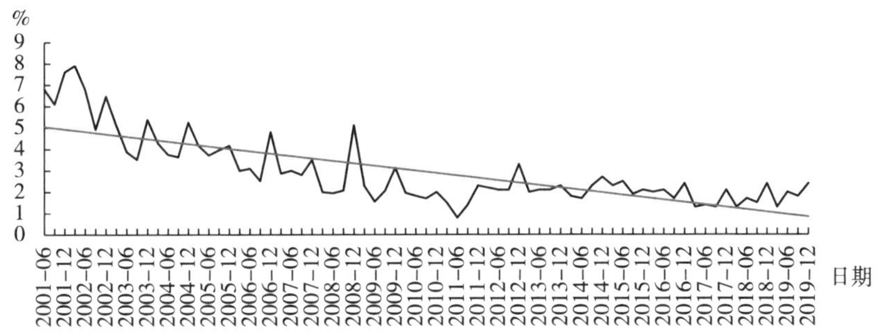

图 11－1　金融机构超额存款准备金率（超储率）总体下行

（资料来源：Wind，中信证券研究部）

近年来，备付需求降低，超储率呈现逐步下行趋势。2001 年以来，我国金融机构超额准备金率总体上呈现出明显的下行态势。随着现代支付体系的不断发展，加快了货币的流通速度和资金的清算速度，加之商业银行融入资金更加便利、流动性管理更加科学有效，银行对超额储备金储备需求逐渐降低，造成了超额准备金率的下降，这是金融市场发展的大势所趋，这种下降并不意味着银行体系流动性收紧和货币政策取向发生变化。具体来看可大致分为两个阶段，一是2001～2011年的趋势性下滑阶段，二是自2012年至今，超储率维持在1%～3%的低位小幅波动。

（1）2001年中至2002年第一季度，金融机构的超储率由6.1%快速攀升至历史最高点7.9%，此后至2011年6月期间，除2008年为应对国际金融危机，在“四万亿”刺激政策引导下流动性宽松造成超储率急剧上升外，超额准备金率整体呈震荡下行的趋势。

（2）2012年以来超储率变动，主要受近年来央行公开市场操作主动发力、货币政策操作框架不断完善以及监管层面政策的影响。2014年以前，外汇占款是央行释放基础货币的主要手段，银行体系流动性整体充裕；2015～2016年，央行多次降准，超储率没有出现明显下降；2017年以来，随着金融去杠杆的深化推进，M_2增速下行，我国银行超储率下滑明显并维持在较低水平。另外，央行货币政策工具灵活性增加也使得银行部分降低了超额准备金的需求。

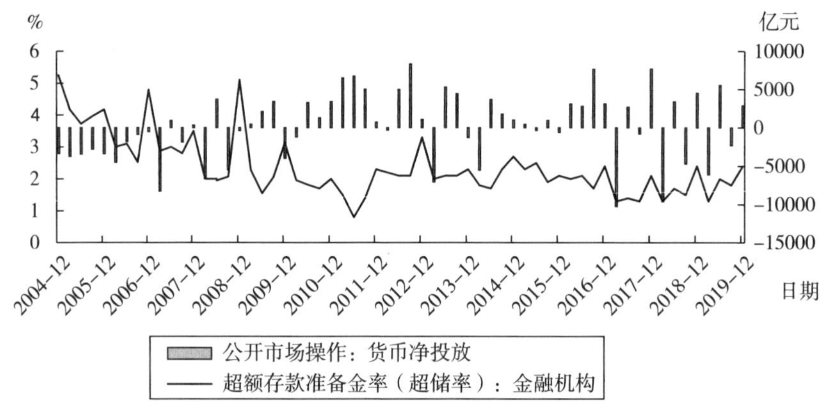

图11－2　超额准备金率与央行公开市场投放密切相关

（资料来源：Wind，中信证券研究部）

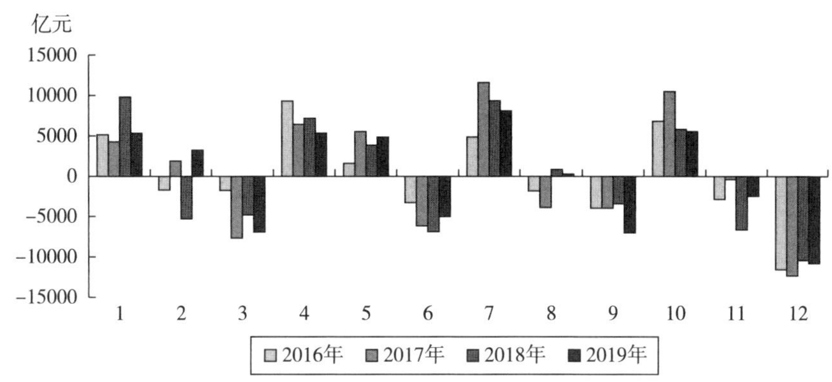

图 11-3　财政支出季节性特征明显：年末财政存款支出较多

（资料来源：Wind，中信证券研究部）

2. 国际比较：低超储率和高法准率

从国际比较来看，当前主要发达经济体的法定存款准备金率比较低，而超额存款准备金率则明显高于我国。相比于中国法定存款准备金率高而超额存款准备金率低的结构，美国、日本、欧元区的准备金结构是法定准备金率低而超额准备金率高。截至 2020 年 7 月，美国法定准备金率为 0、超额准备金率 17.6%。日本和欧洲的情况类似，截至 2020 年 6 月，日本法定准备金率 0.28%、超额准备金率 30.3%；2019 年底，欧元区银行超储率在 1% 左右，超储率接近 12%。因而从整体准备金率角度看，中国与美国、日本、欧元区基本处于接近的水平。而对比量化宽松前美国银行机构的超额准备金率，中国目前 1% ~ 2% 的超储率也与之较为接近。

境外国家法定存款准备金率低而超储率高的格局形成与 2008 年国际金融危机后全球流动性宽松密不可分。在 2007 年 8 月量化宽松前，美联储为防止经济过热，从 2004 年 6 月开始连续 17 次提高联邦基金利率，货币政策呈收紧态势，当时美国银行超储率在零附近徘徊。自 2008 年第四季度美联储启动量化宽松开始，美国银行超储率开始快速上升。另外，美国等主要发达经济体普遍加强金融监管，金融机构需要保持更高的备付水平以满足监管要求。此外，由于金融机构风险偏好下降，实体经济借贷意愿不足，各国央行通过量化宽松（QE）操作投放的大量资金有相当部分长期累积于银行体系。此后美国金融机构超储率水平随着美联储扩表和缩表而变动。

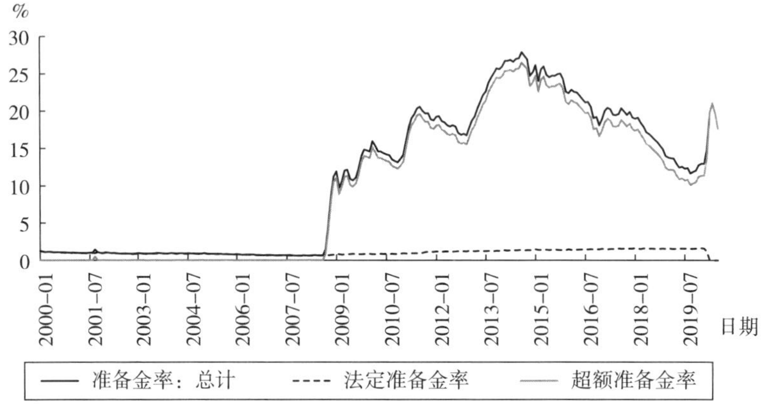

图 11－4　美国金融机构超储率持续高位

（资料来源：Wind，中信证券研究部）

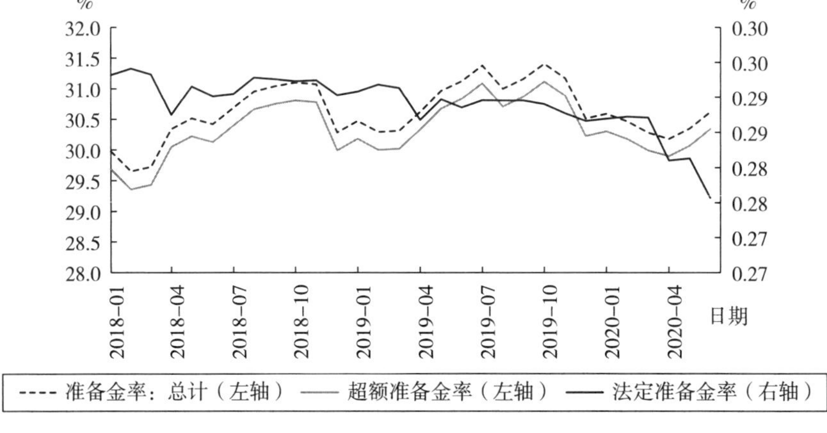

图 11－5　日本金融机构超储率持续高位

（资料来源：Wind，中信证券研究部）

3. 超储率的估算

根据超储率的计算公式，利用央行公布的各项金融数据，可以对历史上各月的超储率进行测算。而非季末月份的超储率数据只能根据月中发布的金融机构信贷收支表和金融机构资产负债表等数据进行事后测算，且超储涵盖了超额准备金、库存现金等备付金，而有关的金融数据如一般性存款等关键数据并未清晰列示，直接测算超储具有一定难度。根据超储率的计算方法：

超额储备 = 超储率 × 各项存款余额

= 其他存款性公司储备资产 − 法定存款准备金

= 其他存款性公司储备资产 − 需缴准的存款 × 平均存款准备金率

在以上等式中，需缴准的存款和平均存款准备金率需要重点测算。一般情况下，人们使用一般性存款作为需缴准的存款的基数，但是随着存款性公司存款类型的不断丰富，由单位存款、个人存款和机关团体存款构成的一般性存款并非全部需缴准的存款。特别地，2014 年 12 月 27 日人民银行发布的 387 号文规定中，将非银行金融机构同业存款纳入银行的一般性存款计算，非银行金融机构存款暂时不需要缴纳存款准备金；2015 年人民银行下发的《关于调整金融机构存款和贷款口径的通知》将客户保证金等计入“各项存款”；自 2016 年 1 月 25 日起，对境外参加行存放在境内代理行等境内银行的境外人民币存款执行正常存款准备金率等。因此对需缴准的存款的测算很难通过金融机构资产负债表直接获得。

为了解决这个问题，可以从货币供应量的统计办法中找到较为接近的测算办法，根据 1994 年公布的《中国人民银行货币供应量统计和公布暂行办法》的规定：

M_0 = 流通中现金（货币供应量统计的机构范围之外的现金发行）

M_1 = M_0 + 企业存款（企业存款扣除单位定期存款和自筹基建存

款）+机关团体部队存款+农村存款+信用卡类存款（个人持有）

$M_2 = M_1$ + 城乡居民储蓄存款 + 企业存款中具有定期性质的存款（单位定期存款和自筹基建存款）+外币存款+信托类存款

通过对 M_1 和 M_2 计算公式的分析，大致估计需缴准的存款 = M_2 - M_0 - 各类保证金存款，而各类保证金存款中包括证券公司的保证金和银行的保证金存款，分别可以通过 M_2 的构成拆解获得。此外，对平均存款准备金率的测算需要综合考虑现行的“三档两优”政策，即对大型存款类金融机构和中小型存款类金融机构存款准备金比率存在差异，央行加大对“三农”、小微企业支持力度存在定向降准，以及对农发行、财务公司、金融租赁公司、汽车金融公司的较低准备金要求。最后通过估算得到需缴准的存款以及平均存款准备金率，进而得到我们测算的超储率。

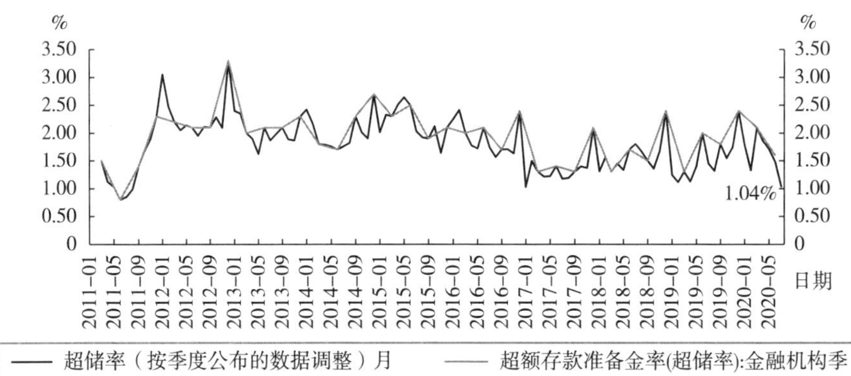

图 11-6　超储率测算

（资料来源：Wind，中信证券研究部）

从基础货币框架下的流动性分析来看，影响超储率变化主要还有三个方面的因素：一是货币政策的操作，如法定存款准备金率的和公开市场投放的调整；二是财政收支扰动下，财政存款的变动会导致基础货币的变动；三是资金运用与存款余额上的增速差引起超额准备金的变动。此外，超储率在很大程度上还受监管政策的影响。

二、银行体系流动性缺口

1. 流动性供需影响因素

商业银行的流动性需求主要体现为伴随商业银行信贷规模扩大导致其存款余额增长的法定准备金需求，以及应付提现、清算需要和不确定性的超额存款准备金需求。人民银行的流动性供给是通过各项货币政策操作工具和规则向银行体系投放或回笼流动性。从历史上看，人民银行货币政策工具包括存款准备金、公开市场业务、各类借贷便利、中央银行贷款、利率政策等，其中调整法定存款准备金率和开展公开市场业务一直以来就是央行流动性管理框架中的主要操作工具。此外，基于我国外汇制度和长期以来外贸依存度较高的事实，外汇占款变化也是人民银行被动流动性供给的主要渠道之一。

近年来，人民银行逐渐减少调整法定存款准备金率的次数和幅度，转为以公开市场业务为主要的流动性管理工具。从操作方向上来看，从提准到降准，改革准备金考核方式，保持流动性总量的适度；公开市场业务中正回购和央行票据发行早已暂停操作，目前以逆回购和中期借贷便利为主，配合滚动式国库定存，以及抵押补充贷款和常备借贷便利，央行从早期的防御型减少流动性供给转为主动性的精准调节流动性；外汇占款由正增长转为负增长，近期维持在近乎零增长水平，有利于人民银行被动流动性操作转为主动性操作。

人民银行流动性供给主要包括降低法定准备金率（已经反映在法

定准备金变化中）、公开市场操作投放（央行票据、正回购、逆回购、买入/卖出债券、MLF、SLO、PSL、SLF）；此外，外汇占款的变化会对流动性供给造成冲击。银行体系的流动性需求主要是法定准备金（银行信贷扩张导致存款增加）、超额准备金（应付提现和清算需要以及不确定性需要）；此外，政府财政性存款的变化、公众持有现金转移（季节性变化居多）都会对流动性需求造成冲击。因此，笔者定义流动性缺口为流动性需求与流动性供给的差值。

2. 流动性缺口演变

分析流动性需求和供给的对比，可以将2007年以来的流动性缺口分为以下几个时期。

第一个时期，2007～2011年，外汇占款增长较快造成流动性被动投放，人民银行以提高法定存款准备金率和公开市场回笼资金为主要操作，银行体系流动性结构性短缺。

第二个时期，2012～2014年，外汇占款增长受阻，被动的流动性供给不足，人民银行采取降低法定存款准备金率配合公开市场回笼资金的操作进行流动性管理，这一时期降低流动性需求和减少流动性供给并存，银行体系结构性流动性盈余。

第三个时期，2015年至2018年第一季度，人民银行保持稳定的存款准备金率水平，以公开市场操作为流动性供给的主要渠道，同时外汇占款的持续减少对冲了人民银行的流动性供给，银行体系结构性流动性短缺。

第四个时期，2018年第二季度至2020年第二季度，人民银行连续下调存款准备金率水平，公开市场操作对冲季节性扰动，外汇占款波动极少，流动性整体处于充裕水平。

第五个时期，2020年第二季度至今，暂停降准、降息，“OMOtMLF”成为主要操作，流动性恢复中性。

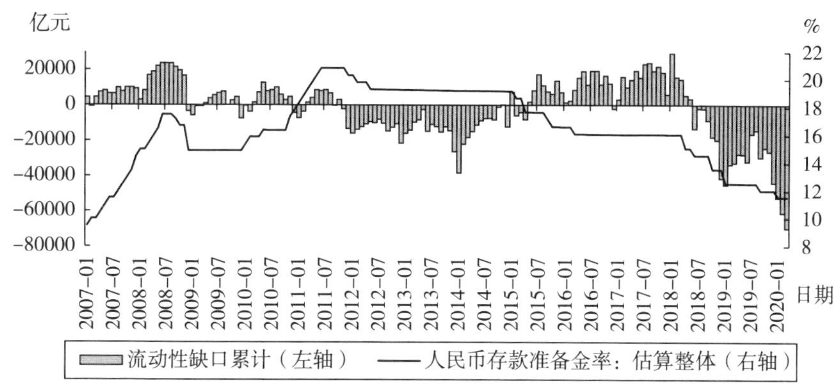

图 11-7　流动性缺口的变化及法定准备金调整

（资料来源：Wind，中信证券研究部）

三、存款的流动性层次：M_2、M_1

1. M_1-M_2 剪刀差

M_1-M_2 剪刀差是非金融企业经营活跃度的重要体现。M_1-M_2 剪刀差是指 M_1 与 M_2 的同比增速之差。企业经营的活跃程度反映在企业

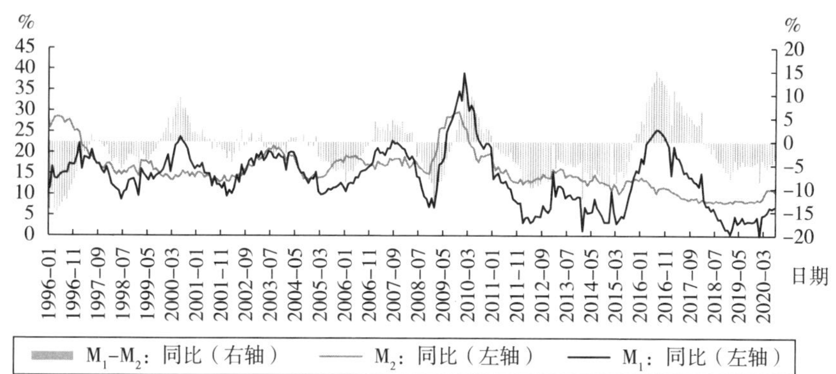

图 11-8　1996 年 1 月至 2020 年 7 月 M_1 同比、M_2 同比、M_1-M_2 同比增速差

（资料来源：Wind，中信证券研究部）

存款期限的转化之中，而 M_2 较 M_1 所增加的统计口径正是各种定期存款，因此 M_1-M_2 剪刀差反映了企业资金的大致期限结构和活化程度，是宏观考察实体经济内在情况的重要指标。

M_1 的同比增长具有周期性。从 1996 年 1 月至 2019 年初，我国已经历了七轮 M_1 增速上升—下降周期，平均每轮周期持续 3～4 年。

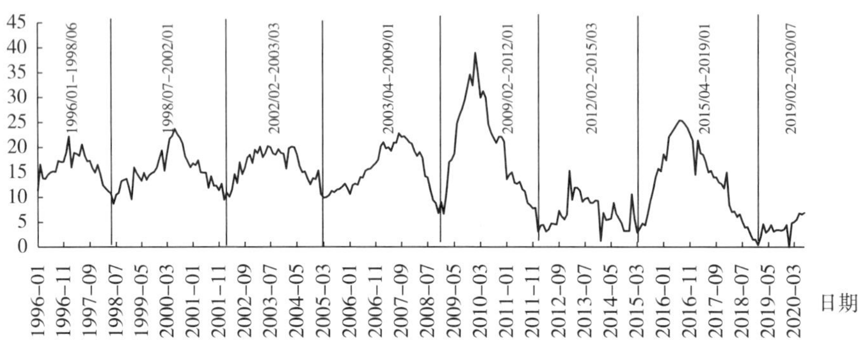

图 11－9　1996 年 1 月至 2020 年 7 月 M_1 同比增长

（资料来源：Wind，中信证券研究部）

2. M_1-M_2 剪刀差为何变化?

非金融企业活期存款和机关团体活期存款是 M_1 的主要组成部分。根据央行口径，M_1 包括 M_0 和单位活期存款；其中，单位活期存款又包括非金融企业活期存款和机关团体存款。根据付敏杰《中国的政府存款：口径、规模与宏观政策含义》一文，机关团体包括："中央机关、中央事业单位、中央社会团体、地方事业单位、地方机关、地方社会团体和社保基金"。

2016 年 7 月后 M_1 增速下降主要由企业活期存款和机关团体活期存款增速下降影响所致。2016 年 7 月以来，M_0 同比增速基本稳定不变，但由企业活期存款和机关团体活期存款组成的单位活期存款同比增速则明显下降，单位存款增速的下降拖累了 M_1 增速。那么都有什么原因会导致单位活期存款的变化呢?

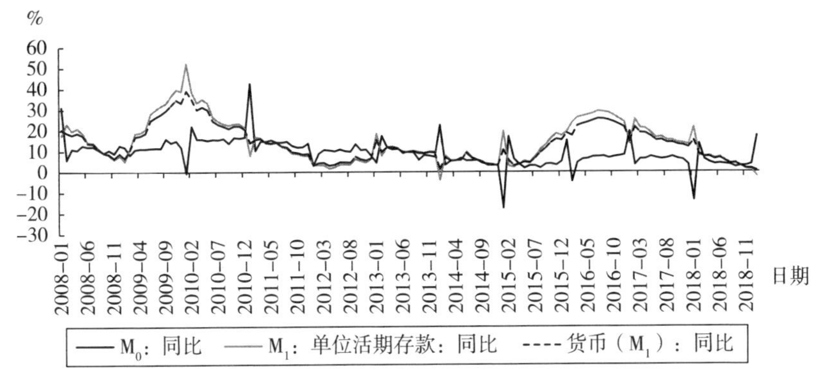

图 11－10 2008 年 1 月至 2018 年 12 月商品房销售额：M_1 与 M_0 同比增速

（资料来源：Wind，中信证券研究部）

第一，企业存款与房地产走势密切相关，居民定期存款向企业活期存款转化转弱，是企业活期存款同比增速下降的原因之一。回顾 2007 年 2 月至 2018 年 12 月的历史数据，我们可以发现，商品房销售额增速与非金融企业境内人民币存款同比增长有较为明显的相关性。

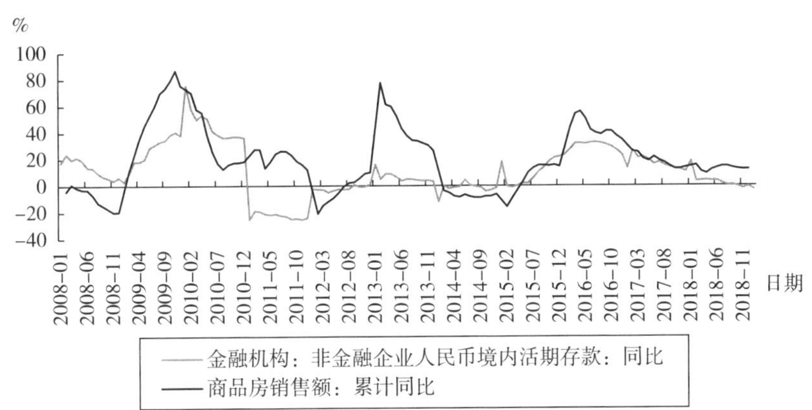

图 11－11 2008 年 1 月至 2018 年 12 月商品房销售额：累计同比与非金融企业境内人民币活期存款同比

（资料来源：Wind，中信证券研究部）

在地产销售火热时期，购房行为导致居民的中长期存款转化为企业的活期存款，使得 M_1 大幅增长。2020 年以来受房市调控影响房地产走弱，居民定期存款向企业活期存款的转化减弱，企业活期存款增量减小。

第二，企业利润下降和非标融资受限是导致企业活期存款下降的重要因素。企业盈利能力下降企业现金流下降，也将导致企业活期存款下降，进而影响 M_1 增速。工业企业利润增速与企业活期存款具有较强的关联性，2018 年以来工业企业利润不断下行，与企业活期存款走势一致。2015 年至 2016 年，非标飞速发展，同期 M_1 增速也一路高增，2017 年后随着监管趋严，表外融资受限，企业活期存款下降，2018 年随着监管文件集中落地，非标业务收缩，企业活期存款进一步下降。

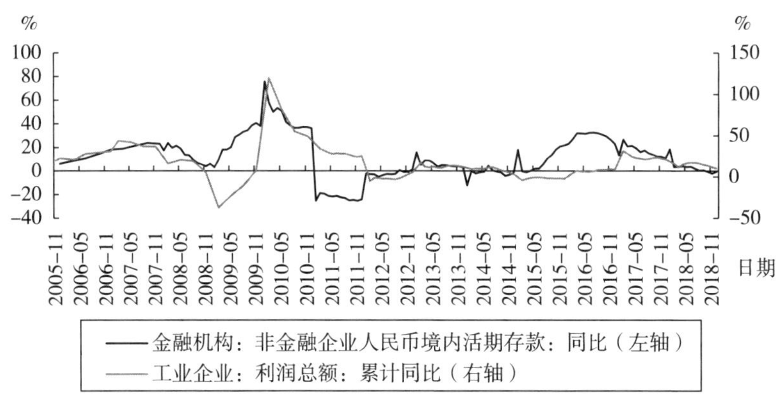

图 11－12　2005 年 11 月至 2018 年 12 月非金融企业人民币境内活期存款与工业企业利润总额累计同比

（资料来源：Wind，中信证券研究部）

第三，机关团体活期存款下降与地方政府债务置换进度加快有关。根据中国人民银行调查统计司于 2012 年 12 月 31 日编制的《金融统计金融工具类指标释义》，“机关团体存款”是指“机关法人、事业法人、军队、武警部队、团体法人存放在银行业金融机构的定活期存款以及上述单位委托银行业金融机构开展委托业务沉淀在银行的货币资金”。由此可见，公积金存款和社保基金存款以及自营收支存款是机关团体存款的主要组成部分。此外，部分地方政府置换债券和新增债券资金将短暂留存于机关团体账户（主要为地方政府融资平台账户），是导致2016年机关团体活期存款增加的主要原因，从数据上看，地方政府债置换变动与 M_1 波动较为一致。而近几年随着债务置换临近，地方政府置换进度加快，由置换债资金转化的存款规模下降。

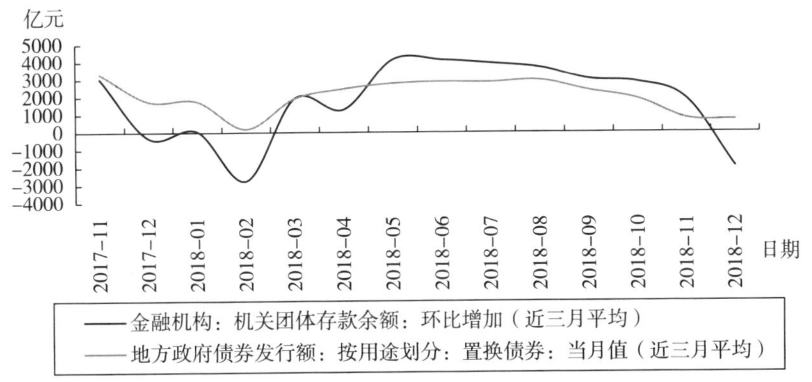

图 11-13　机关团体账户与地方债发行置换的关系

（资料来源：Wind，中信证券研究部）

3. M_1-M_2 剪刀差的前瞻意义

M_1-M_2 的增速差领先于名义 GDP 增速。从1996年1月至2019年，我国已经历了七轮 M_1-M_2 剪刀差周期，平均每轮周期持续3~4年。而除2012年至2015年外，2000年后我国名义 GDP 增速也表现出具有时长3~4年周期的特点。历史数据显示，M_1-M_2 的剪刀差与名义 GDP 增速周期类似，且领先于名义 GDP 增速。但是2011年后，由于我国人口红利、改革红利逐步消失，受名义 GDP 进入低增速阶段的影响，M_1-M_2 剪刀差与名义 GDP 增速的相关性有所减弱。

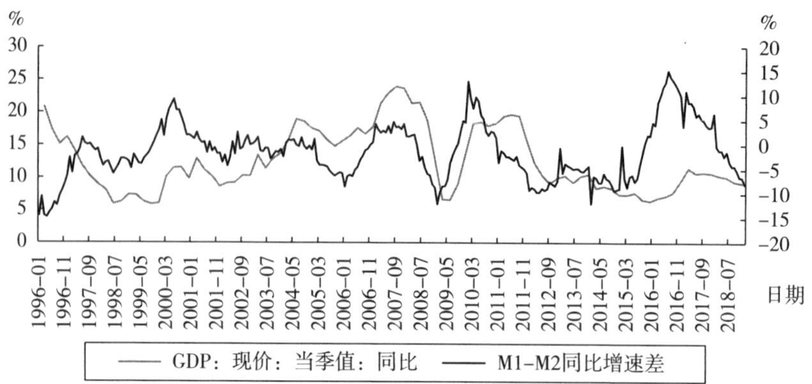

图 11－14　1996 年 1 月至 2018 年 12 月名义 GDP 增速与 M_1-M_2 剪刀差

（资料来源：Wind，中信证券研究部）

M_1-M_2 的增速差对物价具有前瞻意义。同 M_1-M_2 剪刀差周期时长类似，表现出我国物价增速也具有以 3～4 年为周期的特点。1999 年至 2015 年，CPI 增速出现了五个较为明显的周期，同样的 1998 年至 2014 年，M_1-M_2 剪刀差亦具有提前一年发生的相似周期。由此可见，M_1-M_2 剪刀差与物价增速周期类似，且领先于物价增速。

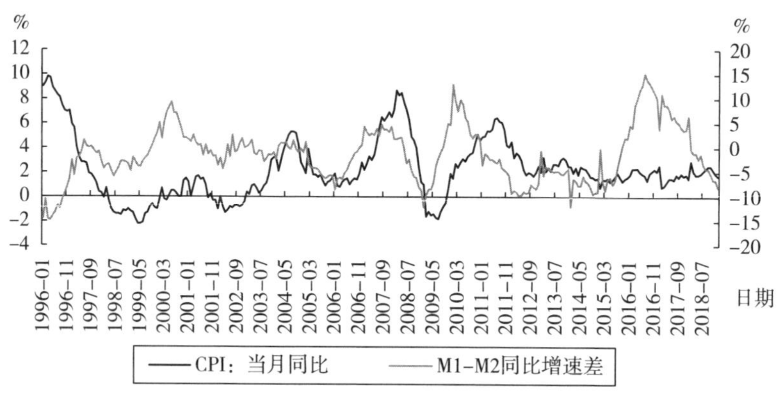

图 11－15　1996 年 1 月至 2018 年 12 月 CPI 增速与 M_1-M_2 剪刀差

（资料来源：Wind，中信证券研究部）

M_1-M_2 剪刀差对债市收益率有一定的指引作用。由前文所述可知，M_1-M_2 剪刀差对名义 GDP 增速和 CPI 增速等基本面指标具有领先性。而债券市场收益率与经济基本面挂钩，因此 M_1-M_2 剪刀差对债市收益率走势也具有一定指引作用。分析 2002 年 1 月至 2019 年 2 月十年期国债到期收益率与 M_1-M_2 剪刀差的数据可知，M_1-M_2 剪刀差见顶领先 10 年期国债收益率顶部最长是 29 个月，最短是 3 个月，多数时候是 12 个月左右；M_1-M_2 剪刀差见底领先 10 年期国债收益率底部最长是 24 个月，最短是 2 个月，多数时候是 3 个月左右。

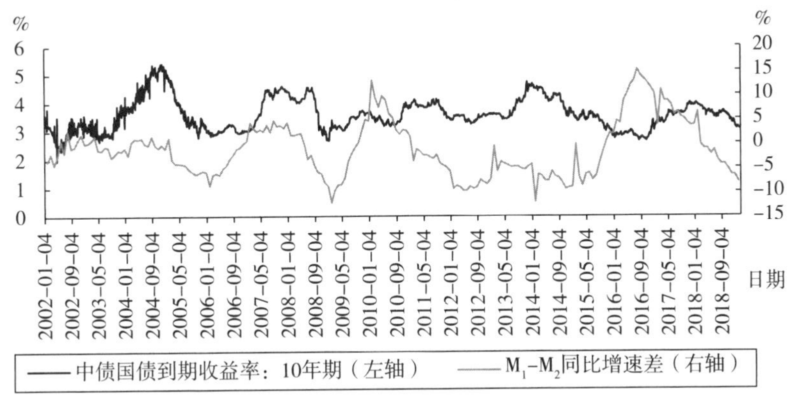

图 11－16　2002 年 1 月 4 日至 2019 年 2 月 19 日
中债国债到期收益率与 M_1-M_2 剪刀差

（资料来源：Wind，中信证券研究部）

四、基础货币和货币乘数

分析货币乘数的波动：要同时关注 M_2 与基础货币的变化。在降准周期，降准必然带来货币乘数绝对水平的上升，因此在货币乘数绝对水平的高低之外，其波动规律更值得研究。从过往诸多研究的观点来看，常常将货币乘数的高低直观看做银行信贷投放力度的代表：货币乘数高企的时期，银行信贷投放即较为火热；反之则银行信贷投放有所不力。这种说法在货币创造总量上并非没有可取之处，但我们在分析这一指标时除了观察分子端，还应该注意分母端的变化。因为从货币乘数的公式来看（货币乘数 = M_2/基础货币），货币乘数同时受存款和基础货币二者波动的影响：因此将货币乘数变动简单等同于银行信用扩张力度的思想仅仅在基础货币变动很小的情况下才适用。实际上，由于近年来我国的货币政策总体遵循相对紧缺型的调控框架，通过维持相对高的准备金需求来加强流动性总量调控的效果是常规思路，因而我国基础货币的变动必然相对较大（即便从国际比较来看，美国虽然没有我国相对高的法定准备金率限制，但是美联储所执行的总量充裕的利率走廊框架往往也会带来极大的银行储备总量波动）。

分解货币乘数同比增速。由于货币乘数 = M_2/基础货币，其同比增速即为 M_2 与基础货币增速之差。比如 2020 年春节后，央行启动的抗疫稳增长政策大幅扩张了 3 月、4 月的基础货币总量，而进入 5 月后央行流动性投放有所收敛，使得银行基础货币总量增速重新回落；同时 M_2 增速高位维稳。所以这段时间，我国货币乘数增速走势呈现了先下后上的走势。

并且在央行不断降低法定存款准备金率推高货币乘数上限的同时，我们也观察到了货币乘数实际值和上限之间的差值在不断增大（货币乘数上限 = 1/平均法定准备金率），即使无限制的准备金率宽松也不会带来无限制的信贷扩张；在准备金率不断走向宽松的进程中，货币乘数也将距离其上限越来越远，最终货币乘数将会由需要缴准的存款占比、现金漏损率以及超额储备倾向决定，这也是为何美国准备金要求极低，但货币乘数仅为 3.5 左右的原因。

货币乘数变动背后的政策变化：乘数上升是基础货币收缩与广义信贷高增的结果。货币乘数更类似衡量广义流动性和狭义流动性差异

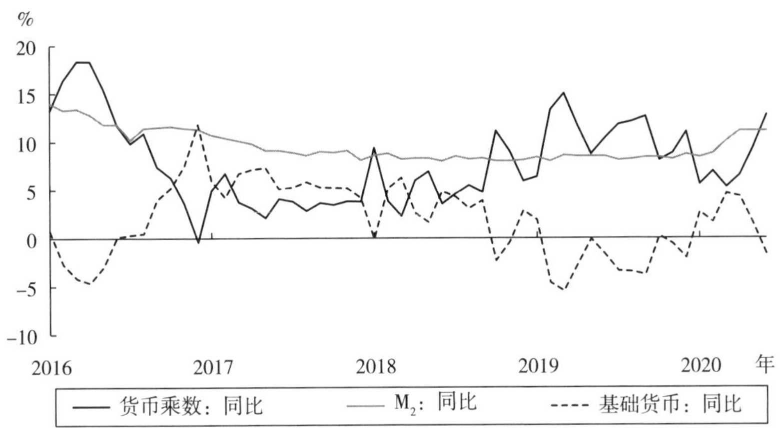

图 11－17　货币乘数增速、M_2 增速与基础货币增速

（资料来源：Wind，中信证券研究部）

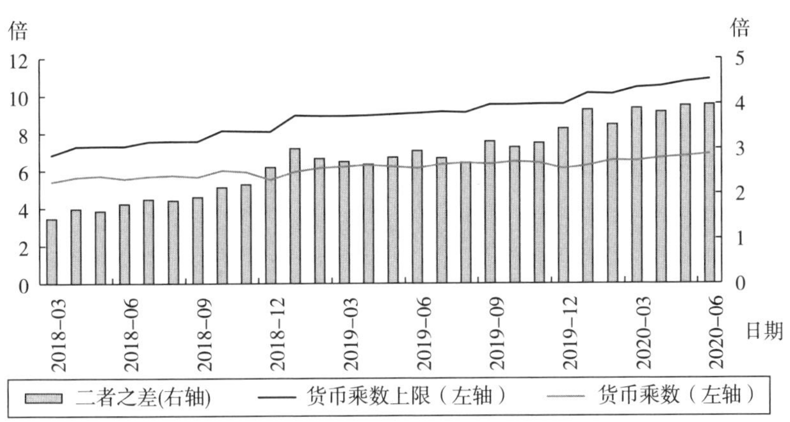

图 11－18　货币乘数与货币乘数上限差距扩大

（资料来源：Wind，中信证券研究部）

的代理变量：拆解货币乘数后［货币乘数＝M_2/（银行准备金＋非银行机构准备金）］，会发现货币乘数的分子端更多的受银行信贷投放影响，代表了广义流动性。对于分母端，银行购买政府债券会导致准备金总量减少，但月末财政集中支出也会补充准备金总量，类似支付宝以及微信支付的第三方支付机构总备付金存量变化很小，而非银机构准备金总量不大，总准备金池子的大小基本取决于央行的狭义流动性态度。以2020年为例，疫情得到控制之后，人民银行开始主导流动性回归中性，自2020年4月起准备金总量即开始收缩，如果借助央行公告的货币乘数以及 M_2 增速，我们可以计算出4月、5月、6月准备金总量分别收缩了6118亿元、2993亿元以及350亿元。无论是公开市场工具收缩抑或是财政存款高增，3月新增的9131亿元准备金实际上已经被吸收。从央行报表来看，货币政策投放已经转向中性。因此货币乘数更类似一个衡量“狭义－广义”流动性比例的指标，在准备金率不变的时期，货币乘数的快速上行往往代表银行间超储的相对减少，而这与2020年6月末银行超储率降至1.6%相互对应。

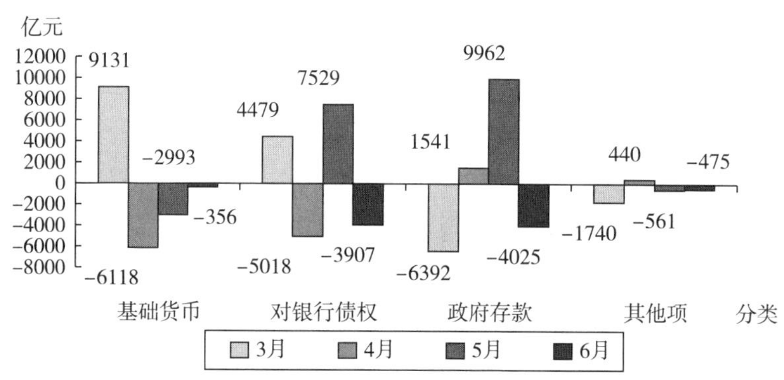

图11－19　基础货币影响因素分解

（资料来源：Wind，中信证券研究部）

但也要看到，过高的货币乘数可能会阻碍后续的信用扩张。我们在上文中已经叙述了货币乘数增速与准备金总量的反相关性，在非降准时期，货币乘数的相对高增速实际意味着超储总额的不断消耗。我们利用央行公布的2018年初至今的平均法定准备金率大致估计了银行

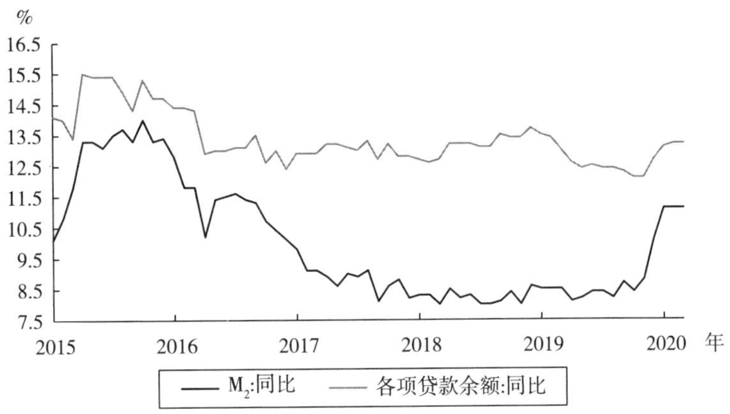

图 11-20　M_2 增速与各项贷款余额增速

（资料来源：Wind，中信证券研究部）

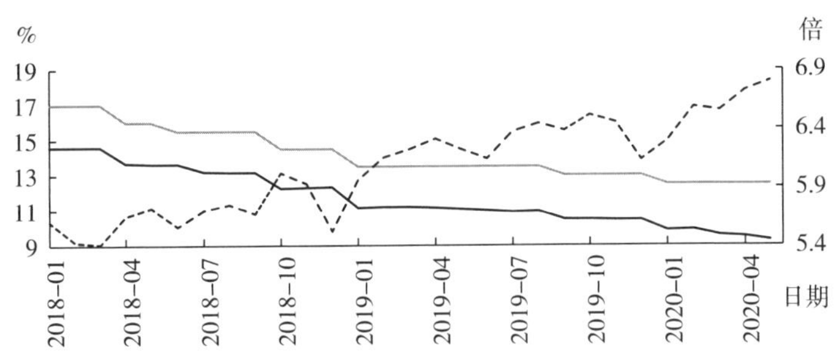

图 11-21　准备金率与货币乘数

（资料来源：Wind，中信证券研究部）

体系超储总量的波动（值得注意的是，由于央行需缴准的总存款额实际上难以准确估计，完全匹配超储率较为困难，但大致趋势是一致的）。观察超储变动的滞后一期走势与银行非信贷、非准备金资产的关系，可以发现二者存在较好的相关性。更低的超储会使得商业银行减配各类债券资产，同时超储过低也会直接影响下一期的信贷投放。

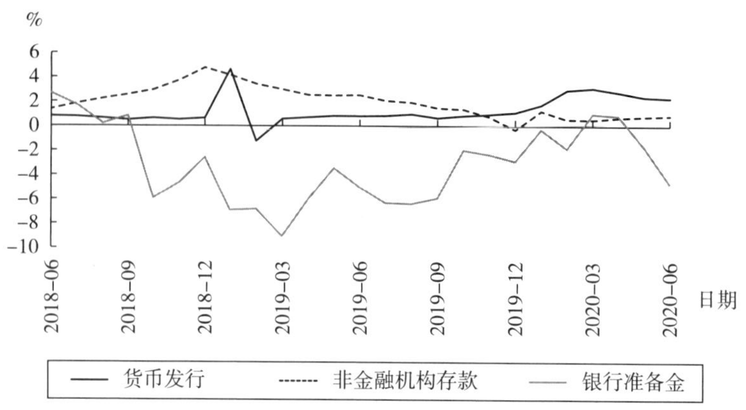

图 11－22　各分项对基础货币累计同比的拉动

（资料来源：Wind，中信证券研究部）

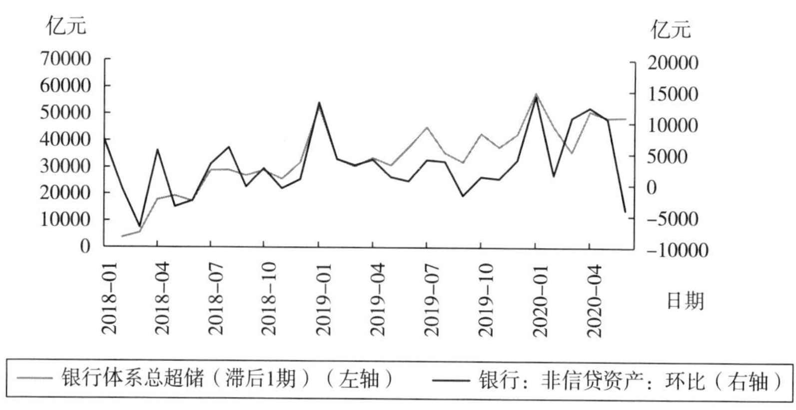

图 11－23　银行体系总超储（滞后 1 期）与银行非信贷资产

（资料来源：Wind，中信证券研究部）

非升降准时期内，货币乘数是一个观察流动性的指标。在降准/升准周期内，货币乘数更多受其分母端波动影响，更像一个流动性指标，其增速的突然上行往往代表货币宽松周期的开启。而准备金率不变的

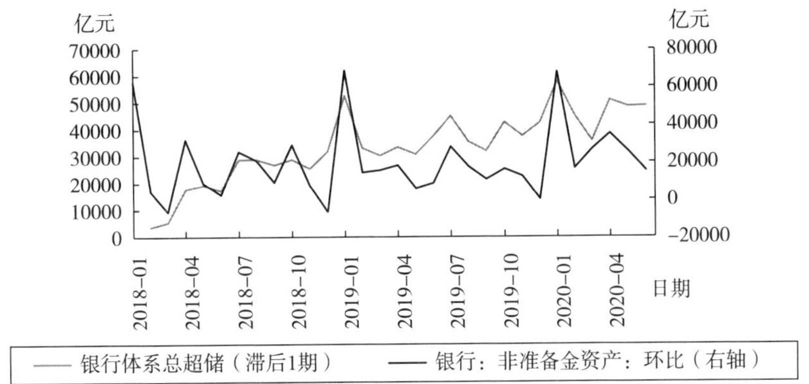

图 11－24　银行体系总超储（滞后 1 期）与银行非准备金资产

（资料来源：Wind，中信证券研究部）

时期则相反，由于乘数上限没有变化，货币乘数变化更多地反映其分子端变化，其增速长期为正更多代表超储的不断消耗，此时货币乘数增速同国债收益率的正相关性也会加强（例如 2008～2009 年、2012～2014 年以及 2017～2018 年）。

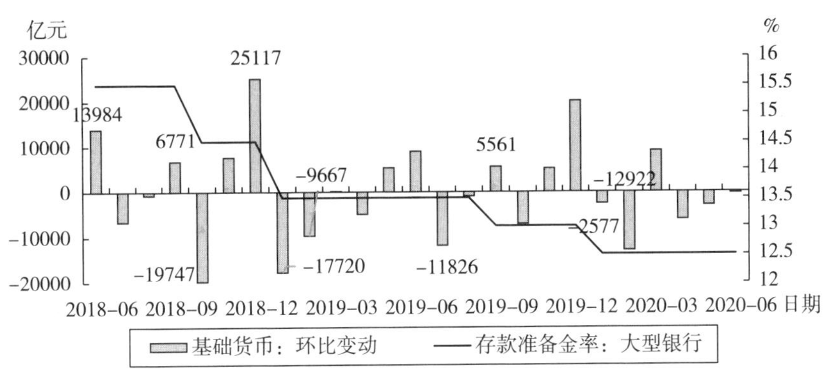

图 11－25　基础货币（环比变动）与大型银行存款准备金率

（资料来源：Wind，中信证券研究部）

图 11－26　基础货币（同比变动）与大型银行存款准备金率

（资料来源：Wind，中信证券研究部）

图 11－27　准备金率、货币乘数增速与 10 年期国债收益率

（资料来源：Wind，中信证券研究部）

五、广义流动性：社会融资规模增速和 M_2

社会融资规模增速和 M_2 通常被作为金融运行状况的观测指标，由于切入视角的不同，两者走势时有背离。2017 年社会融资规模增速和 M_2 增速走势背离，社会融资规模增速升 M_2 降；2018 年则体现为社会

融资规模增速降 M_2 稳，社会融资规模增速和 M_2 的差值也经历了先扩大后收窄的走势。这个差值代表了信用增速与货币增速的差异。

1. M_2 和社会融资规模增速为何不同？

从指标构造上看，M_2 包括流通中的现金和非存款类机构储存于存款类金融机构的存款两部分，M_2 的派生本质上是银行体系通过贷款、购买债券、投放非银和外汇占款的形式向市场投放的货币量；社会融资规模增速则主要包括银行贷款、非标融资、债券和股票融资（2018 年新加入 ABS、地方政府专项债券和贷款核销三项）。二者主要区别在于统计的切入视角有异，M_2 从银行负债端展示间接融资渠道释放的货币量，社会融资规模则从实体企业的融资端考量金融对实体的支持力度。主要统计差异在于社会融资规模包括非银行渠道融资尤其是直接融资，同时并不包括银行向非银投放的未流向实体经济的部分。

从构造社会融资规模指标的初衷来看，当初推出社会融资规模主要是为了解决货币统计存在的缺陷，也能够更为准确地观察实体企业的融资情况。过去 M_2 一直是货币政策的主要目标，但实践当中出现了很多问题，表现为货币政策对 M_2 的耦合关系越来越弱。这有两方面的原因，一是货币需求的不稳定性，导致货币政策的效果被削弱；二是金融创新，导致货币基金、理财等资产替代了传统的存款货币。在这个背景下，需要推出一套新的货币调控目标。社会融资规模站在实体企业的负债端看金融支持，由于在囊括了间接融资规模的同时剔除未流向实体企业的货币投放，所以可以更为准确地观察实体企业的融资情况。

表 11－1　　社会融资规模与 M_2 的对照关系

社会融资规模	M_2	社会融资规模与 M_2 重合部分
银行发放人民币贷款	银行发放人民币贷款	银行发放人民币贷款
企业债券融资	企业债券融资（银行持有部分）	企业债券融资（银行持有部分）

续表

社会融资规模	M_2	社会融资规模与 M_2 重合部分
银行投放非银（投向实体经济部分）	银行投放非银	银行投放非银（投向实体经济部分）
非金融企业境内股票融资	外汇占款变动	
未贴现银行承兑汇票	财政投放	
信托贷款	货币概览的其他负债	
存款类金融机构资产支持证券		
贷款核销		
政府债券		

资料来源：盛松成《社会融资规模成为我国金融宏观调控的重要指标》，中信证券研究部。

从经济理论基础出发，M_2 代表的是某一时点的信用货币总存量，而社会融资规模存量刻画的是信用货币向实体经济的转移，是对货币总流量的统计。总流量和总存量的不同即对应着信用和货币的差异。人民银行调统司原司长盛松成在《社会融资规模成为我国金融宏观调控的重要指标》中提出，社会融资规模实际上是货币政策传导机制的信用观点理论，“货币观点强调央行通过政策工具改变商业银行等金融机构的存款量（负债端），影响实际利率水平，从而影响总产出。信用观点则强调货币政策的变化通过改变商业银行的贷款量（资产端）以及其他金融机构的资产方（如债券融资、股票融资等资产方的变动）来影响企业资金可得性，改变私人部门投资和最终产出。”因此在信用货币体系下，若将 M_2 简单看成基础货币的信用派生，对应的是经济体内的货币存量，那么社会融资规模则是经济体内各部门间资金融通的总规模，对应的是货币流量的概念。

在实践中，也可以理解为 M_2 是货币的供给，社会融资规模是货币的需求，理论上社会融资规模与 M_2 的相对缺口越大则对应较高的利率水平。流量的实际含义是存量的流动，因而若单位流量与单位存量的差值越大，则说明单位流量对单位存量的需求越高。对应到社会融资和 M_2 上，从该角度而言，社会融资可被看做货币的总需求，而 M_2 则是货币的总供给，因此社会融资同比与 M_2 同比的差异越大（为剔除规模影响，可采用同比增速衡量），说明信用主体对货币的需求就越旺盛，因此对应更高的利率水平，即社会融资同比 - M_2 同比与利率水平正相关。

2. 表外与政府融资导致社会融资增速与 M_2 走势分化

2015 年至 2017 年 M_2 与社会融资走势分化加剧，M_2 暴增后回落至历史低点。M_2 代表货币供给，社会融资是实体经济所获得的融资总量，代表货币需求。二者是融资的代表性指标，在经济分析中是重要的先行指标。二者剪刀差可以在一定程度上反映货币供需缺口，对利率等指标有先导作用，此外 M_2 和社会融资走势也可以作为 GDP 等变量的前瞻性指标，因而备受重视。二者历史走势一般较为一致，但从 2015 年以来走势开始出现较大分化，M_2 保持高速增长，相应的社会融资则维持较为平稳的增速，部分货币供给并没有最终流入实体经济。而自 2017 年以来，趋势出现反转。M_2 开始回落，截至 2017 年 9 月，M_2 同比增速跌至 8.9% 的历史低点，而社会融资则稳定增长。

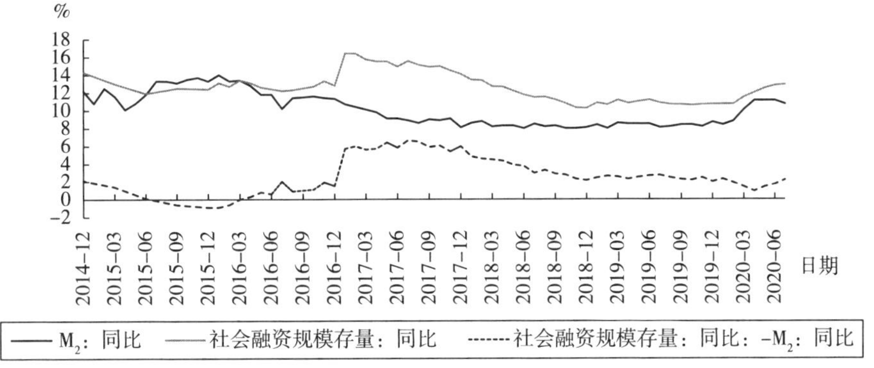

图 11-28　M_2 与社会融资同比增速

（资料来源：Wind，中信证券研究部）

表外融资与政府部门融资是最主要的原因。在2015年以来金融加杠杆到金融去杠杆的大背景下，社会融资与M_2增速走势背离的原因主要在于三点：第一，行委外会派生M_2而不产生社会融资，仅当这部分钱进入实体时才会变成社会融资。2015年与2016年，商业银行迎来了委外的高潮，导致M_2在此期间高速增长。但由于有相当部分的资金空转，而并未流入实体经济，所以社会融资仅维持了较为平稳的增速。而2017年以来在金融去杠杆的大背景下，商业银行表外业务受到限制，开始收回之前由委外放出的资金，造成了M_2增速的回落。第二，非标融资统计口径不同。M_2与社会融资的统计口径中均包括了非标融资，但金融去杠杆对于社会融资增速的影响相比于M_2则小了很多，这主要在于M_2统计的非标融资仅包括商业银行表内资金投资非标的部分，不包括表外资金投资非标体量，而社会融资的非标融资则主要是信托贷款、委托贷款与未贴现银行针对汇票。从2017年金融去杠杆的效果来看，商业银行表内资金受到了较大冲击，造成了M_2的回落幅度较大。而社会融资中的信托贷款因为并未被纳入MPA考核而并未受到较大的影响，逆势上涨，支持社会融资平稳增长。第三，社会融资包括政府债券。

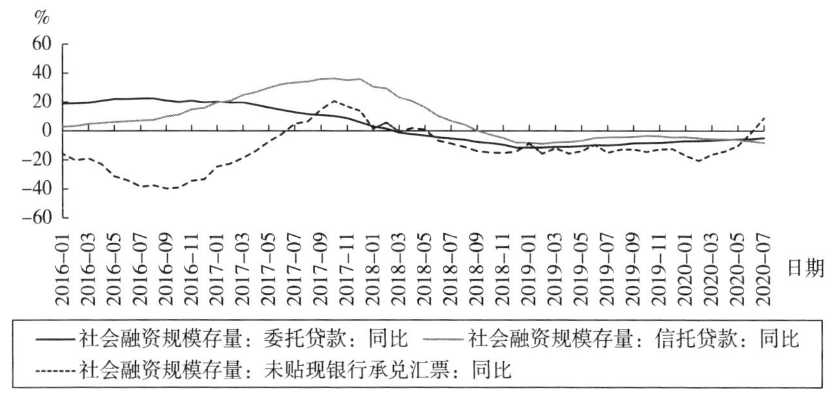

图11－29　新增表外融资各项占新增社会融资比例

（资料来源：Wind，中信证券研究部）

3. 社会融资 $-M_2$ 的经济意义

历史数据支持社融 $-M_2$ 背后的信用 - 货币观点，即社会融资 $-M_2$ 增速差背后蕴含的是货币供需这对矛盾的演化，并最终反映到利率这个衡量资金价格水平的指标上。基于利率与基本面、通胀水平和政策面的强相关，笔者发现社会融资 $-M_2$ 增速差与基本面和通胀走势基本一致，稍领先于货币政策，增速差的变动主要原因在于社融的波动幅度更大，在一定程度上说明社会融资对 M_2 具有放大效应，与社融是货币政策传导机制的信用观点这一理论相符。

社会融资 $-M_2$ 增速差与 10 年期国债收益率的正相关明显且具有一定领先性。从长趋势看，社会融资 $-M_2$ 同比增速差与 10 年期国债收益率在方向上呈现正相关关系，且社会融资 $-M_2$ 的拐点相对靠前，说明十年期国债收益率作为利率市场定价的锚，较好地反映了货币需求相对供给变化对资金价格的影响。二者走势的较大背离出现在 2013 年下半年至 2014 年初，社会融资 $-M_2$ 增速差下行而国债收益率上行，该阶段国债收益率上行的主要原因在于央票发行和逆回购利率上调引发资金面大幅收紧，“钱荒”状态下债券收益率快速上行。实际上该阶段收益率上行的背后仍是信用与货币的供需矛盾，只是此处收紧的货

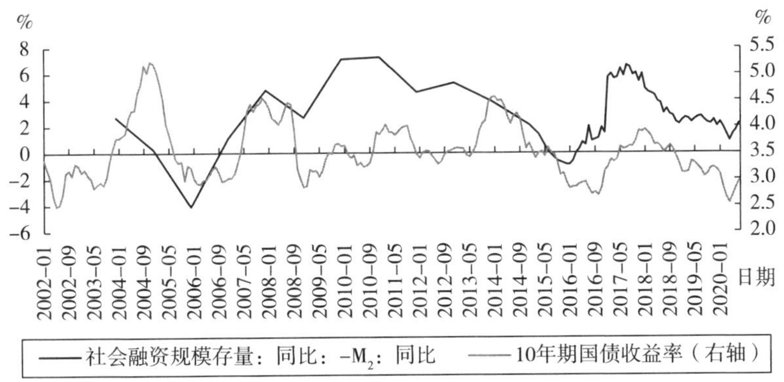

图 11-30　社会融资 $-M_2$ 增速差与 10 年期国债收益率正相关

（资料来源：Wind，中信证券研究部）

币并非 M_2，而是央行投放的基础货币。

社会融资 - M_2 增速差与基本面和通胀变动相关。2016 年以前，社会融资 - M_2 增速差与 GDP 和 CPI 的走势较为一致，2004 ~ 2007 年末信用扩张期间，单纯的银行融资渠道不足以满足高涨的资金需求，该阶段社会融资增长快于 M_2 增长，经济在高增的社会融资支撑下也开始走高，通胀水平也逐渐升高；2008 年受次贷危机影响信用扩张开始放缓，社会融资回落较快带动差值收窄，经济和通胀掉头向下；2009 年"四万亿"刺激带动信用扩张，银行表外融资增多，二者差值走阔，经济和通胀企稳回升；2011—2015 年末，经济逐步进入新常态，社会融资增速逐步向 M_2 靠拢，二者差值不断收窄。总体来看，增速差的变动主要由于货币向信用的传导和波动。

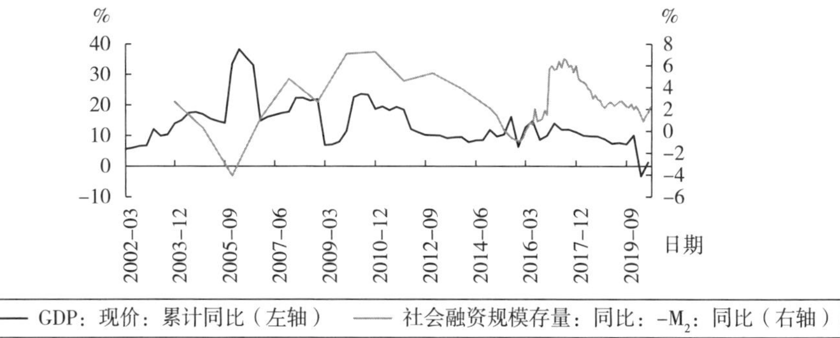

图 11 - 31　社会融资 - M_2 增速差与名义 GDP

（资料来源：Wind，中信证券研究部）

信用与货币的相对变化是产生经济周期的深层原因，货币政策可以发挥逆周期调控作用。从走势上来看，社会融资 - M_2 增速差与货币政策具有因果关系，表现为降息和降准期间，社会融资 - M_2 增速差也在收窄，事实上，社会融资 - M_2 增速差的拐点领先于降息和降准的时点，这可以理解为信用收缩期社会融资不畅，信托贷款、直接融资等资金流动减缓，导致社会融资较 M_2 回落更快，因此社会融资 - M_2 差

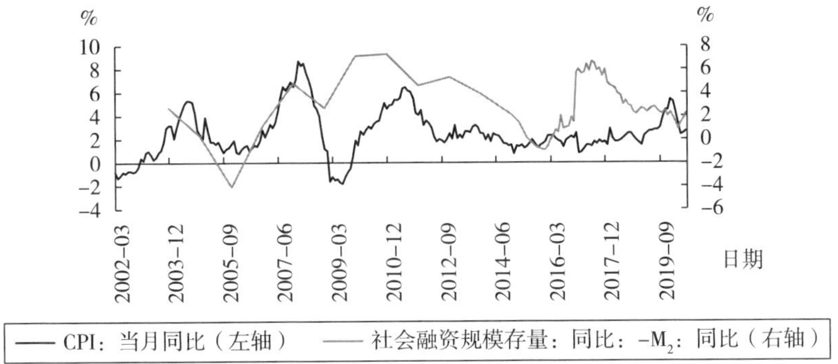

图 11 – 32　社会融资 – M_2 增速差与 CPI

（资料来源：Wind，中信证券研究部）

值收窄。如 2013 年至 2015 年上半年，表面上看是经济下行和股灾促发央行开启宽松政策，但深层次来看是因为信用过快收缩导致经济下行，过多的货币涌入股市推高泡沫并最终导致泡沫破裂。因此信用相对货币收缩过快更像是货币政策调整的因，货币政策的滞后反应则是缓解信用收缩的逆势调控。

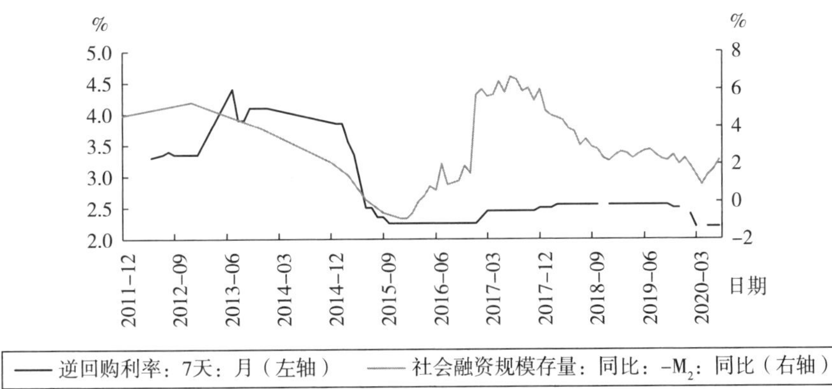

图 11 – 33　社会融资 – M_2 增速差与政策利率

（资料来源：Wind，中信证券研究部）

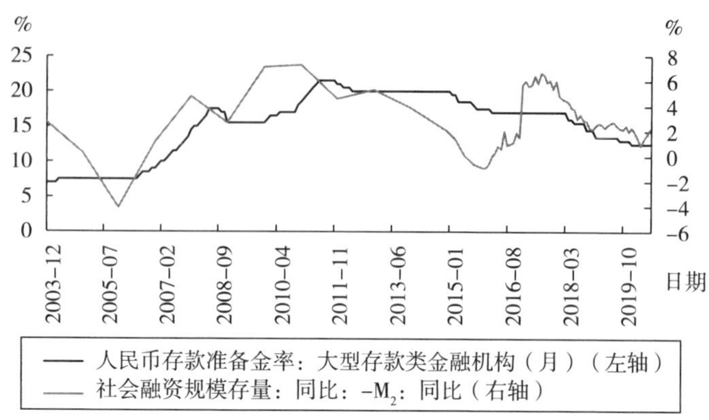

图 11-34　社会融资 - M_2 增速差与准备金率

（资料来源：Wind，中信证券研究部）

六、作为广义流动性的资管产品

从广义上去理解流动性，是指一种资产能够以合理价格转化为现金的能力，因此我们在衡量广义的流动性时，除了常规关注的货币供应量 M_1、M_2，实际上也不能忽略资管产品对于流动性的供给。具体来说，随着“流动性”的含义不断拓展，基本等同于货币作为一般等价物的概念，具有交易、计价、支付、储值功能。随着现代社会进入信用本位时代，货币成为了信用派生的结果。最初根据变现效率的差异，可以构建不同的统计口径，如 M_0、M_1、M_2 等，这些指标被用来评估宏观流动性状况，并辅佐进行一些经济形势的判断与评价。但随着金融创新的不断深化，各类资产管理机构崛起，支付手段快速发展，很多非银金融机构的负债也已具备货币的基本职能，广义流动性的范围也不断得到拓展。

正因为广义流动性概念拓展，再延续以往的分析方式，仅仅考虑 M_0、M_1 等指标来判断市场资金走势的结果可能并不准确，如 2015 年监管相对宽松，权益市场的新增资金很多来源于杠杆资金，包括互联网金融配资、基金子公司及证券公司结构化产品等。随着去杠杆的启动，新增资金退潮，股市下跌。可以说，资管产品作为“广义流动性”对市场的影响已然不容小觑。当然，面对丰富的金融产品，内部必然在流动性上也存在一定的差异，在此重点介绍资管产品中流动性较好的几款代表性产品及其发展历程。

1. 货币基金

近年来监管层加强了对货基在规模扩张、投资范围、赎回限额等多方面的管控。此前货币基金以摊余成本法计量，允许 T+0 大额资金赎回。2017 年 9 月证监会发布《公开募集开放式证券投资基金流动性风险管理规定》，对货币基金的流动性管控做出了更加严格的规定。其中，在规模扩张方面，第二十九条规定要求同一基金管理人所管理采用摊余成本法进行核算的货币市场基金的月末资产净值合计不得超过该基金管理人风险准备金月末余额的 200 倍，限制了货币基金扩张的规模。在投资范围方面，第三十三条规定要求货币基金投资于信用评级低于 AAA 的金融工具占基金资产净值的比例不得超过 10%，投资于信用评级低于 AA+ 的商业银行存款与同业存单前需经基金管理人董事会批准、基金托管人同意，投资范围上的限制压低了货基的收益率。此外，“T+0 赎回提现”实施限额管理则限制了货基的流动性，货基的吸引力进一步降低。2018 年 6 月证监会与中国人民银行联合发布《关于进一步规范货币市场基金互联网销售、赎回相关服务的指导意见》，提出对“T+0 赎回提现”实施限额管理，即对单个投资者持有的单只货币市场基金，设定在单一基金销售机构单日不高于 1 万元的“T+0 赎回提现”额度上限，并严禁非银机构以任何方式垫支的行为。

受监管文件影响，货基收益率和规模近年来呈现下行趋势。货基投资资产主要集中于银行间市场交易品种，特别是同业存单占比较高，而近年来银行间市场资金面宽松，同业存单利率下降，对货基收益率构成下行压力，从 2018 年开始呈现明显的下降趋势。收益率不断下行也使得货基的投资吸引力有所下降，加上监管层对新发行摊余成本货基的审批限制，货基规模也在 2018 年下半年开始缩减。

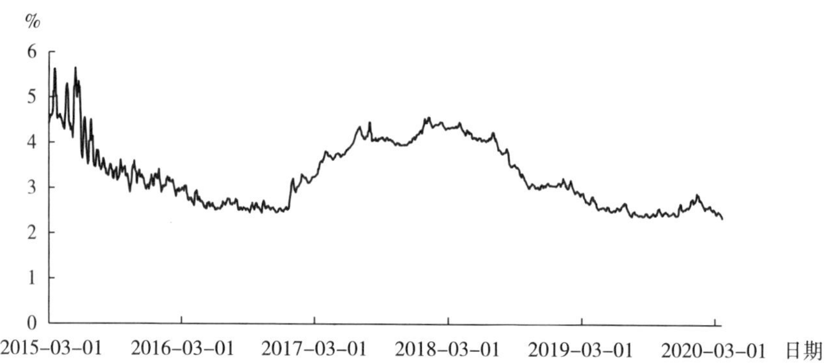

图 11－35　货币市场基金平均 7 日年化收益率

（资料来源：Wind，中信证券研究部）

2. 短债基金

2018 年监管层下发《关于规范理财债券基金的通知》，极大地影响了短债基金的发展。具体来说，一是要求短期理财债基要降低货币市场工具的投资比重，提高债券投资比重至 80%，旨在防范短期理财债基成为新的“货币基金”，抑制资金在同业间空转行为；二是区分固定组合类和非固定组合类短期理财债基，固定组合类在过渡期内可继续按照摊余成本法计量，但需要满足封闭运作期限超过 90 天，而非固定组合类要转为市值法计量的债券基金；三是新上报的短期理财债券在名字中不得加上理财二字。固定组合类短期理财债基主要是向摊余成本法定期开放式债券基金转型，而非固定组合类短期理财债基主要是向短债基金转型，所以短期理财债券基金的转型整改也带来了短债基金的快速发展。

在资产配置方面，短债基金通常投资到期时间不超过三年的债券，投资组合的久期较短，投资范围包括国债、地方政府债券、金融债券、公司债券、企业债券、次级债券、短期融资券、超级短期融资券、央行票据、中期票据、资产支持证券、资产支持票据等其他固定收益类金融工具。根据 Wind 数据，短债基金的投向主要是企业短融、金融债券和企业债券，占比分别为 35.82%、21.86% 和 21.04%。短债基金在收益和风险上高于货基类产品，低于中长期债券基金、混合基金和股票基金。所以短债基金具有受市场波动影响较小、抵御利率上行风险较强、流动性强、风险低、收益稳健的特点。

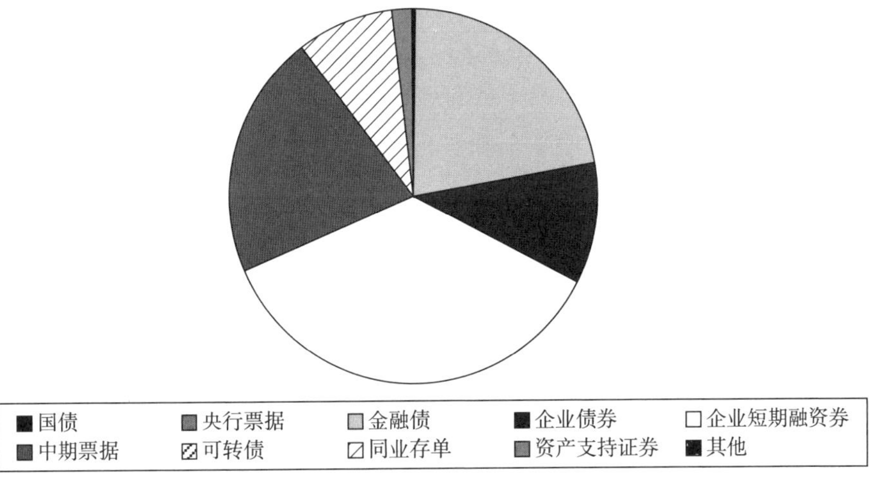

图 11－36　短债基金资产配置情况

（资料来源：Wind，中信证券研究部）

3. 现金管理类银行理财

资管新规系列规定实行以来，银行理财产品受到了很多的监管标准限制，但是对于现金管理类产品则明显放宽了许多。银行理财新规明确现金管理类产品在过渡期内同货币基金一样，适用摊余成本法＋影子定价的方式，对投资范围、久期管理、认购赎回等方面则没有明确限制，使得现金管理类产品的运作空间更大，得以保留高收益、高流动性的产品特性。监管政策的边际放松，使得银行现金管理类理财在估值方式、销售门槛、账户开立等方面相较于货基具有相对优势。现金管理类产品既满足监管要求，又具有很好的产品竞争力，因此银行在净值化转型压力下发行的主流产品、规模得到了迅速发展。

银行现金管理类产品在流动性方面优于货币基金，收益方面高于货币基金，可以满足具有大额流动性需求的投资者的理财需求。收益率方面，银行现金管理类产品与短债基金趋同，高于货币基金。背后原因是监管相对宽松，对底层资产范围和期限限制少，收益手段更丰富，因此收益率也更高。银行理财产品的主要资产配置集中在债券、银行存款和非标资产，其中 AA + 以上的高等级信用债占比相对较高。

流动性方面，银行的现金管理类理财产品的快速赎回限制少，流动性强于货币基金、短债基金和其他银行理财产品。大多数的银行现金管理类理财在交易时间段内额度不受限制、赎回资金实时到账，在非交易时间段内，快速赎回额度上限在 5 万元。而在《关于进一步规范货币市场基金互联网销售、赎回相关服务的指导意见》出台后，货币基金快速赎回额度受到单日 1 万元的上限约束。短债基金赎回以 T + 1 日和 T + 2 日到账为主，在流动性上稍弱于货币基金。此外，商业银行天然具有渠道优势。银行重点发展现金管理类产品后，货币基金的银行代销渠道受挤占。且银行理财自带银行的信用背书，在收益与流动性相差不大的情况下，投资者对银行理财的接受程度更高。但是要关注资管新规过渡期结束，以及现金管理类理财产品新规对该类产品的冲击。

4. 养老保障类产品

养老保障管理产品是具备养老保障业务资质的养老保险和养老金公司发行的理财产品，没有保险的保障功能，主要是在互联网平台产品申购，手续简单。目前市场上获准经营养老保障业务的机构有太平养老、平安养老、国寿养老、长江养老、泰康养老、大家养老（原安邦养老)、新华养老、人保养老和建信养老金管理公司。从微信理财通、支付宝理财平台、京东金融等互联网平台来看，在售养老保障管理产品的期限灵活，有类似货币基金的灵活申赎产品，也有封闭期在1~3个月、3~6个月、6~12个月的产品，但是没有期限超过一年的产品，风险等级基本是中低风险和中风险产品，灵活申赎产品的赎回到账时间有T+1和T+3。

在政策监管方面，养老保障管理产品主要受到2015年的《养老保障管理业务管理办法》、2016年的《中国保监会关于强化〈养老保障管理业务管理办法〉执行有关问题的通知》和《中国保监会关于进一步加强养老保障管理业务监管有关问题的通知》等文件监管。总体来说，养老保障管理产品在投资范围、杠杆、估值方法等方面的监管要求上比较宽松，所以收益率相对较好，受到投资者的青睐。养老保障管理产品本质是理财产品，出于统一监管的原则来看，未来针对这类产品不排除会出台监管政策，在监管标准上对标公募产品和银行理财产品。

表11-2　　养老保障管理产品监管要点

监管文件	监管要点
《养老保障管理业务管理办法》	1. 养老保障管理基金投资账户的资产配置范围包括流动性资产、固定收益类资产、上市权益类资产、基础设施投资计划、不动产相关金融产品、其他金融资产。流动性资产、固定收益类资产、上市权益类资产、基础设施投资计划、不动产相关金融产品、其他金融资产的分类和定义遵照中国保监会资金运用相关监管规定 2. 对于开放式投资组合的流动性管理应当符合以下要求：（一）流动性资产的投资余额不得低于投资组合价值的5%；（二）基础设施投资计划、不动产相关金融产品、其他金融资产的投资余额不得超过投资组合价值的75%，其中单一项目的投资余额不得超过投资组合价值的50% 3. 养老保险公司开展个人养老保障管理业务，应对发行的每一期产品按管理费收入10%的比例计提风险准备金，计提总额达到养老保险公司上年度管理个人养老保障管理业务总规模的1%时，不再计提

续表

监管文件	监管要点
《中国保监会关于强化〈养老保障管理业务管理办法〉执行有关问题的通知》	1. 规定了投资组合的分类和定义，养老管理保障产品可以分为权益类投资组合、固收类投资组合、货币型投资组合、另类资产型投资组合、混合型投资组合五大类 2. 养老保障管理产品不得建立资金池
《中国保监会关于进一步加强养老保障管理业务监管有关问题的通知》	1. 开放式投资组合开放频率为 30 天以下的，另类资产的投资比例不得超过该投资组合资产的 20%；开放式投资组合开放频率为 30 天（含）以上 180 天以下的，另类资产的投资比例不得超过该投资组合资产的 30%；开放式投资组合开放频率为 180 天（含）以上 360 天以下的，另类资产的投资比例不得超过该投资组合资产的 40% 2. 80% 以上的投资组合资产投资于流动性资产的，为货币型投资组合。货币型投资组合债券正回购的资金余额不得高于投资组合资产净值的 35%。封闭式投资组合债券正回购的资金余额不得高于投资组合资产净值的 100% 3. 开放式投资组合受托管理的个人委托人资金初始金额不得低于 1000 元人民币 4. 养老保障管理产品投资组合的资产配置范围包括流动性资产、固定收益类资产、权益类资产、不动产类资产以及其他金融资产。养老保障管理产品可以投资于保监会批准的股权投资计划 5. 养老保障管理产品参与股指期货交易仅限于对冲或规避风险，不得用于投机目的 6. 养老保障管理产品应根据投资组合类型采用适当的估值方法进行估值。对于采用摊余成本法估值的投资组合，养老保障管理产品管理人应建立内部偏离度管控机制，即当采用摊余成本法计算的投资组合估值与投资组合公允价值产生较大差异时，养老保障管理产品管理人应及时修正组合估值至合理水平，有效控制组合异常波动风险

资料来源：银保监会、中信证券研究部。

第十二章　多维度的流动性价格观

第一节　资金利率体系

资金面价格指标分为两个层面：银行间与非银间。反映银行机构面临的资金价格包括存款类机构质押式回购利率 DR、上海银行间同业拆借利率 Shibor、银行间同业拆借利率 IBO、同业存单发行（到期）利率 NCD。反映非银机构面临的资金价格包括应急质押式回购利率 R、银行间买断式回购利率 OR、上证所新质押式国债回购利率 GC、深交所质押式回购利率 R－。

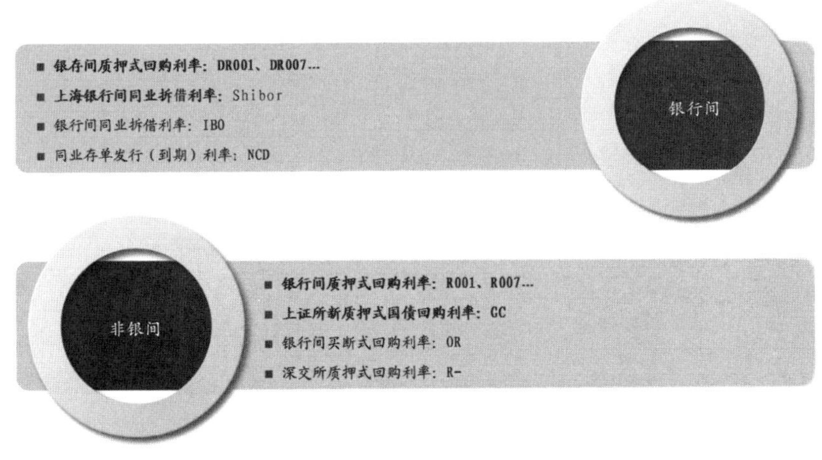

图 12－1　资金面价格指标分为银行间与非银间两个层面

（资料来源：Wind，中信证券研究部）

市场关注的资金利率从 Shibor 切换到 DR007。随着利率市场化改革的推进，2007 年 Shibor 正式运行，是货币市场基准利率体系建设的起点。虽然 Shibor 作为资金利率和部分衍生品定价的基准，但是并不能完全反映全市场面临的资金价格——由于 Shibor 是由信用等级较高的银行自主报出的人民币同业拆出利率计算确定的算术平均利率，一方面仅体现了大中型银行面临的资金价格，另一方面 Shibor 是报价利率，并不能反映市场即时的资金价格。因而相比 Shibor，市场更加关注银行间质押式回购利率 R，质押式回购规模最大，是市场成交利率，更能反映资金市场真实情况。利率互换浮动端参考利率仍然以回购定盘利率 FR 为主，Shibor 次之（81% VS 18%，2014 年第四季度货币政策执行报告）。2014 年 12 月 DR 正式运行，能反映存款类机构的流动性水平；2016 年 2 月 18 日央行构建公开市场操作常态化机制，央行开始关注 DR；2016 年 11 月央行在 2016 年第三季度货币政策执行报告中明确提出，DR007 可降低交易对手信用风险和抵押品质量对利率定价的扰动，能够更好地反映银行体系流动性松紧状况，对于培育市场基准利率有积极作用。

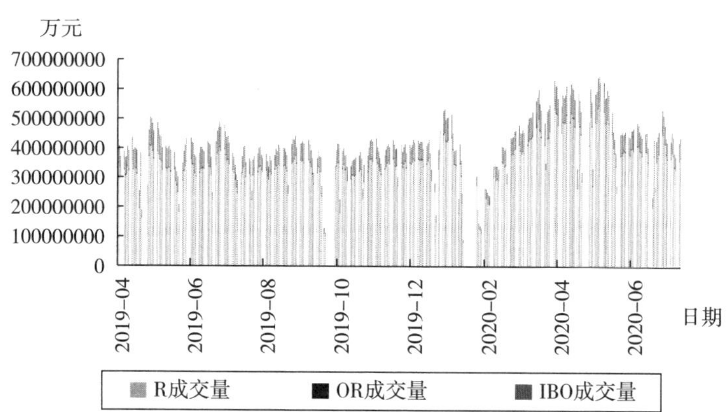

图 12-2　质押式回购规模最大

（资料来源：Wind，中信证券研究部）

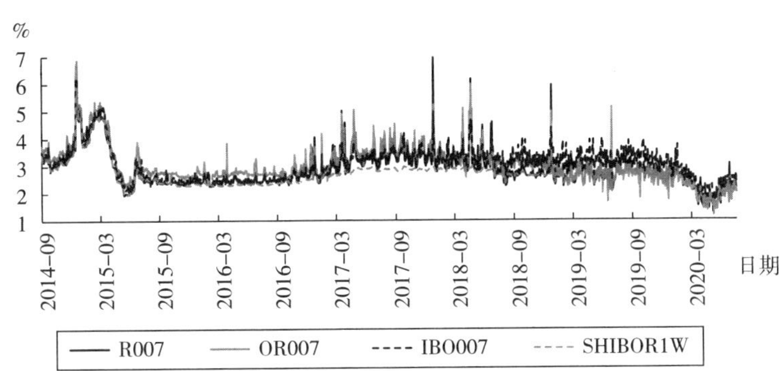

图 12－3　货币市场利率走向一致

（资料来源：Wind，中信证券研究部）

市场利率以政策利率为中枢波动运行。DR007 中枢随 7 天逆回购操作利率运行，R 与 DR 走势相同，但 R 略高于 DR，其中利差空间代表了银行机构与非银行金融机构融资成本的差异，体现了流动性松紧。除加权利率外，利率高值、相应质押券在加权利率基础上的加减点情况也会反映流动性松紧情况。

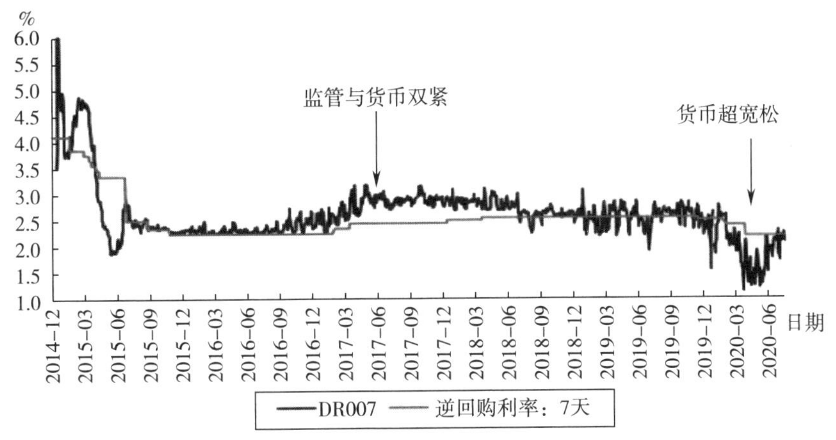

图 12－4　DR007 中枢与随 7 天逆回购操作利率运行

（资料来源：Wind，中信证券研究部）

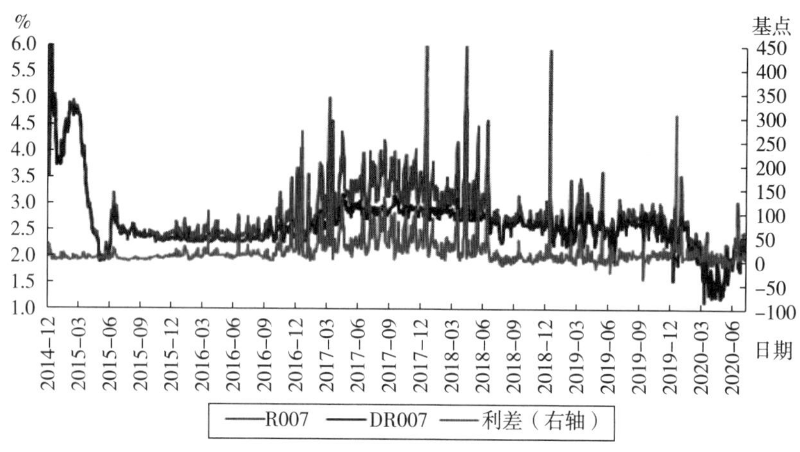

图 12-5　货币收紧阶段，R 与 DR 利差走阔

（资料来源：Wind，中信证券研究部）

第二节　流动性分层

一、流动性投放机制和流动性分层

2017 年底货币市场利率的大幅走高和分化再一次引起市场对流动性结构性分层的关注。受岁末跨年资金需求旺盛影响，2017 年 12 月底货币市场利率出现较大幅度波动，其中 R007 创近月高点，交易所货币市场利率上涨更甚，与之相对应的则是 DR007 走势较为平稳。存款类机构质押式回购加权平均利率保持平稳、银存间质押式回购加权平均利率有所上行说明银行体系流动性总量仍然处于较高的水平，而交易所货币市场跨年品种利率持续走高表明非银机构面临较为紧张的流动性环境。银行间和非银机构间资金面的差异反映出流动性存在着较为严重的结构性矛盾。在流动性结构性分层的环境下，各类金融机构面临着不同的资金面水平和货币市场利率，导致大型银行具有套利空间、中小型机构受剪刀差侵蚀，马太效应明显，同时加大了货币政策的操作难度。流动性结构性分层的深层次原因为何？欧美国家货币政策和货币市场是否有可借鉴的解决方法？

二、流动性分层现象显著化

2017 年货币市场利率的分化现象不断加强，表征银行资金面情况的 DR007 与表征非银机构资金面情况的 R007 和 GC007 出现了明显分化，银行资金面普遍好于非银机构资金面，说明大小银行及非银金融机构并非面临相同的流动性环境，在人民银行维持流动性总量处于适中水平的背景下，流动性出现了结构性分层，且其分化程度存在不断强化的趋势。回顾 2016 年以来 DR007、R007 和 GC007 的走势，流动性结构性分层现象开始逐渐显露：（1）2016 年 10 月前，流动性水平没有出现明显的分层现象，DR007、R007、GC007 走势较为一致，并存在 GC007 较长时间低于 DR007 和 R007 的情况；（2）R007 与 DR007 从 2016 年第四季度起利差不断扩大，GC007 与 DR007、R007 的利差也逐渐走阔；（3）在月末、季末、年末等关键时点，资金需求旺盛和导致流动性环境边际收紧进一步加剧了货币市场利率的分化。

对比 2016 年、2017 年主要货币市场利率及利差的统计量也可以发现，货币市场利率走势分化已经成为流动性环境的重要特征。2017 年货币市场利率相比 2016 年有全面的提升，人民银行保持稳健中性货币政策取向、调节货币闸门取得了一定效果，流动性水平边际收紧。在此背景下，各品种货币市场利率波动性有所加大；各品种利差走阔、波动性增强。

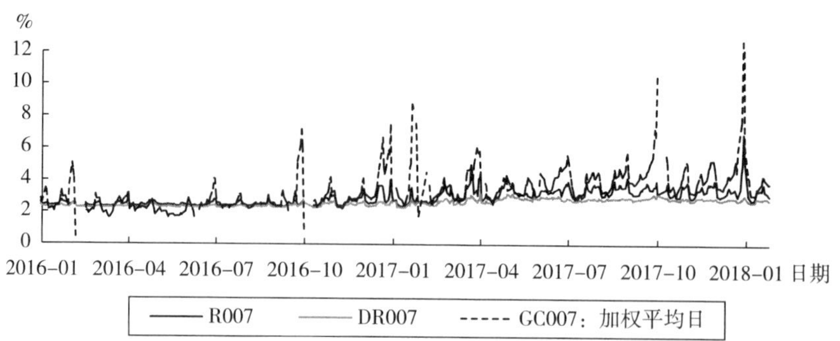

图 12 -6　流动性分层现象逐渐凸显

（资料来源：Wind，中信证券研究部）

表 12 -1　2016 年和 2017 年主要货币市场利率及利差统计性描述

2016 年	R007（%）	DR007（%）	GC007（%）	R007 - DR007（%）	GC007 - DR007（%）
均值	2.55	2.37	2.73	0.19	0.36
最大值	4.05	2.75	7.47	1.48	4.89
最小值	2.27	2.25	0.44	0.00	-1.93
标准差	0.26	0.11	0.95	0.18	0.89
2017 年	**R007（%）**	**DR007（%）**	**GC007（%）**	**R007 - DR007（%）**	**GC007 - DR007（%）**
均值	3.35	2.82	4.13	0.53	1.31
最大值	6.94	3.18	12.90	3.96	10.02
最小值	2.37	2.28	1.76	0.01	-0.88
标准差	0.52	0.17	1.35	0.42	1.31

资料来源：Wind，中信证券研究部。

考察 R007、GC007 对 DR007 的偏离程度，2017 年以来偏离程度明显扩大。以 2016—2010 年初为例，R007 对 DR007 的偏离程度均值从 2.38% 逐步扩大到 7.75%、18.60%，偏离程度最大值则从 9.81% 逐步扩大到 57.58%、133.01%；GC007 对 DR007 的偏离程度均值从

0.68%逐步扩大到11.81%、43.14%，偏离程度最大值则从194.17%扩大到348.35%。显而易见，流动性结构性分层的现象越来越明显，特别是2017年以来尤为显著。

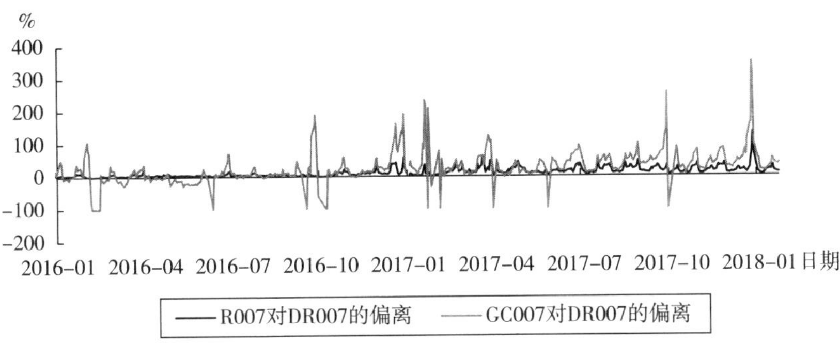

图12-7　R007、GC007和DR007的偏离程度

（资料来源：中信证券研究部）

三、导致流动性分层的制度因素

导致流动性结构性分层、货币市场利率分离严重的原因离不开结构性流动性短缺的货币政策框架、流动性分布不均衡，以及流动性传导摩擦和阻碍等因素。

通过梳理人民银行2007年以来流动性投放工具的调整，可以发现2015年以后人民银行一直保持稳定的存款准备金率水平，以公开市场操作为流动性供给的主要渠道，同时外汇占款的持续减少对冲了人民银行的流动性供给，反映了结构性流动性短缺操作框架下的特征。在结构性流动性短缺的制度安排下，银行体系流动性保持一定缺口，人民银行主要通过增加短期的流动性供给来进行流动性管理，通过提高公开市场操作的频率实现“削峰填谷”熨平流动性的临时性波动；同时，不断创新公开市场操作工具，使得流动性管理更加精准、灵活、有效。根据测算，2015 年以来银行体系始终存在一定的流动性缺口，虽然 2017 年以来该缺口规模不断增长，但银行体系流动性总体较为短缺。

在结构性流动性短缺框架下，外汇占款逐步退出流动性投放主要渠道、财政存款释放季节性因素强，公开市场操作成为流动性投放主要渠道；同时，公开市场操作投放机制造成了流动性供给的分层。

首先，近年来人民银行投放基础货币的方式发生了转变，由前期外汇占款增加被动投放转变为近期公开市场操作主动投放，逆回购、MLF、SLF、PSL 等流动性投放工具成为基础货币供给的主要渠道。

其次，在金融去杠杆背景下金融体系流动性结构性不均衡加剧。人民银行通过公开市场业务进行流动性投放的操作对象是公开市场业务一级交易商，包括大中型商业银行、政策性银行和少数券商（实际上券商还无法与央行开展回购操作获得资金）。人民银行通过公开市场投放的资金最先流入规模较大一级交易商，只有满足了其自身流动性需求后再“传导”到中小型银行和其他金融机构中；大多数城商行、农商行、农信社等因无法直接从人民银行获得资金，且同时面临着存款增速明显下降的问题，流动性压力较大。

当流动性投放规模较大、流动性总量保持在较高水平的背景下，流动性分层的现象不太严重；一旦资金面出现边际收紧，首当其冲的便是作为资金净融入方的底层中小机构，其面临的流动性环境最差、资金面最为脆弱。

2017 年流动性净投放明显减少，流动性环境边际收紧加剧流动性结构性分层现象显化。根据前文分析，相比 2016 年，流动性分层在 2017 年更为显著，其中一个重要的原因是 2017 年在“调节好货币总闸门”思路的指导下，流动性净投放量较 2016 年明显降低。2017 年人民银行通过逆回购、MLF、SLO 等工具实现了 9992 亿元流动性净投放，远低于 2016 年净投放规模 45190 亿元。流动性边际收紧，中小型银行和其他金融机构作为资金净融入方受到冲击，其对应的边际资金成本相应走高，流动性分层现象凸显。

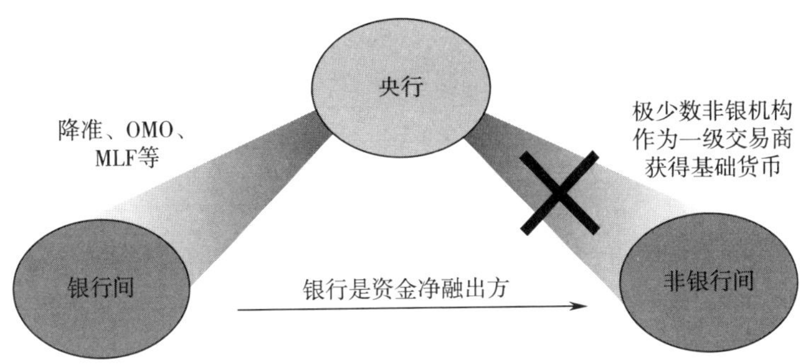

图 12－8　流动性投放分层导致流动性分层

（资料来源：Wind，中信证券研究部）

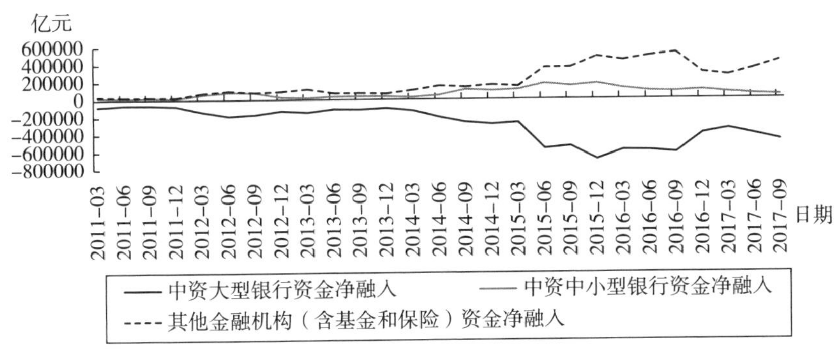

图 12－9　各类金融机构当季资金净融入额

（资料来源：Wind，中信证券研究部）

总体来说，结构性流动性短缺框的制度安排下都配合着数量型货币政策工具，银行体系流动性存在缺口，央行通过公开市场操作投放资金稳定流动性水平的做法较为普遍。但受制于央行公开市场操作机制无法对市场上所有机构开展流动性投放，流动性在传导过程中的摩擦和阻碍以及套利现象，导致流动性结构难免出现分层的现象。在市场流动性水平偏紧的背景下，流动性扰动将有所放大，分层现象也更为显著。

流动性结构性分层带来了许多问题：其一，由于大型银行和中小型银行面临着不同的边际资金成本，大型银行能够依赖政策优惠进行套利，中小型银行则从货币市场融入资金以补充法定存款准备金并承担剪刀差的侵蚀，将进一步强化马太效应；其二，流动性结构性分层阻碍了央行流动性投放的传导，流动性总量水平较高与中小型金融机构资金面十分紧张并存的局面，将导致货币政策进退两难，进一步影响货币政策的有效性和精准性。

四、小专题：包商银行事件后，流动性分层加剧

据财新网报道，2019 年 5 月 24 日包商银行原本要发行一批共计 60 亿元的同业存单，但由于当日下午人民银行和银保监会公布其被接管的消息，这批同业存单未能发行。5 月 28 日包商银行重新向市场公布同业存单计划并询量，然而连续几天未能募集到足够资金。随着人民银行后续处置措施的出台，市场情绪逐渐恢复，6 月 3 日包商银行成功发行 2019 年度第 113 期同业存单，计划发行量 10 亿元，实际认购量 10 亿元，参考收益率为 3. 25%。6 月 4 日包商银行成功发行 2019 年度第 114 期同业存单，期限为 3 个月，计划发行量 2 亿元，实际认购量 2 亿元，参考收益率为 3. 15%。

在人民银行呵护下，同业存单发行逐渐回暖。包商银行被接管以来，同业存单市场波动明显。从不同评级同业存单实际发行规模情况来看，包商银行被接管当日，同业存单发行规模为 2443. 6 亿元，为 5 月最高值。之后一周市场情绪低迷，同业存单发行规模大幅缩减，日平均发行规模仅为 223. 22 亿元，与包商银行事件发生前的日平均发行规模 1013. 38 亿元相去甚远。随着央行开展逆回购释放流动性等措施

后，6月以来发行量逐渐回暖，虽然发行规模绝对值不如5月，但整体呈缓慢上升趋势，市场逐渐回暖。从不同评级同业存单发行成功率来看，包商银行事件后，同业存单发行成功率整体严重下滑，其中AAA评级存单发行成功率下降幅度较小，最低值为58.41%，但在5月28日下跌至最低值后逐渐上升；AA+评级存单发行成功率下降幅度次之，最低值为13.25%，且发行成功率波动幅度较大；AA及其以下评级存单发行成功率下跌幅度最大，最低值为6.61%，且自5月29日跌至17.42%后持续在20%以下的低位波动。从不同类型银行同业存单发行成功率来看，国有商业银行发行成功率受包商银行事件影响最小，仅在5月29日跌至90.91%，其余日期发行成功率均在95%以上；股份制商业银行在5月29日下跌至42.97%后上升至正常水平；城商行和农商行受包商银行事件影响最大，同业存单发行成功率下跌幅度较大，5月31日农商行同业存单发行成功率跌至11.79%后逐渐上升至50%~60%，城商行在5月28日下跌至28.48%后上升，但波动相对剧烈，二者平均值均大幅低于包商银行事件发生前的成功率水平。综合来看，此次同业存单发行遇冷，主体评级较低的银行和城商行、农商行新发行的同业存单所受冲击较大，发行成功率下滑剧烈，但近日市场整体发行规模呈逐渐上升趋势，在主体评级较高的银行和国有银

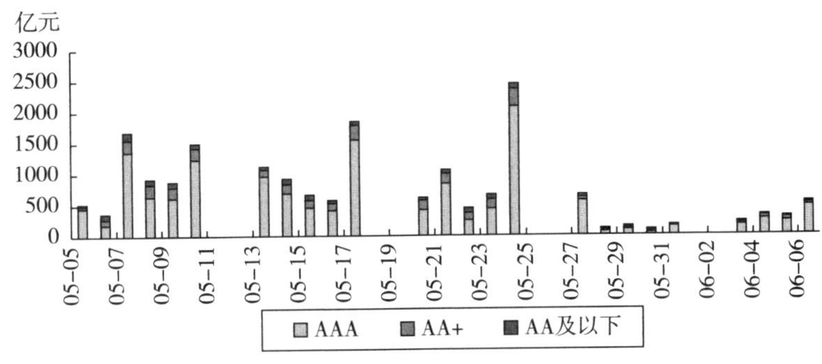

图12-10　不同评级NCD实际发行规模

（资料来源：Wind，中信证券研究部）

行、股份制银行的带动下有回暖迹象。

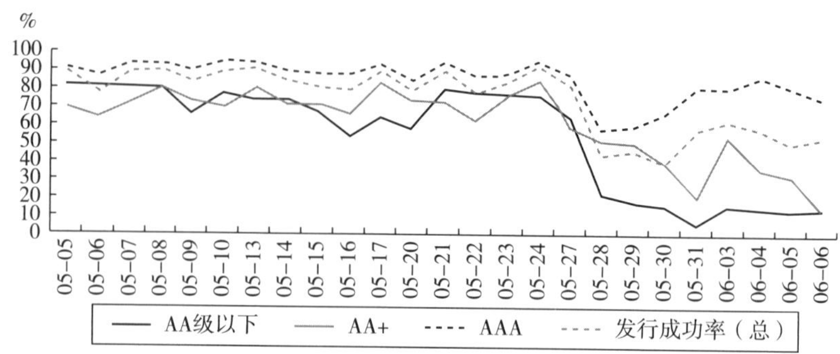

图 12－11　不同评级 NCD 发行成功率变动趋势

（资料来源：Wind，中信证券研究部）

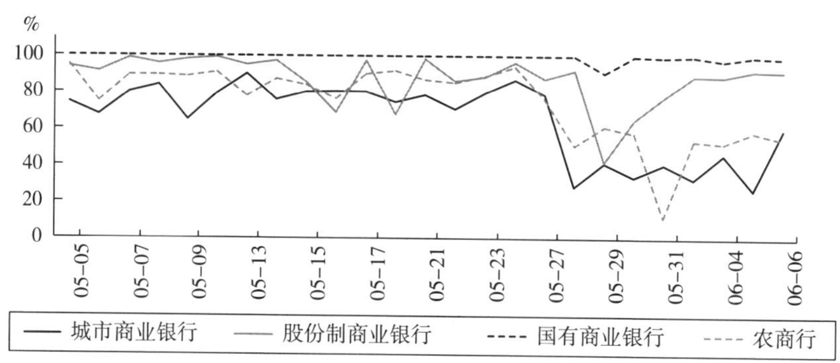

图 12－12　不同类型银行 NCD 发行成功率变动趋势

（资料来源：Wind，中信证券研究部）

同业存单发行利率上浮，信用分化加剧。同业存单加权平均票面利率整体呈上升趋势，5 月 30 日达到最高值 3.29%，之后逐渐下滑，但总体高于事件发生前的平均水平，银行面临的负债成本相对上升，但波动逐渐减小，包商银行事件冲击后市场逐渐恢复稳定状态。从 3 个月期不同类型银行同业存单发行利率的走势来看，包商银行事件后，城商行和农商行发行利率整体明显上升，股份制银行和国有银行利率

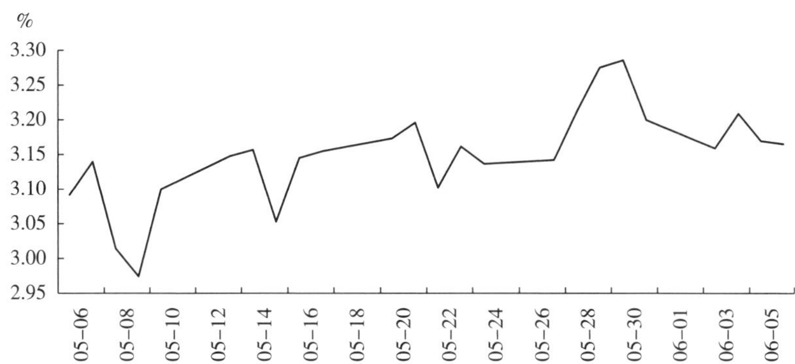

图 12-13　同业存单发行利率变动趋势

（资料来源：Wind，中信证券研究部）

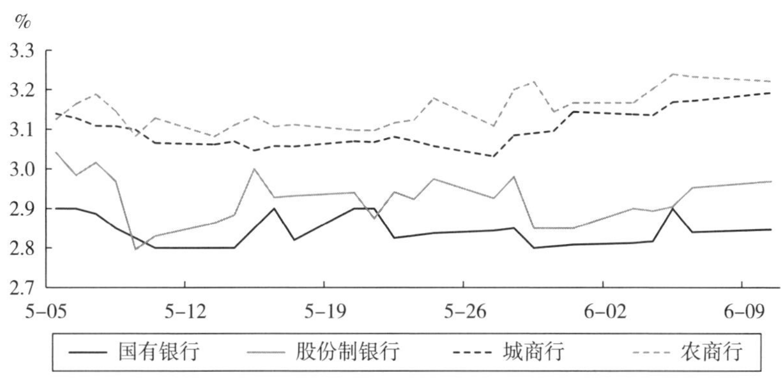

图 12-14　3 个月期不同类型银行 NCD 发行利率变动趋势

（资料来源：Wind，中信证券研究部）

经过小幅波动后逐渐稳定，接近事件发生前的利率水平，其中股份制银行发行利率整体高于国有银行。银行同业存单发行利率总体上升且分化加剧，信用风险逐渐被纳入到同业存单发行定价中。从到期收益率来看，不同等级同业存单 1 年期到期收益率差距拉大，AAA 与 AAA-评级同业存单到期收益率 5 月 28 日大幅上涨后回落，略高于事

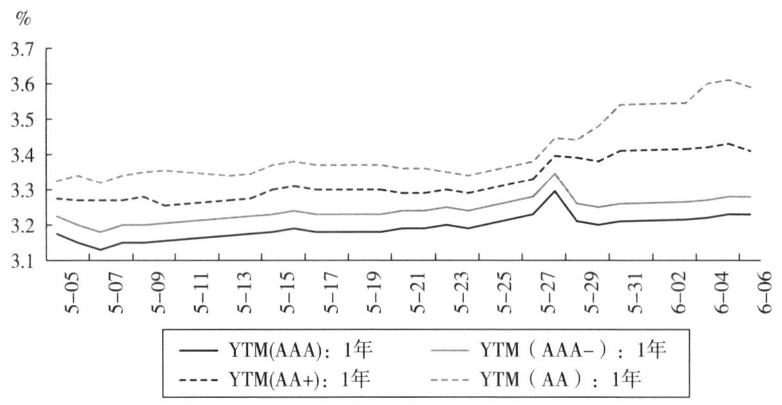

图 12－15　不同等级同业存单到期收益率趋势

（资料来源：Wind，中信证券研究部）

件发生前平均水平，AA＋与 AA 评级同业存单到期收益率明显走高，其中 AA 评级同业存单到期收益率在事件发生前介于 3.3%～3.4%，目前收益率在 3.6% 附近波动，上浮明显。

五、包商银行事件前后不同类型银行负债成本测算

为衡量包商银行事件发生的影响，我们对包商银行事件发生前后的不同类型银行的负债成本进行测算。商业银行表内负债成本中，占比较大的是向中央银行借款、吸收存款、同业负债、应付债券，按照这四类成本对同业刚兑打破对中小银行表内负债成本的冲击进行测算，发现不同类型银行负债成本均出现上升趋势，其中城商行负债成本上升最多，农商行次之，国有银行和股份制银行相对受影响较小。

从银行负债结构来看，2018 年上市国有银行、股份制银行、城商行和农商行的中央银行借款在四类负债中的比重普遍低于 6%；农商行和国有银行吸收存款比重较大，达到 75% 以上，城商行和股份制银行

吸收存款占比较小，约为63%；同业负债主要包括同业和其他金融机构存放款项、拆入资金和卖出回购金融资产款，股份制银行占比较大，达到19.89%，其他银行均在15%以下；应付债券包括同业存单、金融债、次级债、大额存单等，国有银行占比为3.55%，而城商行和农商行分别达到17.94%和15.85%；持续以公允价值计量的金融负债占比相对较小，予以忽略。

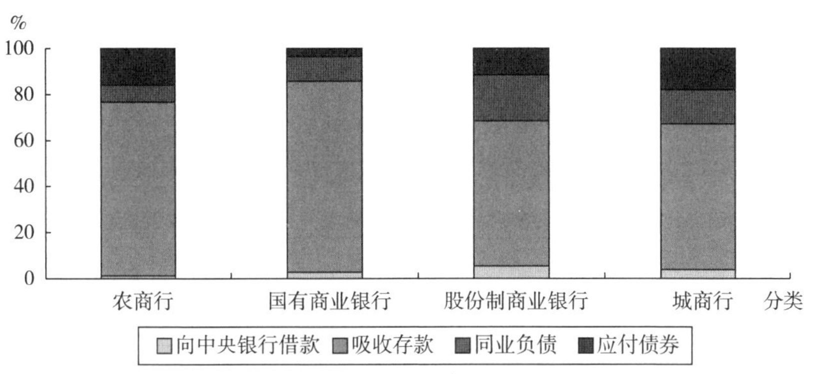

图12-16　2018年上市银行负债结构情况

（资料来源：Wind，中信证券研究部）

假定2019年银行负债结构变动不大，按照2018年的负债结构，笔者对事件前后四类银行的负债成本进行粗略估算，其中向央行借款参考一年期MLF操作利率；吸收存款主要依据存款平均成本；同业负债中，同业和其他金融机构存放款项按照3个月期限同业存款价格计算成本，拆入资金按照Shibor隔夜利率均值计算，卖出回购成本按照银行间7日回购利率DR007计算；应付债券成本按照事件前后3个月期同业存单发行利率均值计算。

依据上述计算方法，我们按照2018年各类型上市银行负债结构估算了包商银行事件前后不同类型银行的负债成本，其中事件节点选取在5月24日。从估算结果来看，国有银行事件前负债成本为1.82%，事件后负债成本为1.84%，增长0.68%；股份制银行事件前负债成本为2.24%，事件后负债成本为2.27%，增长1.39%；城商行事件前负债成本为2.34%，事件后负债成本为2.39%，增长1.92%；农商行事件前负债成本为2.25%，事件后负债成本为2.29%，增长1.57%。受包商银行事件影响，不同类型银行负债成本均出现上升趋势，其中城商行负债成本上升最多，农商行次之，国有银行和股份制银行相对受影响较小。

表12-2 包商银行事件前后国有银行、股份制银行负债成本估算

	国有银行			股份制银行		
负债	权重	事件前	事件后	权重	事件前	事件后
向央行借款	2.76	3.29	3.30	5.44	3.29	3.30
吸收存款	83.05	1.63	1.63	63.12	1.91	1.91
同业和其他金融机构存放款项	7.28	2.78	2.91	15.12	2.78	2.91
拆入资金	2.13	2.20	2.11	2.94	2.20	2.11
卖出回购金融资产款	1.22	2.65	2.76	1.84	2.65	2.76
应付债券	3.55	2.75	2.84	11.54	2.81	2.91
总计	100	1.82	1.84	100	2.24	2.27

资料来源：Wind，中信证券研究部估算。

表12-3 包商银行事件前后城商行、农商行负债成本估算

	城商行			农商行		
负债	权重	事件前	事件后	权重	事件前	事件后
向央行借款	3.88	3.29	3.30	1.23	3.29	3.30
吸收存款	63.38	2.04	2.04	75.51	2.04	2.04
同业和其他金融机构存放款项	9.71	2.78	2.91	1.46	2.78	2.91
拆入资金	2.96	2.20	2.11	0.90	2.20	2.11
卖出回购金融资产款	2.14	2.65	2.76	5.05	2.65	2.76
应付债券	17.94	2.95	3.13	15.85	3.01	3.19
总计	100	2.34	2.39	100	2.25	2.29

资料来源：Wind，中信证券研究部估算。

第三节　利率走廊 + 公开市场操作

一、利率走廊的要素和运行

利率走廊（Interest Rate Corridor）是自 20 世纪 90 年代起被学界广泛讨论，逐步被多国中央银行采纳的货币政策实施框架。顾名思义，利率走廊是中央银行通过向商业银行等金融机构提供存贷款而形成的一个利率操作区间。在典型的利率走廊体系中，利率走廊的下限是商业银行等金融机构在资金充裕时将资金存放在中央银行而获得的准备金利率（包括法定存款准备金利率和超额存款准备金利率）；利率走廊的上限则由商业银行等金融机构从中央银行获得足额贷款的资金成本决定，中央银行出于稳定金融体系和履行最后贷款人职责的考虑，向面临流动性缺口的商业银行等金融机构提供足额贷款便利支持，该贷款便利利率为利率走廊的上限。

在利率走廊机制下，货币市场利率保持在利率走廊区间内波动。首先，利率走廊下限为商业银行等金融机构超额储备能获得的最低收益，在银行体系流动性足够充裕、市场资金面宽松的情况下，货币市场利率的大幅走低意味着货币市场的资金融出方能获得的收益下降，若利率下行到突破存款准备金率（此时因为超额存款准备金率，在零法定准备金制度下则为存款准备金利率），则商业银行等金融机构会选择将满足清算支付以外的多余资金存放在中央银行而不是投入到货币市场中，货币市场流动性收紧限制了资金利率的进一步下行。其次，利率走廊上限为商业银行等金融机构能够从中央银行获得足额贷款便利的利率，在银行体系流动性短缺、市场资金面紧张的情况下，货币市场利率大幅走高意味着货币市场的资金融入方需要付出的资金成本攀升，若利率上行到突破贷款便利或再贷款利率，则商业银行等金融机构会选择不在货币市场融入资金而从中央银行申请贷款便利，货币市场流动性的好转将遏制货币市场利率上行。在以上制度安排下，货币市场利率不可能突破利率走廊的上下限，表现为在利率走廊区间内波动。

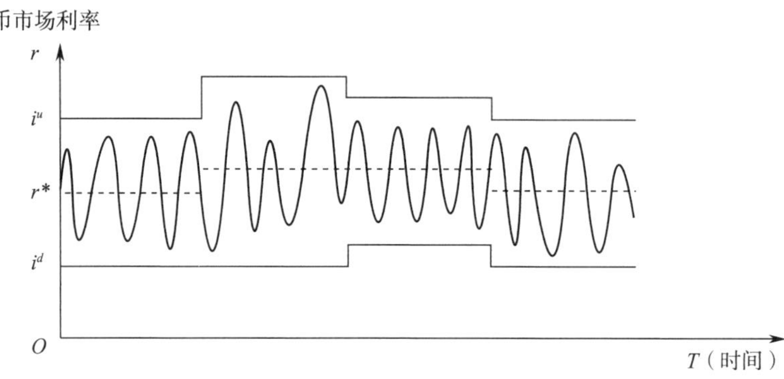

图 12－17　利率走廊示意

（资料来源：中信证券研究部）

二、利率走廊下追求利润最大化形成利率均衡①

在营造出利率走廊机制运行条件、建立好利率走廊系统时，货币市场资金供给和需求曲线及其均衡见图 12－18。i^u 和 i^d 分别是利率走廊的上限和下限；S（M）为货币市场资金供给曲线；D（M）为货币市场资金需求曲线；Q^* 为货币市场均衡点；r^* 为货币市场均衡利率。

在利率走廊机制下，资金供求曲线 S（M）为一条折现。央行需要在市场流动性不足时以利率走廊上限利率（贷款便利利率）向银行等

① 方先明．价格型货币政策操作框架：利率走廊的条件、机制与实现［J］．经济理论与经济管理，2015，V35（6）：43－51.

金融机构提供足额的资金支持，因而在资金市场利率为利率走廊上限时，资金的供给为水平线；当市场出现流动性盈余，即货币市场利率低于利率走廊上限时，央行则以确定的利率走廊下限利率吸收资金；由于市场中流动性总量由央行决定，因而资金的供给曲线为一条折现，当央行投放流动性时，资金供给曲线右移，反之则左移。

在利率走廊机制下，对于资金需求曲线 D（M）为一条两端平坦、中间陡峭，向右下方倾斜的曲线。在货币市场利率趋于利率走廊上限时，流动性水平较差的商业银行从货币市场拆入资金与向央行申请贷款成本相近，此时利率的微小上升会使得更多商业银行放弃在货币市场拆入资金转而向央行申请贷款便利，从而引起货币市场的资金需求大幅减少；当货币市场利率趋于利率走廊下限时，流动性水平较好的商业银行向货币市场拆出资金的相对收益极小，此时利率的微小下降将会促使更多商业银行将资金存放至央行，货币市场资金需求急剧增长；货币市场资金需求曲线中间段的陡峭程度则体现了市场均衡点附近资金需求对于货币市场利率变动的敏感性。

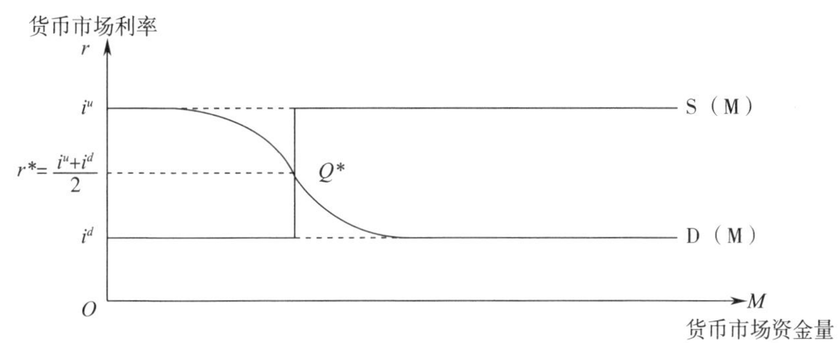

图 12－18　利率走廊机制中资金的供求均衡

（资料来源：中信证券研究部）

在货币市场参与者（商业银行等金融机构）以在有效管理风险条件下追求利最大化为经营目标的前提下，货币市场利率将在利率走廊区间内围绕均衡利率波动。如果货币市场利率高于均衡利率，则对于流动性更为宽裕的参与者，其通过拆借市场拆出资金相较于存放央行的收益差加大，拆出资金意愿较强，货币市场资金供给增加；此时，对于出现资金缺口的参与者，其通过货币市场拆入资金相较于从央行得到贷款便利的成本优势缩小，拆借的资金需求降低；在资金供给大于需求的条件下，货币市场利率必然会回落至均衡利率附近。同样，当市场利率低于均衡利率时，参与者从货币市场拆入资金的意愿增强而拆出资金的意愿减弱，此时货币市场资金需求大于资金供给，促使货币市场利率上行趋于均衡利率。

三、均衡利率：利率走廊上下限平均值

利率走廊机制下，理论的均衡利率为利率走廊上下限的平均值。如果央行设定的利率走廊上下限分别为 i^u 和 i^d，承诺金融机构在央行的储备可以获得 i^d 的利息率，并且商业银行随时能通过抵押高信用评级的债券类资产及优质信贷资产等以 i^u 的利率获得足额流动性支持；货币市场利率为 r；金融机构流动性总量为 B；其中在央行的储备为 R；ε 为商业银行实际清算余额，其中 $\varepsilon \sim N(\mu,\sigma^2)$。则商业银行参与货币市场交易的期望利润函数为

$$\pi = (B - R) \times r + i^d \times \int_{-R}^{\infty}(R + \varepsilon)dN(\varepsilon) - i^u \times \int_{-R}^{-\infty}(R + \varepsilon)dN(\varepsilon)$$

为实现金融机构参与货币市场交易的利润最大化，则令 $\frac{\partial \pi}{\partial R} = 0$，可得

$$r = i^u \times N(R) + i^d \times N(-R)$$

在金融机构有效利用准备金，在央行的储备趋于 0 时达到市场均衡，均衡利率为

$$r^* = \lim_{R \to 0} r = \frac{i^u + i^d}{2}$$

即央行能够借助利率走廊机制将货币市场利率维持在利率走廊上下限的均值附近。

四、利率调控方式：上下限调整或流动性投放

根据前文的分析，在利率走廊机制下，货币市场利率将围绕在均衡利率（利率走廊上下限的平均值）附近波动，那么当央行基于对稳定物价、促进就业和经济增长等货币政策目标考虑需要对市场利率水平进行长期性的调整时，可以通过调整利率走廊上下限实现。

如图 12－19 所示，当货币市场资金需求曲线为 D_1、资金供给曲线为 S_1 时，均衡点为 Q_1，均衡的货币市场利率为 $r_1 = \frac{i_1^d + i_1^u}{2}$，均衡的货币市场资金量为 M_1。当央行希望市场利率水平上行到 r_2 附近时，一个便捷的方法是同时提高利率走廊上下限（保持利率走廊宽度，或者不对称提高利率走廊上下限改变利率走廊宽度）。若中央银行提高商业银行等金融机构准备金存放的收益率到 i_2^d，同时提升贷款便利利率至 i_2^u，货币市场资金的供给和需求曲线都会上移一段距离得到新的资金供给曲线 S_2 和资金需求曲线 D_2，在新的供需关系下得到均衡的货币市场利率为 $r_2 = \frac{i_2^d + i_2^u}{2}$，均衡的货币市场资金量为 M_2，在实现提高利率水平目的的同时没有改变市场的流动性环境。可以发现，通过利率走廊机制进行长期性的利率调整并不需要中央银行大量投放或回笼流动性，对市场的流动性冲击很小；同时，利率走廊框架下利率的调整机制不是通过流动性的分层传导，货币市场对价格的反应速度要远远快于对数量的反应速度，利率走廊机制将大大提升货币政策的传导效率。

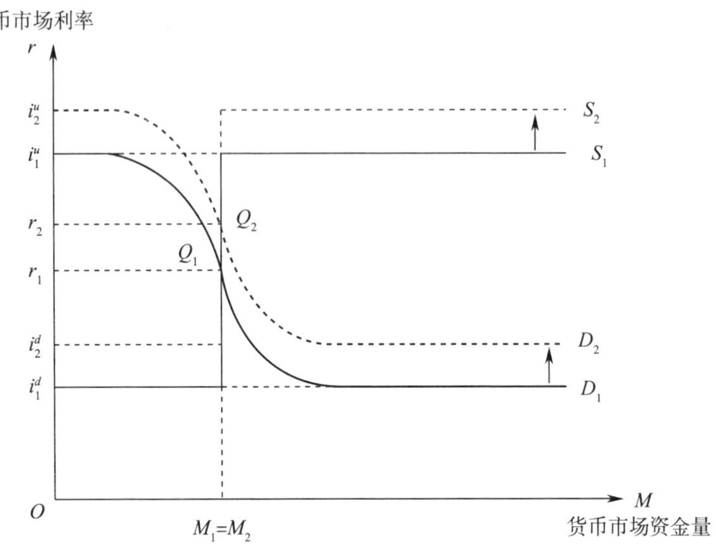

图 12-19　中央银行在利率走廊机制下调控市场利率

（资料来源：中信证券研究部）

现实情况中，由于货币市场的流动性摩擦、利率走廊构建过程中流动性投放制度和支付清算基础设施条件未能完善等因素存在，货币市场利率往往无法达到均衡利率水平，而是在利率走廊内波动。尤其是在面临季节性资金需求旺盛的情况下，货币市场利率上行接近利率走廊上限，若利率走廊宽度加大、利率走廊上限较高时，货币市场利率的长期高企将传导至长端利率乃至实体经济融资成本。同时，在流动性需求较弱、货币市场利率下行接近利率走廊下限，较低的利率水平和流动性泛滥催生金融加杠杆现象。此外，前述因素叠加作用下货币市场利率波动性增强，进一步加大了金融体系的风险。

中央银行通过频繁调整利率上下限的方法来应对货币市场利率低效率是不可行的。在临时的流动性扰动和货币市场利率波动情况下，中央银行可以通过临时的流动性投放回笼方式，在不调整利率走廊的前提下调节货币市场利率。

如图 12－20 所示，当货币市场资金的供给曲线为 S_3，资金需求曲线为 D 时，得到均衡的货币市场利率为 r_3，均衡的货币市场资金量为 M_3。若货币市场受多重因素影响导致利率较高低偏离 r_3 时，中央银行可以通过增加流动性投放（M_4 － M_3）使得货币市场资金供给曲线右移至 S_4，相应地货币市场均衡利率为 r_4，市场利率在向 r_4 靠近的过程中重回适中位置。当临时性因素消失后，中央银行适时回收流动性，使得利率水平保持在原先的均衡利率附近波动。在这一临时性利率调控中，少量的流动性投放就能起到均衡利率水平的大幅变化。

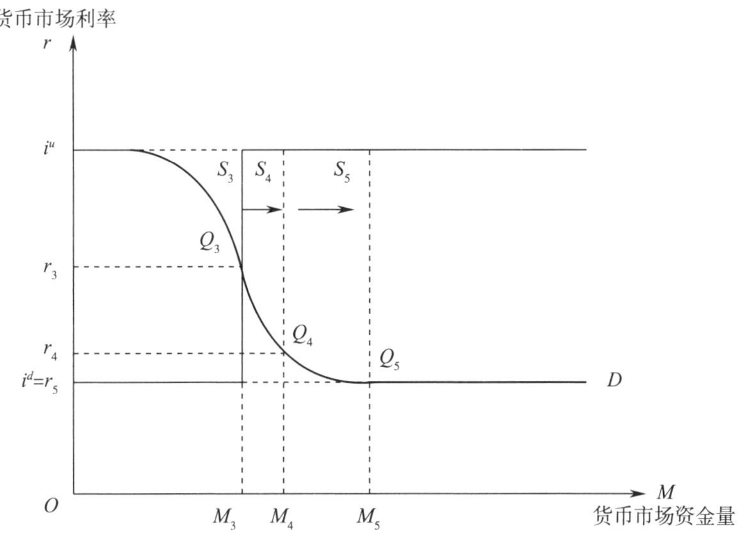

图 12－20　中央银行临时流动性投放回笼调控市场利率

（资料来源：中信证券研究部）

但通过公开市场操作投放流动性进行临时性利率调控时需要把握资金投放量。若中央银行投放过多流动性（M_5 － M_3）则会引导利率水平快速下降至利率走廊下限，从而形成了以欧洲央行当前货币政策框架为代表的“地板系统”。在地板系统下，欧洲央行可以大量投放流动性支持信贷和经济复苏而不改变市场利率水平，成功地将利率政策和流动性政策分离，开展多轮量化宽松政策①。

五、“利率走廊+公开市场操作”初具雏形

结合人民银行的政策部署，按照人民银行工作论文建议的实施路线图，对照相应时期利率走廊和货币市场利率的走势，将利率走廊构建分为以下三个阶段。

第一阶段：2013 年至 2014 年，人民银行着手考虑利率走廊的构建，通过创设常备借贷便利 SLF 并逐步扩大 SLF 操作范围，使其逐步发挥货币市场利率上限作用。该阶段前期，SLF 工具最初面世便开展较大规模操作，成为向金融机构提供中长期资金需求的主要工具之一；但该时期以 Shibor 1 周为代表的货币市场利率波动极大，尤其是 2013 年“钱荒”期间 Shibor 1 周大幅上行突破 11%，说明该时期 SLF 还没有发挥其货币市场利率上限作用。2014 年，Shibor 1 周中枢大幅走低、波动性大幅减弱，原因之一就是人民银行在 10 个省份分支机构开展 SLF 试点，扩大 SLF 操作范围，SLF 利率积极发挥了利率走廊上限的作用。

第二阶段：2015 年至 2017 年 5 月，人民银行逐步收窄事实上的利率走廊宽度，推出银银间质押式回购利率（DR），市场形成基准利率的预期。2014 年底，全国银行间同业拆借中心发布银银间质押式回购利率（DR）；2015 年第四季度，人民银行首次提出探索 SLF 利率发挥利率走廊上限作用，并大幅降低 SLF 利率，收窄利率走廊；2016 年第三季度货币政策执行报告中指出，“DR007 可降低交易对手信用风险和

① 巴曙松，尚航飞．利率走廊调控模式的演进、实践及启示［J］．现代经济探讨，2015（5）：5－10.

抵押品质量对利率定价的扰动，能够更好地反映银行体系流动性松紧状况，对于培育市场基准利率有积极作用”，市场形成了以 DR007 为基准利率的预期；2017 年 5 月 31 日，全国银行间同业拆借中心推出的银银间回购定盘利率 FDR，以及以 FDR007 为参考利率的利率互换交易相关服务正式上线，更进一步加强了市场对 DR007 作为基准利率的预期。同时，7 天逆回购利率逐步成为预期的政策利率。

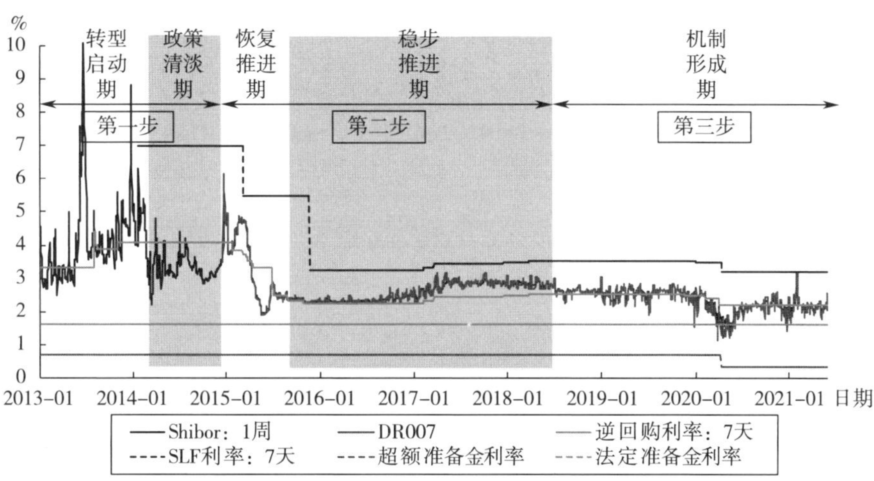

图 12－21　2013 年以来利率走廊及主要货币市场利率走势

（资料来源：Wind，中信证券研究部）

第三阶段：2017 年 6 月至今，事实上的利率走廊功能初显，搭配公开市场操作，人民银行可以精准、灵活地调控货币市场利率。自 2015 年下半年起，在结构性流动性短缺的货币政策操作框架下，央行公开市场操作利率是大型银行获得资金的最低成本，中小型银行则面临更高的货币市场利率，因而银银间质押式逆回购利率 DR007 和银行间同业拆借利率 Shibor 1 周利率均在公开市场操作利率之上，7 天逆回购利率成为利率走廊事实上的底部。随着事实上的利率走廊初步构建完成，DR007 和 Shibor 1 周的 30 天移动平均利率从贴近 7 天逆回购利率（与利率走廊上下限均值接近）逐步贴近 SLF 利率与逆回购利率均值，利率走廊机制作用凸显。

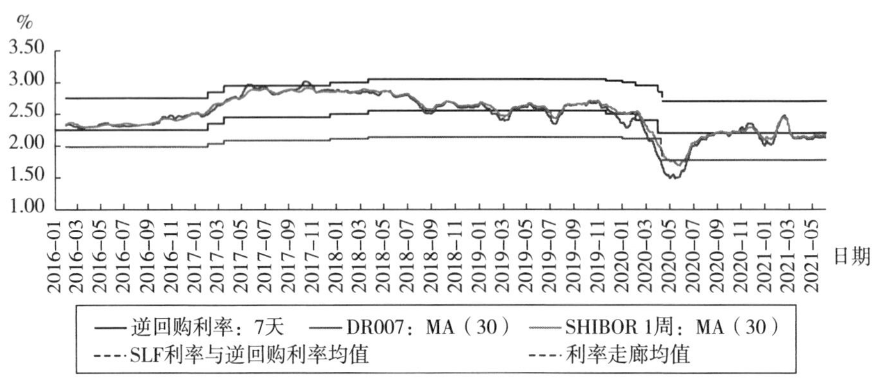

图 12－22　2017 年 6 月以后利率走廊机制作用凸显

（资料来源：Wind，中信证券研究部）

第四节　MLF 利率发挥市场利率定价锚作用

逆回购操作利率—MLF 利率—LPR 报价—FTP 定价—贷款利率的传导机制形成，市场利率围绕政策利率运行。2019 年 LPR 报价改革后，央行逐步构建了政策利率向市场利率传导的机制，逆回购操作利率和 MLF 操作利率是典型的政策利率，其中逆回购操作利率是银行间短期资金利率的锚，在流动性结构性短期的框架之下，逆回购操作利率是短期资金利率的下限；在流动性结构性盈余的框架下，逆回购操作利率是短期资金利率的上限。对于中长期利率，一方面，MLF 操作利率是中长期资金利率的边际定价利率，另一方面，LPR 报价基于 MLF 操作利率，而随着 LPR 报价内嵌入银行内部 FTP 定价机制后，MLF 操作利率也成了贷款利率的定价基础之一。总体而言目前已经形成逆回购操作利率—MLF 利率—LPR 报价—FTP 定价—贷款利率的传导机制，与此同时债券收益率也同时受逆回购操作利率和 MLF 利率的调控，也受 LPR 和贷款利率的影响。

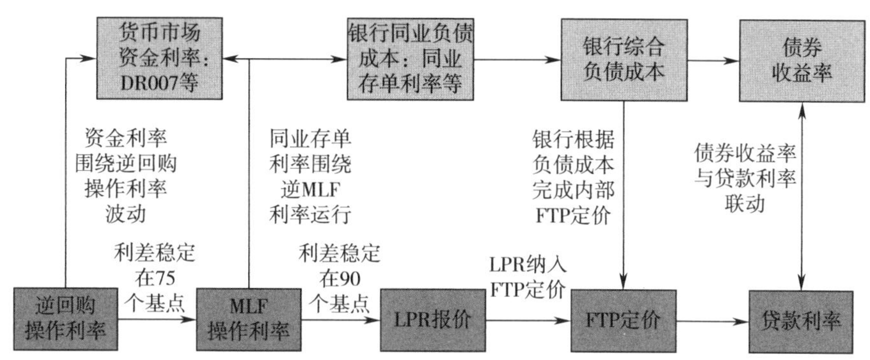

图 12－23　货币政策利率向市场利率传导示意

（资料来源：中信证券研究部）

在利率走廊机制下，资金利率围绕公开市场利率运行。资金利率 DR007 与 R007 对应的政策利率为 7 天逆回购利率，这一点是相对明确的。央行流动性投放的操作利率成为市场利率的边际定价基准，这在利率走廊机制下可以完美运行。比如从 2020 年第二季度以来，央行既未受发达经济体宽松货币政策影响而下调政策利率，也未快速回归常态而提高政策利率，发出明确的平稳信号，同时通过回收流动性等方式，促使货币市场利率围绕公开市场操作利率平稳运行。面对跨年时点，央行也果断重启 14 天逆回购操作维护跨年资金面的稳定，使得 DR007 围绕 7 天逆回购操作利率运行。

同时，同业存单利率围绕 MLF 利率运行。央行在 2020 年第二季度货币政策执行报告中提到：“中期借贷便利利率作为中期政策利率，是中期市场利率运行的中枢，国债收益率曲线、同业存单等市场利率围绕中期借贷便利利率波动。中期借贷便利中标利率反映了银行平均边际中期资金成本，其下降是银行平均边际中期资金成本降低的体现，

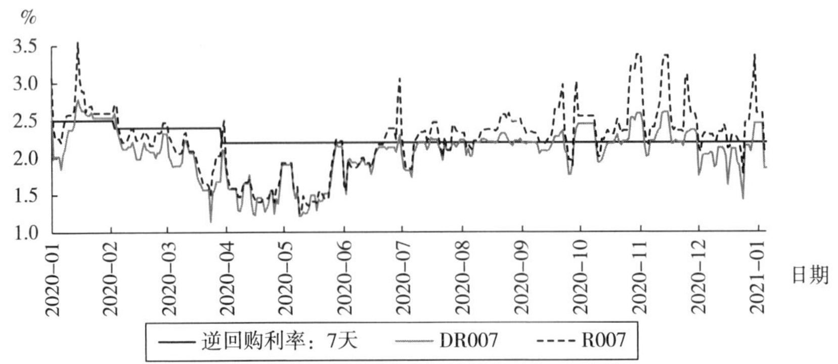

图 12－24　7 天质押回购利率参考 7 天逆回购利率

（资料来源：Wind，中信证券研究部）

有助于通过 LPR 下降推动降低企业贷款利率，促进降低社会融资成本”。比如，2020 年 7 月起同业存单利率在政府债券发行集中、压降结构性存款的压力下大幅上行，央行从 2020 年 8 月起超额续作 MLF 利率，11 月底同业存单利率逐步回落，MLF 操作利率发挥了同业存单定价锚的作用。

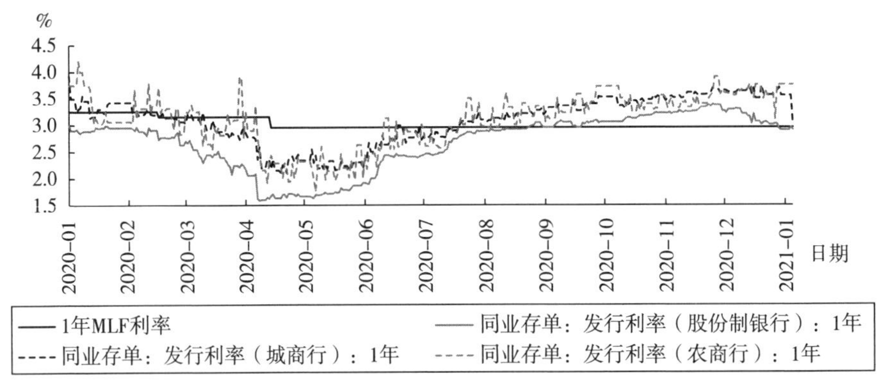

图 12－25　1 年期同业存单利率逐步回归 MLF 利率

（资料来源：Wind，中信证券研究部）

MLF 利率逐步发挥以国债收益率为代表的中长端市场利率定价锚的作用。2014 年央行创设 MLF 作为提供中期基础货币的货币政策工具，并发挥中期政策利率的作用。2019 年 8 月，伴随着 LPR 改革，央行明确 MLF 利率为银行平均边际中期资金成本，MLF 利率的变动通过 LPR 带动贷款利率下降，进一步对金融机构的资产负债表和市场预期产生影响，从而影响到市场利率、国债收益率。可以发现，MLF 利率已经成为货币政策传导链条的中枢，国债收益率未来的锚将逐步回到 MLF 利率。

长期来看，10 年期国债收益到期率与一年期 MLF 利率基本同向，从方向上看 MLF 利率的变动代表了货币政策的强趋势，故而影响国债利率走势。如果从 10 年期国债到期收益率和 MLF 利率的利差和相对水平来看，近年来 10 年期国债到期收益率围绕 MLF 利率上下波动。

2014 年全球经济增速普遍放缓，我国经济也从高速增长转向中高增长，在此情况下，央行将稳定经济增长作为首要目标，在 2014 ~ 2015 年实施稳健略宽松的货币政策，连续降准降息来对冲经济下行风险。2016 年央行保持偏松的货币政策取向，维持银行间流动性合理充裕、货币市场利率稳定运行，1 年期 MLF 利率维持在 3.0% 不变。十年

图 12 - 26　2016 年以来 1 年期 MLF 与 10 年期国债收益率关系

（资料来源：Wind，中信证券研究部）

期国债收益率受 6 月资本市场风险偏好降低影响，从 6 月初逼近 MLF 利率的 2.99% 波动下行至 10 月底报 2.65%，后受去杠杆、信用违约事件等影响，使得投资者对债市风险偏好降低，十年期国债收益率逐步走高，并于年末冲破 1 年期 MLF 利率。

2017 年至 2018 年底，1 年期 MLF 利率为 10 年期国债收益率的底部。2017 年，出于去杠杆和防范金融风险的目的，出现了货币 + 财政 + 监管三重紧缩的政策组合，政策利率 1 年期 MLF 利率经过三次上调从 3.0% 移至 3.25%，市场流动性总量偏紧，全年流动性净投放 1.76 万亿元，十年期国债收益率不断上行，并于 11 月 23 日达到年内最高点 3.99%。此后的 2018 年，货币政策在降成本、稳增长的要求下逐步放松，多次降准、MLF 净投放，完成流动性净投放 4.2 万亿元，MLF 利率虽然仍然为十年国债的底部，但利差已经逐步收窄，十年期国债收益率不断下行，并于 2018 年 12 月 25 日击穿 1 年期 MLF 利率 3.3%。

2019 年货币政策回归中性，十年国债到期收益率在 MLF 利率附近震荡运行。2019 年央行流动性净投放 2.3 万亿元，净投放规模略高于 2017 年，但远低于 2018 年，货币政策回归稳健中性，疏通货币政策传导渠道为主要目标。2019 年内，十年期国债收益率在 MLF 附近震荡运行，且大体来看 1 年期 MLF 利率几乎成为十年期国债收益率的上限。

2020 年内，10 年期国债收益率先下后上，冲破 1 年期 MLF 利率。2020 年 4 月之前，央行三次降准释放了 1.75 万亿元长期资金引导市场利率下行。在银行间市场资金合理充裕且宽松的货币环境下，10 年期债券收益率不断下行，并于 2020 年 4 月 8 日降至最低点 2.48%。之后随着疫情影响得到控制、宏观经济数据持续改善、货币政策边际收紧，10 年期国债收益率于 5 月后快速反弹，并于 2020 年 7 月 17 日击穿 1 年期 MLF 利率 2.95%，此后货币政策维持偏紧，MLF 和十年国债到期收益率利率继续扩大。

总体而言，MLF 利率对国债利率具有方向性的引导作用，但 MLF 利率可能是国债利率的上限、下限乃至是中枢，需要结合货币政策取向和流动性水平进行具体判断。一般而言货币偏紧阶段 MLF 利率是十年国债到期收益率底部，并且利差逐步扩大；货币偏松阶段 MLF 利率是十年国债到期收益率顶部，利差偏离相对有限；货币稳健中性时国债收益率在 MLF 利率附近波动。

第十三章　流动性管理框架革新

第一节　长期视角：货币政策取向和流动性管理框架转变

一、货币政策取向和中介目标

长期角度看，货币政策最终目标在于经济增长、物价稳定、充分就业、国际收支平衡等，在此基础上确立的货币政策取向及中介目标代表一段时期内货币政策的态度。从政策安排的时间节点来看，中央经济工作会议和政府工作报告就货币政策的总部署确定了未来一年内货币政策的取向和态度。回顾2015年以来中央经济工作会议、政府工作报告中对货币政策的部署，货币政策总体取向从稳健过渡至稳健中性，从市场流动性环境来看，稳健的货币政策向稳健中性货币政策转变属于边际收紧。

即使长期货币政策取向相同，中介目标的不同也会反映货币政策态度的调整。2015年和2016年货币政策取向均为稳健，但2015年强调松紧适度，2016年注重流动性合理充裕；从中介目标来看，2015年货币政策中介目标是 M_2 增速保持在12%左右，2016年 M_2 目标增速提高至13%左右。2017年和2018年货币政策取向转为稳健中性，但2017年强调流动性基本稳定，2018年注重流动性合理稳定，相比于2017年，2018年货币政策存在更多灵活性。

表 13－1　　　　　往年货币政策取向和中介目标

年份	货币政策取向	货币政策中介目标
2015	实施稳健的货币政策；货币政策要更加注重松紧适度	广义货币 M_2 预期增长 12%左右，在实际执行中，根据经济发展需要，也可以略高些。保持货币信贷和社会融资规模平稳增长
2016	稳健的货币政策要灵活适度，为结构性改革营造事宜的货币金融环境，降低融资成本，保持流动性合理充裕	广义货币 M_2 预期增长 13%左右，社会融资规模余额增长 13%左右
2017	货币政策要保持稳健中性，适应货币供应方式新变化，调节好货币闸门，努力畅通后壁政策传导渠道和机制，维护流动性基本稳定	广义货币 M_2 和社会融资规模余额预期增长均为 12%左右
2018	稳健的货币政策要保持中性，管好货币供给总闸门，维护流动性合理稳定	保持广义货币 M_2、信贷和社会融资规模合理增长

资料来源：新华网，中信证券研究部。

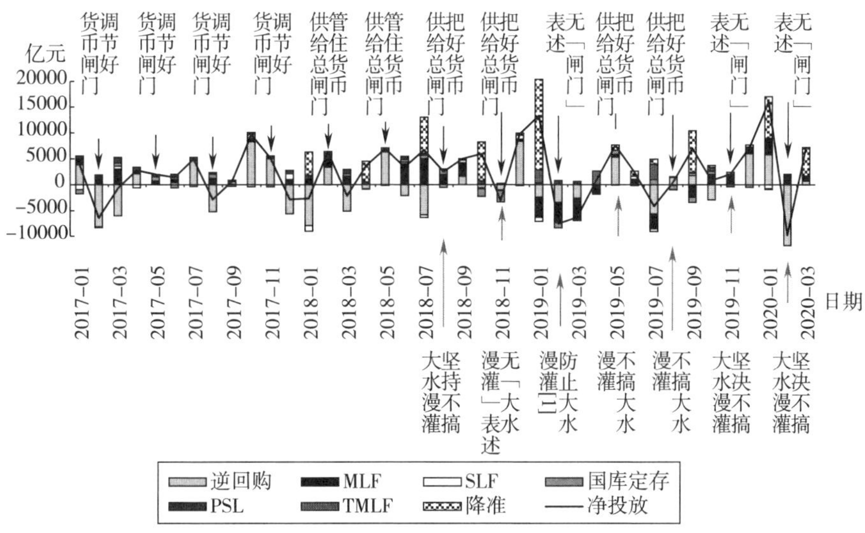

注：[1] 2019 年 2 月发布的《2018 年四季度中国货币政策执行报告》中“防止大水漫灌”的表述并非出现在“下一阶段主要政策思路”中，而是出现在专栏 5 中；[2] 箭头指向和相关表述并非当季货币政策执行报告，而是发布货币政策执行报告的时点，为前一季度货币政策执行报告相关内容。

图 13－1　2017 年以来发布的货币政策执行报告“下一阶段主要政策思路”中对“闸门”和“大水漫灌”的相关表述

（资料来源：中国人民银行，中信证券研究部整理）

第二节　央行流动性管理操作框架转变

商业银行的流动性需求主要体现为伴随商业银行信贷规模扩大导致其存款余额增长的法定准备金需求，以及应付提现、清算需要和不确定性的超额存款准备金需求。人民银行的流动性供给是通过各项货币政策操作工具和规则向银行体系投放或回笼流动性。从历史上看，人民银行货币政策工具包括存款准备金、公开市场业务、各类借贷便利、中央银行贷款、利率政策等，其中调整法定存款准备金率和开展公开市场业务一直以来就是央行流动性管理框架中的主要操作工具。此外，基于我国外汇制度和长期以来外贸依存度较高的事实，外汇占款变化也是人民银行被动流动性供给的主要渠道之一。通过回顾央行货币政策操作工具的调整可以看出其流动性管理框架的变迁。

一、法定准备金率调整：从提准到降准

从2007年初到2011年中，人民银行共实施了28次提准措施（期间穿插3次降准），大型存款类金融机构的法定存款准备金率由2007年初的9%上升到2010年6月底的21.5%，中小型存款类金融机构的法定存款准备金率由2007年初的9%上升到2010年6月底的19.5%。法定存款准备金率的提高可以有效提高商业银行的法定准备金需求，同时减少人民银行的流动性供给，是人民银行在面临银行信贷扩张、经济过热、楼市和股市泡沫所采取的紧缩性货币政策。

2011年底到2012年中，人民银行连续3次降准，大型存款类金融机构的法定存款准备金率由2011年底的21.5%下降到2012年6月的20%，中小型存款类金融机构的法定存款准备金率由2011年底的19.5%下降到2012年6月的18%。此次降准主要是人民银行应对“热

钱”集中流出、外汇占款增加额大幅萎缩而提高流动性供应，同时降低商业银行的准备金需求。

在经历了2012年到2014年底的降准政策空窗期后，2015年2月到2016年3月人民银行开启了新一轮降准窗口，其间人民银行共实施5次降准，大型存款类金融机构的法定存款准备金率由2012年6月的20%下降至2016年3月的17%，中小型存款类金融机构的法定存款准备金率由2012年6月的18%下降至2016年3月的15%。这一时期的降准，主要是出于维稳经济的目的，推出众多宽松货币政策，进一步放宽流动性。

自2018年开始，在去杠杆后的经济下行压力加大以及2020年新冠肺炎疫情突发的背景下，央行重启降准周期，2018年4月至2020年5月，连续8次降准。大型存款类金融机构的法定存款准备金率由2018年3月的17%下降到2020年5月的12.5%，中小型存款类金融机构的法定存款准备金率由2018年3月的15%下降到2020年5月的9.5%。这一时期的降准，更多是为支持中小企业、促进宽信用。流动性环境

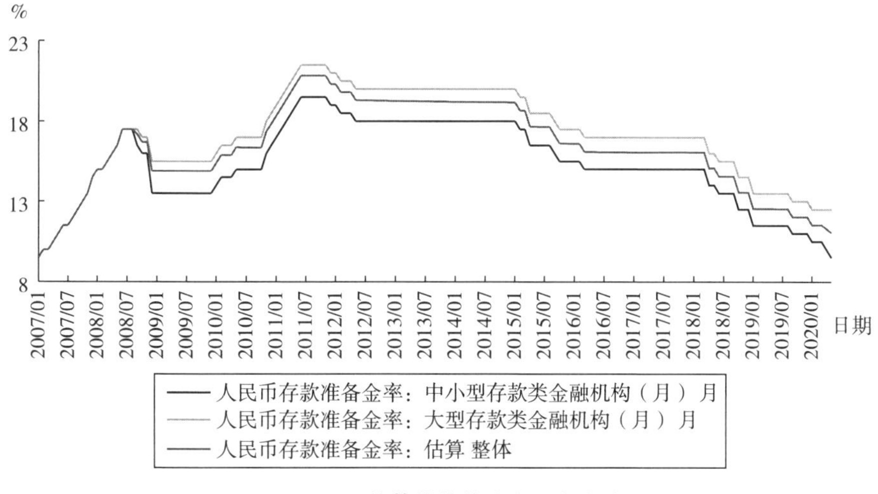

图13-2　估算的整体法定准备金率

（资料来源：Wind，中信证券研究部）

水涨船高。

2020 年 5 月至 2021 年 4 月，疫情后经济复苏，降准政策“持续缺席”。

除以上全面降准外，人民银行还多次对“三农”、小微企业、普惠金融实施定向降准，在控制和调节流动性总量的同时引导流动性结构的均衡。

二、公开市场业务：从回笼到投放

公开市场操作（Open - Market Operations）是中央银行吞吐基础货币，调节市场流动性的主要货币政策工具。央行通过与交易对手交换有价证券和外汇交易，实现货币政策调控目标。人民银行的公开市场操作最早可以追溯至 1994 年 3 月启动的外汇公开市场操作。1996 年 4 月，以国债作为交易工具的央行公开市场操作正式启动，此后，公开市场业务得到长足发展，目前已经成为央行货币政策日常操作的主要工具之一，对于调节银行体系流动性水平、引导货币市场利率走势、促进货币供应量合理增长发挥了重要作用。

人民银行公开市场操作工具包括正回购、逆回购、现券交易、央行票据、短期流动性调节工具（SLO）、中央国库现金定存。与调节法定存款准备金率的时机相似，公开市场操作工具选择也在 2012 年前后出现分野。2012 年前，人民银行公开市场操作以正回购和发行央行票据为主，这两种工具的操作都具有回收流动性、减少流动性供给的作用；2012 年后（特别是 2015 年后），人民银行公开市场操作以逆回购为主，同时创新了短期流动性调节工具 SLO、常备借贷便利 SLF、中期借贷便利 MLF、抵押补充贷款 PSL 等创新型货币政策工具，作为逆回购等公开市场操作的补充，这些工具的创设和开展都能增加流动性供给。

表 13－2　　人民银行公开市场操作

交易品种	正回购	逆回购	现券交易	央行票据	SLO	中央国库现金定存
定义	人民银行向以及交易商卖出有价证券，并约定在未来特定的日期买回有价证券的行为	人民银行向一级交易商购买有价证券，并约定在未来特定日期将有价证券卖给一级交易商的交易行为	人民银行直接从二级市场买入/卖出债券一次性地投放/回笼基础货币	人民银行发行的短期债券	实质上是超短期逆回购，期限在 7 天以内	将中央国库闲置现金存入中央国库现金管理商业银行定期存款业务参与银行
对流动性的影响	正回购操作收回流动性；正回购到期投放流动性	逆回购操作投放流动性；逆回购到期收回流动性	现券买断投放流动性；现券卖断回笼流动性	人民银行发行央票是回笼流动性；央票到期是投放流动性	SLO 操作投放流动性；SLO 到期收回流动性	中央国库定存投放流动性；中央国库定存到期则回笼流动性
推出日期	2000 年 8 月 1 日	1999 年 10 月 12 日		2002 年 6 月 25 日	2013 年 1 月	2006 年 12 月 6 日
推出目的	回笼银行体系流动性、引导货币市场利率走势	投放银行体系流动性、引导货币市场利率走势	调节较长时间内金融机构的流动性	吸收商业银行流动性	调节市场短期资金供给，熨平突发性、临时性因素导致的市场资金供求大幅波动	一方面向市场投放流动性，另一方面实现国库闲置现金有效管理
期限品种	人民银行历史上开展过 7 天、14 天、21 天、27 天、28 天、31 天、84 天、90 天、91 天、182 天、364 天正回购操作，其中 28 天、91 天和 7 天正回购操作最为常见	人民银行历史上开展过 5 天、6 天、7 天、14 天、21 天、28 天、91 天、182 天逆回购操作，其中 7 天、14 天和 28 天逆回购操作最为常见		央票的期限包括 3 个月、6 个月、12 个月和 36 个月，其中 3 个月和 12 个月央票规模最大	人民银行开展过 1 天、2 天、3 天、4 天、5 天、6 天、7 天 SLO 操作，以 6 天 SLO 最为常见	中央国库现金定存期限有 3 个月、6 个月和 9 个月，其中以 3 个月定期存款为主

续表

交易品种	正回购	逆回购	现券交易	央行票据	SLO	中央国库现金定存
期末余额	2014 年 11 月后暂停开展正回购	截至 2017 年 6 月 30 日，逆回购存量为 8150 亿元		2013 年 11 月后暂停发行央行票据	2016 年 1 月后暂停 SLO 操作	1400 亿元 3 个月和 800 亿元 9 个月中央国库定存尚未到期

资料来源：Wind，中信证券研究部。

表 13－3　　创新型货币政策工具

交易品种	MLF	SLF	PSL	TMLF
定义	中期借贷便利是中央银行提供中期基础货币的货币政策工具	常备借贷便利是人民银行正常的流动性供给渠道，以抵押方式向金融机构提供短期、较大额的贷款	抵押补充贷款是人民银行为支持国民经济重点领域、薄弱环节和社会事业发展而对金融机构提供的期限较长的大额融资	定向中期借贷便利是人民银行为支持小微企业信贷而创设的定向中期流动性投放工具
对流动性的影响	MLF 操作投放流动性；MLF 到期收回流动性	SLF 操作投放流动性；SLF 到期收回流动性	PSL 操作投放流动性；PSL 到期收回流动性	TMLF 操作投放流动性；TMLF 到期收回流动性
推出日期	2014 年 9 月 1 日	2013 年初	2014 年 4 月	2018 年 12 月
推出目的	满足金融机构期限较短的大额流动性需求	根据流动性需求的期限、主体和用途不断丰富和完善工具组合，以进一步提高调控的灵活性、针对性和有效性	为支持国家开发银行加大对“棚户区改造”重点项目的信贷支持力度，人民银行创设抵押补充贷款 PSL 为开发性金融支持棚改提供长期稳定、成本适当的资金来源	操作对象为符合相关条件并提出申请的大型商业银行、股份制商业银行和大型城市商业银行，支持其加大力度支持小微企业和民营企业贷款

资料来源：Wind，中信证券研究部。

三、外汇占款：从正增长到负增长

外汇占款的变动是人民银行被动进行的流动性投放或回笼，外汇占款增加则会造成央行相当规模的基础货币投放，反之则形成相当规模的基础货币回收。2014 年 5 月前，我国外汇占款一直保持较大规模的增长（2011 年底到 2012 年底外汇占款变动很少），外汇占款的增加额为银行体系提供了较大的流动性支持；2014 年中至今，外汇占款规模降低，对冲了人民银行的流动性投放。

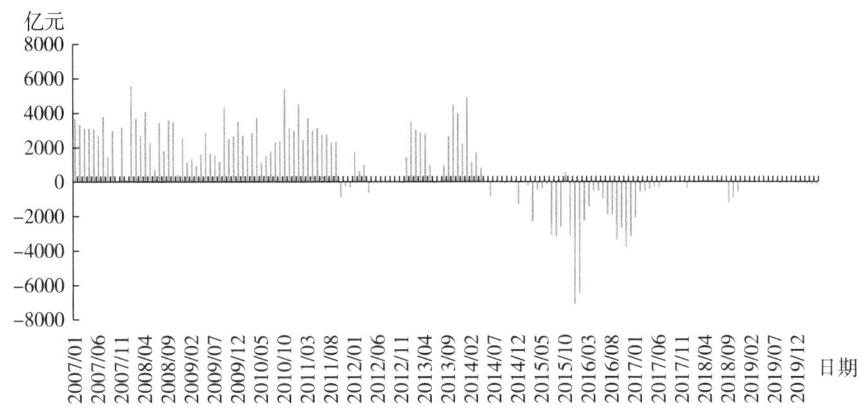

图 13－3　外汇占款增加额变动

（资料来源：Wind，中信证券研究部）

近年来，人民银行逐渐降低调整法定存款准备金率的次数和幅度，结合外汇占款的变化，以公开市场业务为主要的流动性管理工具。从操作方向上来看，从提准到降准，改革准备金考核方式，保持流动性总量的适度；公开市场业务中正回购和央行票据发行早已暂停操作，目前以逆回购和中期借贷便利为主，配合滚动式国库定存，以及抵押补充贷款和常备借贷便利，央行从早期的防御型减少流动性供给转为主动性的精准调节流动性；外汇占款由正增长转为负增长，近期维持在近乎零增长水平，有利于人民银行被动流动性操作转为主动性操作。

四、人民银行货币政策操作框架变迁

孙国峰曾提出央行货币政策操作框架主要分为两类：结构性流动性盈余的操作框架和结构性流动性短缺的操作框架①。在结构性流动性盈余的制度安排下，银行体系流动性保持一定盈余，央行主要通过减少短期流动性供给来进行流动性管理；而在结构性流动性短缺的制度安排下，银行体系流动性保持一定缺口，央行主要通过增加短期的流动性供给来进行流动性管理。

人民银行流动性供给主要包括降低法定准备金率（已经反映在法定准备金变化中）、公开市场操作投放（央行票据、正回购、逆回购、买入/卖出债券、MLF、SLO、PSL、SLF）；此外，外汇占款的变化会对流动性供给造成冲击。银行体系的流动性需求主要是法定准备金（银行信贷扩张导致存款增加）、超额准备金（应付提现和清算需要以及不确定性需要）；此外，政府财政性存款的变化、公众持有现金转移（季节性变化居多）都会对流动性需求造成冲击。因此，我们定义流动性缺口为流动性需求与流动性供给的差值。

分析流动性需求和供给的对比，可以将2007年以来人民银行流动性管理操作框架分为以下四个时期。

第一个时期，2007年至2011年。外汇占款增长较快造成流动性被动投放，人民银行以提高法定存款准备金率和公开市场回笼资金为主

① 孙国峰，蔡春春．货币市场利率、流动性供求与中央银行流动性管理——对货币市场利率波动的新分析框架［J］．经济研究，2014（12）：33－44.

要操作，反映了结构性流动性盈余操作框架下的特征。

第二个时期，2012 年至 2014 年。外汇占款增长受阻，被动的流动性供给不足，人民银行采取降低法定存款准备金率配合公开市场回笼资金的操作进行流动性管理，这一时期是结构性流动性盈余和短缺操作框架的过渡阶段，降低流动性需求和减少流动性供给并存。

第三个时期，2015 年至 2018 年第一季度。人民银行保持稳定的存款准备金率水平，以公开市场操作为流动性供给的主要渠道，同时外汇占款的持续减少对冲了人民银行的流动性供给，反映了结构性流动性短缺操作框架下的特征。

在 2015 ~ 2018 年的结构性流动性短缺操作框架下，人民银行流动性管理的主动性增强，“削峰填谷”熨平流动性的临时性波动；同时，不断创新公开市场操作工具，使得流动性管理更加精准、灵活、有效。但是在银行信贷规模不断扩张的背景下，银行体系的流动性需求（以法定准备金需求为主）不断增长，而公开市场操作的短期、快速、小规模的特征只能实现流动性的短期供给，造成了流动性缺口的逐步扩大；同时，由于公开市场业务交易对象主要为大型金融机构，在流动性短缺的框架下还会造成流动性分布不均衡。在人民银行目前的货币政策工具中，只有调整法定存款准备金才具有满足长期性流动性需求的特征，因此当流动性缺口较大时，人民银行将采取降准的措施以满足银行体系的长期性需求。

第四个时期，2018 年第二季度至 2020 年第二季度。人民银行连续下调存款准备金率水平，公开市场操作对冲季节性扰动，外汇占款波动极少，流动性整体处于充裕水平。

与之相对应地，Shibor 隔夜利率在不同时期表现不同：在流动性结构性过渡或者短缺阶段，如 2012 ~ 2014 年，Shibor 隔夜利率的波动率明显增大；在流动性结构性盈余阶段，如 2007 ~ 2011 年，Shibor 隔夜

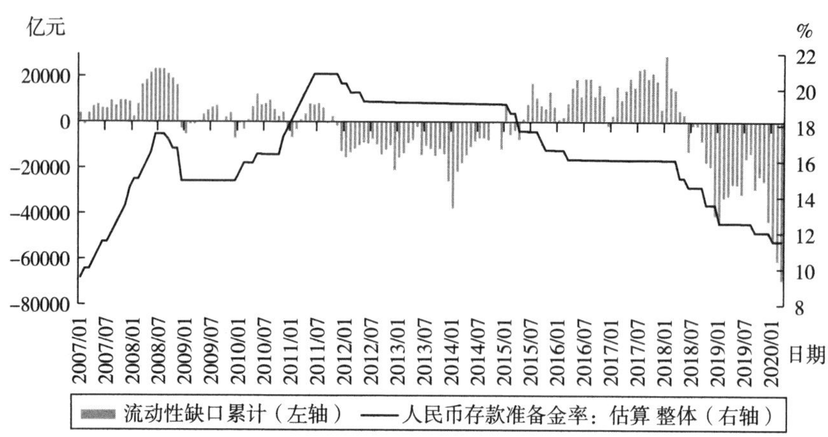

图 13－4 流动性缺口的变化及法定准备金调整

（资料来源：Wind，中信证券研究部）

利率的波动性较低。而 Shibor 隔夜利率中枢更多需要结合政策利率和流动性综合考虑。

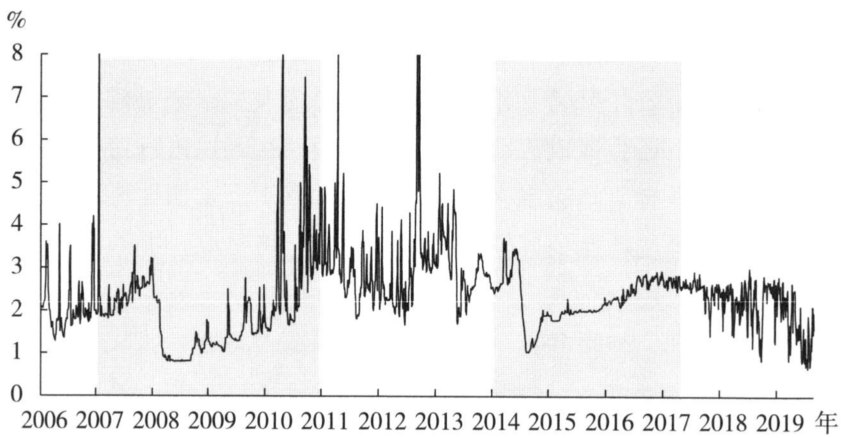

图 13－5 Shibor 隔夜利率

（资料来源：Wind，中信证券研究部）

第三节　短期视角：公开市场操作和季节性因素

一、OMO 调节短期流动性

在“利率走廊 + 公开市场操作”的货币政策框架下，要精准实施两类货币政策调控工具，首先需要理解货币政策对货币市场利率影响机制。在利率走廊和公开市场操作双头并举的货币政策框架下，影响短端利率的因素分为两大类，包括政策性因素及流动性需求和条件因素。第一类，政策性因素，包括利率走廊上下限调整、公开市场流动性净投放、金融监管政策等；第二类，市场流动性需求和条件，包括流动性分层、流动性需求结构变化，以及季节性、临时性因素对流动性水平的扰动。

货币政策因素对流动性和货币市场利率的影响主要通过调整公开市场操作利率和公开市场投放量实现。“利率走廊 + 公开市场操作”实现了量价工具的分离。在一定的市场条件下，中央银行只需要调整利率走廊上下限便能实现对货币市场利率的调控，且调控过程中并不会形成任何流动性释放和回笼，价格型货币政策调控方式简洁而精准。同时，量价工具的配合进一步平抑短端利率波动。但目前我国利率走廊机制仍在不断建设和完善过程中，以公开市场操作为主的数量型工具仍然发挥作用。

强调平抑波动，OMO 成为短期流动性调节主要手段。货币政策的中介目标和短期目标是维持以货币市场利率为代表的短端利率的平稳。2016 年以来货币政策执行报告始终强调密切关注流动性形势和市场预期变化，加强预调微调和与市场沟通，综合运用各种数量型工具灵活提供不同期限流动性，维护银行体系流动性合理稳定，“削峰填谷”和“平抑波动”是人民银行货币政策流动性管理的关键词。以上表述透露出两层信息：一方面，强调人民银行对市场流动性水平和货币市场利率的调控态度，即注重预调微调、维持货币市场利率稳定；另一方面，当前流动性管理仍然以数量型工具为主，降准、逆回购、MLF、SLF、PSL、国库现金定存等是当前人民银行进行流动性管理的主要工具。但同时需要关注到一个新的情况，2020 年下半年以来，货币市场利率的波动性有所提高。为了解释这种情况，我们也要辩证地理解市场利率波动性的作用：过大的波动必然不好，但是过小的波动再叠加资金宽松又会助长市场杠杆的上升。所以，在总量政策大方向不变的背景下，适当增加波动性控制杠杆，这也是我国货币政策的一种新尝试。

表 13－4　　货币政策执行报告中的流动性管理目标

货币政策执行报告	流动性管理目标
2018 年第一季度	加强预调微调和预期管理；灵活运用逆回购、中期借贷便利、常备借贷便利等工具提供不同期限流动性
2017 年第四季度	密切关注流动性形势和市场预期变化，加强预调微调和与市场沟通，综合运用逆回购、中期借贷便利、抵押补充贷款、临时流动性便利等工具灵活提供不同期限流动性，维护银行体系流动性合理稳定
2017 年第三季度	密切关注流动性形势和市场预期变化，加强预调微调和与市场沟通；张弛有度地开展公开市场操作；“削峰填谷”，熨平诸多因素对流动性的影响
2017 年第二季度	注重根据形势变化加强预调微调和预期管理；张弛有度地开展公开市场操作；“削峰填谷”熨平流动性波动
2017 年第一季度	调节好货币闸门，加强与市场沟通和预期引导；“削峰填谷”保持流动性基本稳定
2016 年第四季度	实施好稳健中性的货币政策，增强调控的针对性和有效性；灵活运用多种货币政策工具组合，维护流动性基本稳定
2016 年第三季度	坚持实施稳健的货币政策，保持灵活适度，适时预调微调，增强针对性和有效性；保持流动性合理充裕的同时，注重抑制资产泡沫和防范经济金融风险

续表

货币政策执行报告	流动性管理目标
2016 年第二季度	继续实施稳健的货币政策，保持灵活适度，适时预调微调，增强针对性和有效性；保持适度流动性；调节好流动性和市场利率水平
2016 年第一季度	继续实施稳健的货币政策，保持灵活适度，适时预调微调，增强针对性和有效性；保持适度流动性，实现货币信贷和社会融资规模合理增长；调节好流动性和市场利率水平，促进货币市场稳定

资料来源：中国人民银行，中信证券研究部。

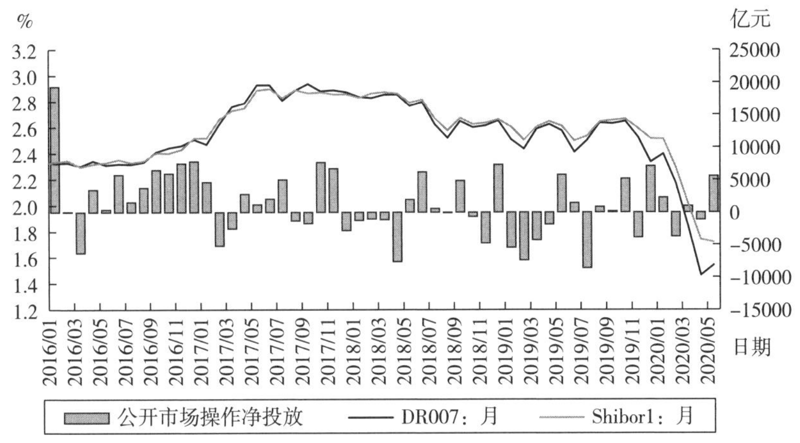

图 13－6　公开市场净投放与货币市场利率负向关系明显

（资料来源：Wind，中信证券研究部）

公开市场操作频次增加、操作规模扩大是 2016 年以来影响货币市场利率波动性的一大原因。作为调节短期利率水平、熨平流动性临时性扰动的主要手段，人民银行自 2016 年起提高公开市场操作频率，增加流动性投放和回笼的规模，DR007 和 Shibor1 周波动率明显降低。此外，在结构性流动性短缺的流动性管理框架下，金融体系内部始终存在一定的流动性缺口，这种情况下，如果人民银行提高较多流动性将降低利率的敏感性，若流动性总量在稳健中性水平波动，货币市场利率的敏感性也更高。2016 年人民银行通过公开市场操作实现流动性净投放 4.5 万亿元，而 2017 年全年共投放 9992 亿元流动性，可以发现 2016 年货币市场利率波动率较 2017 年更小。

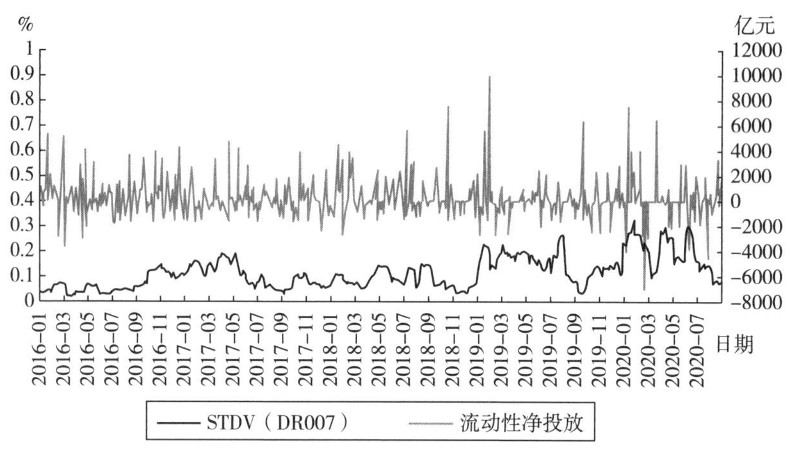

图 13-7　波动性增强都伴随着长期净回笼

（资料来源：Wind，中信证券研究部）

利率的偏离程度是反映利率波动情况的一个指标，调控利率偏离程度有助于整体波动性的控制。构造一个标准化后的货币市场利率，计算方法为（货币市场利率 - 前 14 天利率均值）/前 14 天年化波动率，代表了当前货币市场利率相对于过去 14 天均值的波动情况，是当前利率对前期均值的偏离程度。央行可以通过调控这一偏离程度来实现波动水平的整体平稳或者适当增加波动。

利率偏离程度与流动性收放节奏具有较高的一致性。对照人民银行公开市场操作每日流动性净投放与标准化后的货币市场利率（货币市场利率 - 前 14 天利率均值）/前 14 天年化波动率的走势可以发现，货币市场利率的偏离程度与流动性净投放量存在较高的一一对应关系。货币市场利率高于前 14 日利率均值一定水平时，人民银行大多数情况下均开展了流动性净投放操作；货币市场利率低于前 14 日利率均值一定水平时，人民银行绝大多数情况下采取的是流动性回笼操作。以上对应关系反映了人民银行开展公开市场操作的预判性，是货币政策预调微调的基础。

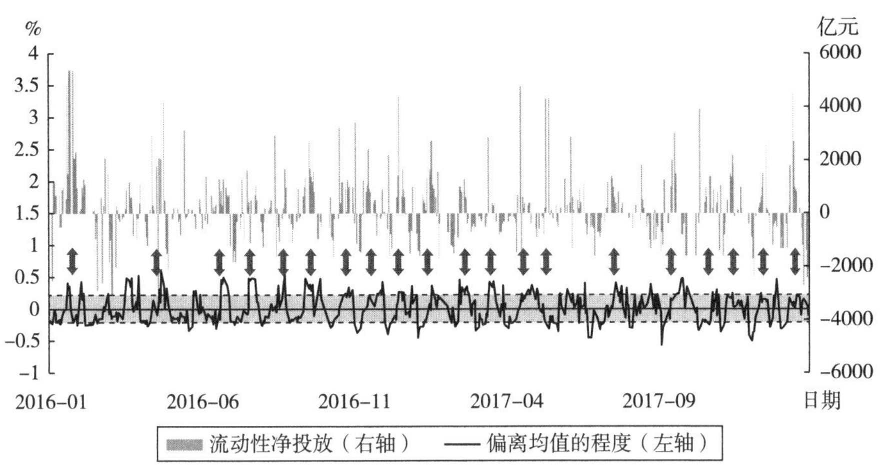

图 13－8　DR007 偏离均值的程度与流动性净投放/回落对应度高

（资料来源：Wind，中信证券研究部）

二、季节性和临时性因素

季节性和临时性因素也会对市场流动性水平造成冲击，改变市场流动性条件。主要的季节性因素为月中税期、银行缴准需求、月末财政支出，以及季末、年末跨季节资金需求旺盛等对流动性的影响较大；临时性因素则包括央行公开市场操作到期和政府债券发行缴款等。央行在对市场流动性的判断上除了单一的利率指标，也会考虑其他方面引发的波动。公开市场业务公告中尤其关注操作到期、缴税、缴准、财政支出和政府债券发行缴款等因素，据此综合判断是否进行有关的公开市场操作。在这些因素当中，一般而言，操作到期、月中企业缴税、银行缴准以及政府债券发行缴款将占用一定流动性，市场资金面将边际收紧，年末资金需求旺盛，流动性则面临一定冲击；而降准以及季末、半年末月份往往出现较大规模的财政支出则有利于流动性改善。

月中时点：税期高峰的因素使得银行体系流动性总量降幅较大。税期因素会影响政府存款，进而影响流动性。由于纳税时点集中在中旬后半段，时点冲击较为强烈。由图 13－9 可以看出，在央行公告中涉及“税期高峰”“对冲税期”等表述的时点，大多对应了货币市场利率的局部高点或者利率上升阶段，且多数处在月中期间。央行则结合每月具体纳税情况，对市场流动性作出相应的判断，并通过调整公告的表述及时传递信息，从而与市场进行有效沟通。公告提及税期高峰的时点附近也往往伴随着公告表述的转变。

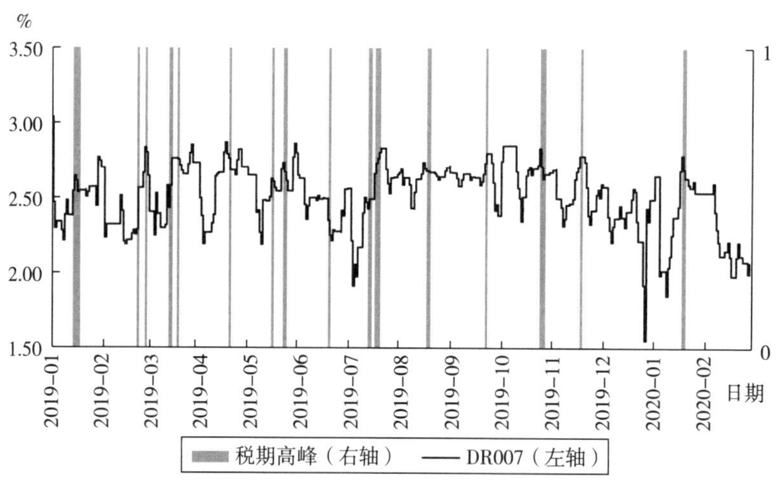

图 13－9　缴税会对流动性产生紧缩效应，促使利率攀升

（资料来源：Wind，中信证券研究部）

季节性时点：财政收支对银行体系流动性冲击的权衡。受企业所得税季度缴款的季节性规律影响，每个季度的首月为企业上缴前一季

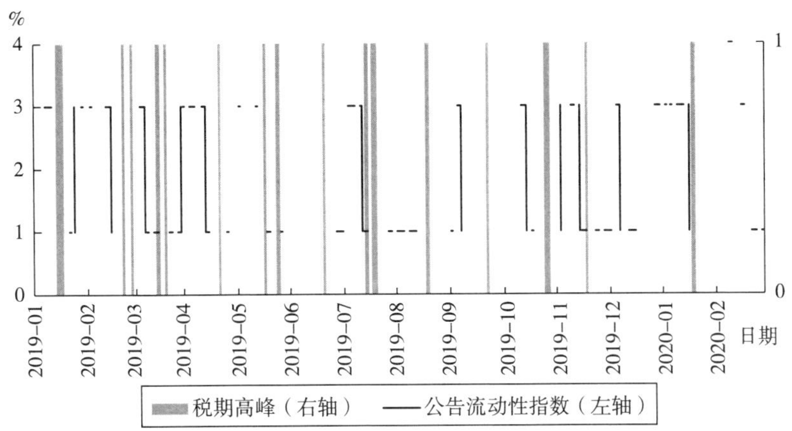

图 13－10　公告提及税期高峰的时点附近往往伴随着公告表述的转变

（资料来源：Wind，中信证券研究部）

度所得税的时间点，导致季度首月财政存款大幅增加，直接表现为流动性收紧。此外，财政支出除了在半年末时点有明显的时间特征外，季末月份往往也有较大规模的财政支出，有利于流动性的改善。因而

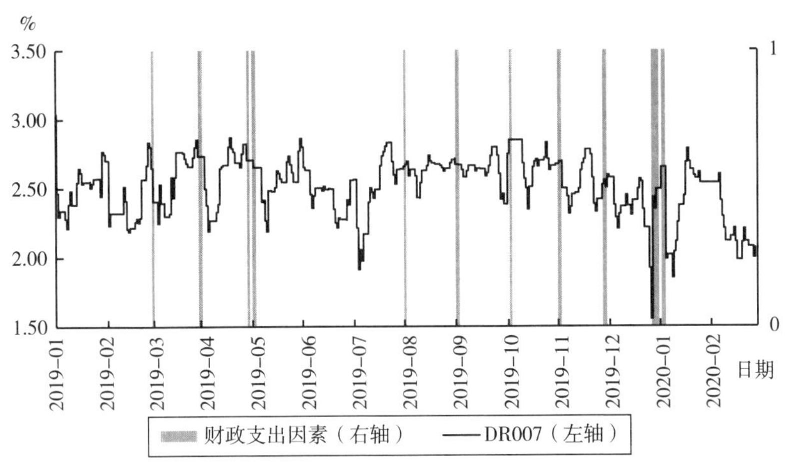

图 13－11　财政支出伴随着 DR007 的低位和下行趋势

（资料来源：Wind，中信证券研究部）

季末时点判断市场流动性的松紧状况还需将财政收支的影响考虑在内。我们发现在央行公告提及财政支出因素的时点附近，DR007 大多处于较低水平和下行区间，而该时点以及此后的一段时间内，公告流动性指数均位于高位，即银行体系流动性处于“总量较高水平”。

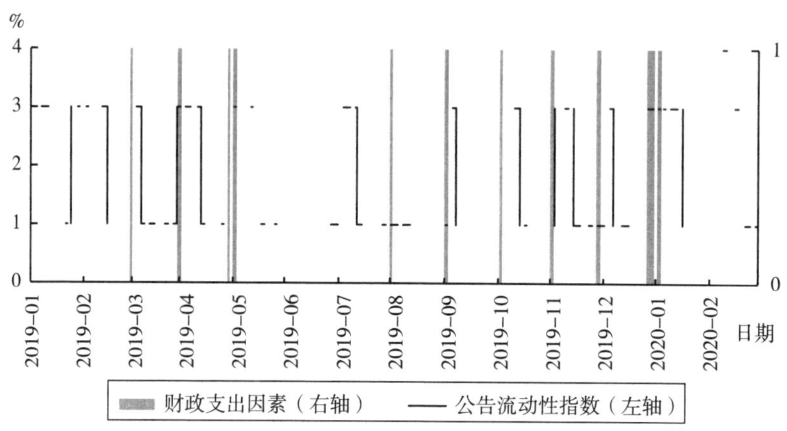

图 13 - 12　财政支出后流动性处于“总量较高水平”

（资料来源：Wind，中信证券研究部）

临时性因素：央行公开市场操作到期、政府债券发行和降准等因素均会对银行体系流动性产生一定影响。公开市场操作到期后，若央行暂停后续操作维持净回笼，会使资金面在一定程度上产生收紧趋势，增大市场流动性压力。操作到期对银行体系流动性的影响也会迅速传导至货币市场利率上。DR007 的高攀往往伴随着当日公告中“央行逆回购和 MLF 到期”等字样的表述。2019 年 7 月上中旬公开市场操作工具频繁到期，相对应这一时期银存间质押式回购加权平均利率也处于持续上升区间。另外，在地方政府债、国债发行日，若债券发行规模较大、上升较快，也将会对资金面产生一定的紧缩压力。最后，央行不定期的定向或全面降准也是影响资金面流动性的一个重要扰动因素，央行公告中对银行体系流动性的描述中也着重关注降准产生的影响。

回顾2019年以来DR007的走势可以看出，在央行公告提及降准因素的当日或紧随后的几日，短期资金利率均出现了不同程度的回落。

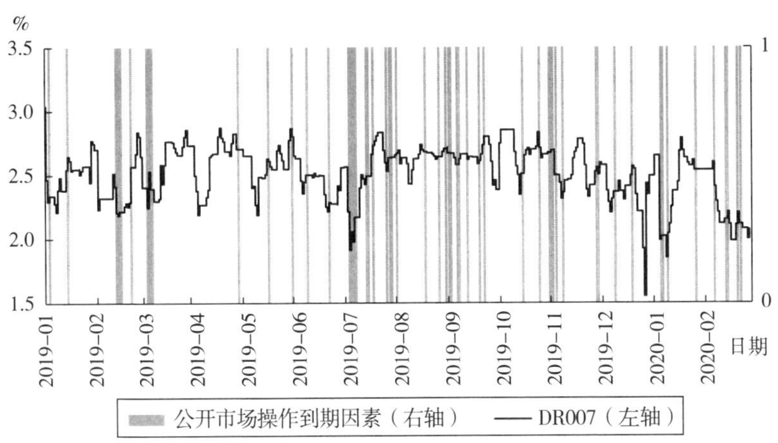

图13-13　公开市场操作到期因素导致资金利率有上行趋势

（资料来源：Wind，中信证券研究部）

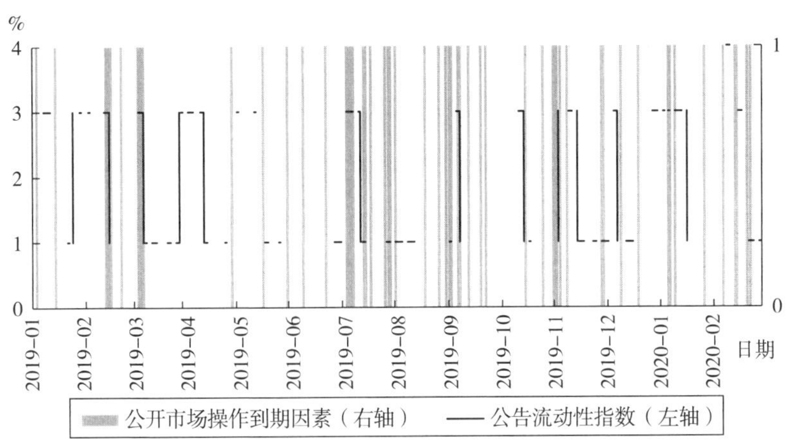

图13-14　央行结合公开市场到期情况调整公告流动性表述

（资料来源：Wind，中信证券研究部）

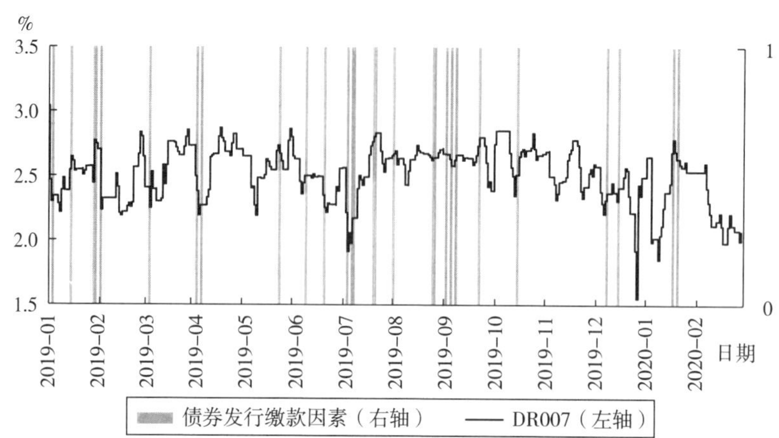

图 13－15　政府债券发行缴款回收市场流动性

（资料来源：Wind，中信证券研究部）

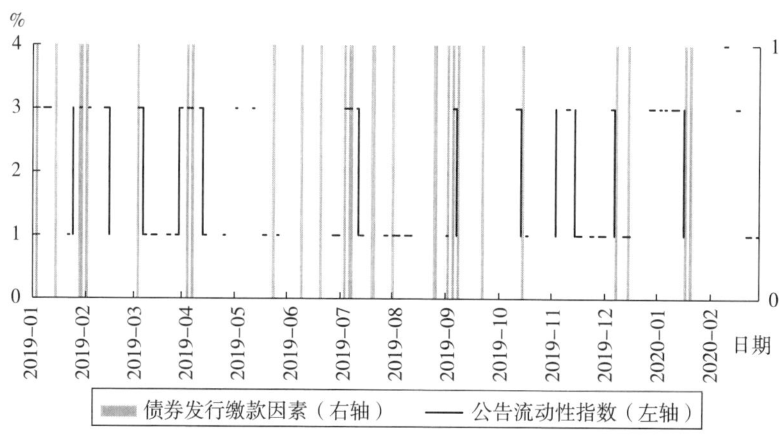

图 13－16　政府债券发行缴款时点后往往伴随着流动性表述的降级

（资料来源：Wind，中信证券研究部）

定期性相对可控因素：金融机构缴纳法定存款准备金。银行等金融机构通常会在每个月的 5 日、15 日、25 日（节假日则顺延到下一个工作日）缴纳存款准备金，时间相对固定。自 2015 年央行改革存款准

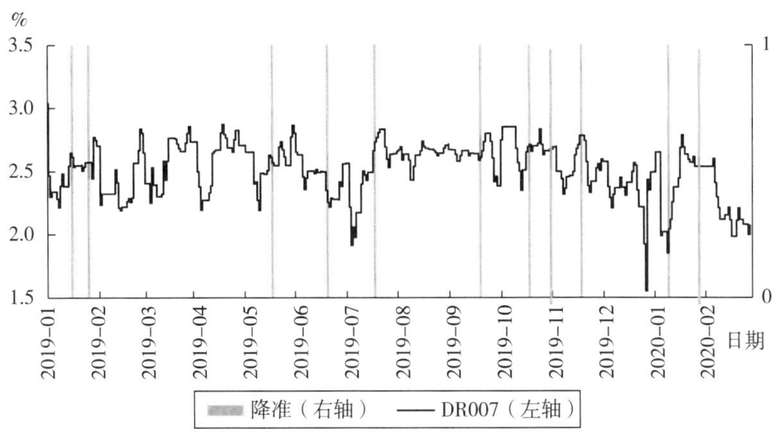

图 13－17　降准信号可能提前消化

（资料来源：Wind，中信证券研究部）

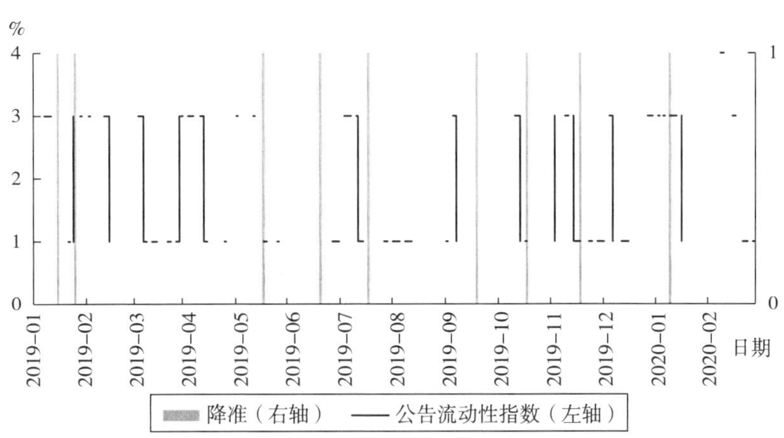

图 13－18　公告提及降准因素后大多处于流动性指数较高的阶段

（资料来源：Wind，中信证券研究部）

备金考核制度以后，缴准的时点性冲击更加相对可控，这些时点利率波动也相对较小。

第四节　他山之石：海外货币当局流动性现状及管理框架

我国流动性结构性分层的主要原因是在当前流动性管理框架下，以公开市场操作为主的数量型货币政策工具的投放机制造成了市场分层，流动性摩擦阻碍了流动性的有效传导。与之相比，欧美货币市场和流动性分层现象不太显著。包括欧洲央行、美联储、英格兰银行、日本央行、加拿大央行、澳大利亚储备银行在内的多国货币当局都采用了不同形式的利率走廊机制。相对于更为成熟的欧洲央行和美联储版本的利率走廊框架，我国利率走廊机制存在一些特点。

一、流动性充裕背景下，美联储价格型调控维持货币市场利率平稳

从美国的情况来看，以联邦基金利率（federal funds rate，FFR）为代表的货币市场利率也经历过长期的发展历程。2006 年上半年，联邦基金利率波动性较大；2006 年下半年至 2007 年中，联邦基金利率保持平稳、波动性较前期明显减弱；2007 年下半年至 2008 年底，联邦基金利率波动性显著增强；2009 年以后，联邦基金利率重新回归平稳。由于联邦基金利率为无担保货币市场利率，2016 年 11 月，纽约联储公告将起用基于国债质押回购交易的银行间隔夜融资利率（Overnight Bank Funding Rate，ON BFR）；当月，纽约联储联合财政部制作并公布基于一般质押品隔夜回购交易的 GCF Repo，进一步提升质押品回购交易的透明度，提升一般抵押品回购的信息质量。ON BFR 和 GCF Repo 成为出 FFR 之外的美国货币市场利率的另两大基准利率。虽然 ON BFR 和 GCF Repo 与 FFR 存在一定的分化现象，但其分化程度远远低于我国，

尤其是2017年后分化现象明显消弱。

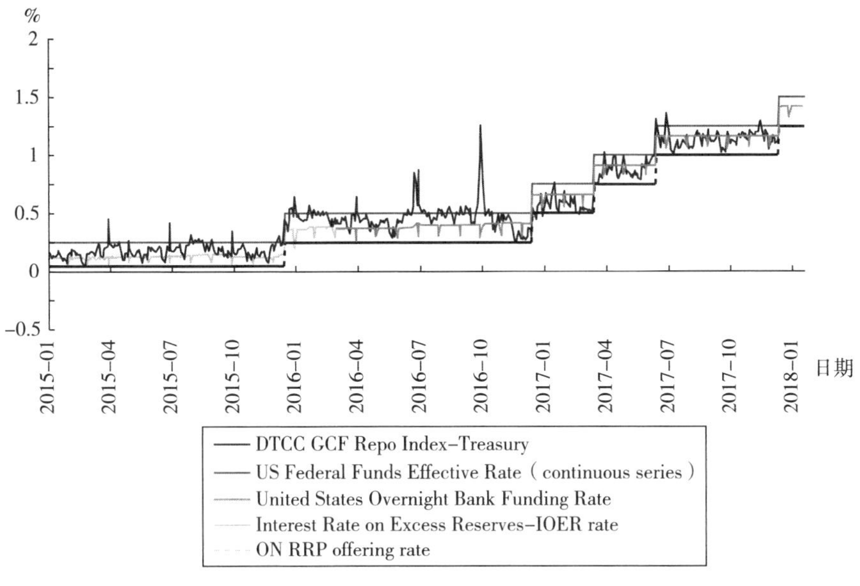

图 13－19　美国货币市场利率及政策利率

（资料来源：Bloomberg，中信证券研究部）

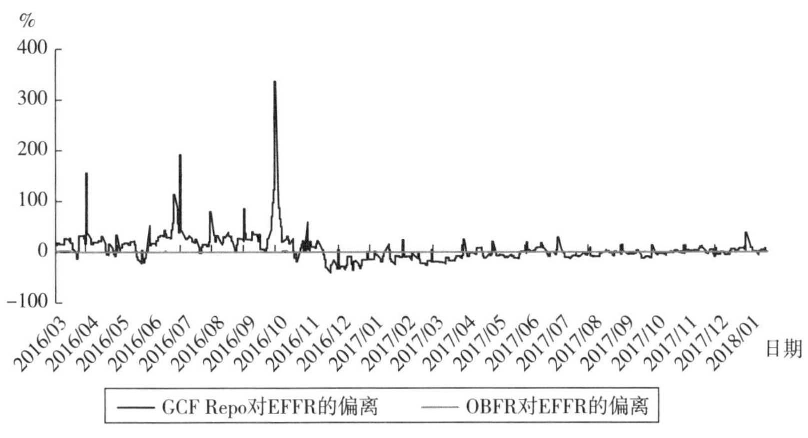

图 13－20　美国一般抵押贷款回购利率及隔夜银行融资利率与联邦基金有效利率的偏离程度

（资料来源：Bloomberg，中信证券研究部）

美国未出现明显的流动性分层现象的原因，主要是受金融危机后的大量流动性投放影响，危机后的美国金融体系流动性较为充裕，美联储货币政策框架出现的变化。在流动性环境发生变化的情况下，美联储货币政策由数量型向价格型转变。流动性充裕的条件下，数量型工具难以发挥调节利率水平的作用，因而美联储通过设定联邦基金目标利率区间，并通过超额准备金利率（Interest on Required Reserve Excess Balances，IOER）和逆回购利率（Overnight Reverse Repurchase offering rate，ON RRP）调控短端利率。

具体来看，美联储短期货币政策工具包括准备金利息和超准利息、公开市场操作（回购和逆回购），由此产生了两大政策利率 IOER 和 ON RRP。以存款性机构、政府资助机构（Government Sponsored Enterprises）及其他合格机构需要向美联储缴纳存款准备金，同时美联储需要向存款准备金和超额存款准备金支付利息（当前，存款准备金利率 IORR 和超额存款准备金利率 IOER 均为 1.5%）。在联邦基金市场，存款性机构和 GSE 等特定机构也可以以联邦基金利率将其存放在美联储的超额储备无担保地融出或融入。一般而言，联邦基金市场的参与者不可能以低于 IOER 的利率借出资金，因而 IOER 成为联邦基金目标利率的底部。实际上，由于部分机构（GSE 等）的超额储备并不能获得 IOER，因而其有动力以低于 IOER 的利率融出资金，造成了联邦基金利率低于 IOER 的局面，IOER 成了联邦基金利率的顶部。

表 13－5　　美国存款性机构储备要求

负债类型	要求	
净交易账户	比率	生效时间
0 到 1600 万美元	0	2020－01－16
1600 万美元到 1.223 亿美元	0	2020－03－26
高于 1.223 亿美元	0	2020－03－26
非个人定期存款	0	1990－12－27
欧洲货币债务	0	1990－12－27

资料来源：美联储官方网站。

作为公开市场业务的补充，美联储推出隔夜逆回购协议（Overnight Reverse Repurchase Agreement Facility），以美国国库券为抵押品向银行、政府赞助企业、货币市场基金提供隔夜逆回购操作，卖出证券并于第二天买回证券并支付隔夜逆回购利率 ON RRP（类似于人民银行的正回购操作）。由于隔夜逆回购操作参与机构众多且数量限制宽松（每家机构每天最多进行 300 亿美元的隔夜逆回购操作，规模极大相当于没有数量上限），隔夜逆回购协议参与者不会以低于 ON RRP 的利率融出资金，逆回购操作利率 ON RRP 低于 IOER，是大部分机构可以获得的资金回报，GSE 等机构也以此为利率下限。

表 13－6　　中国和美国货币当局主要货币政策对比

中国	参与对象	美国		参与对象
公开市场业务	48 家一级交易商，包括大中型商业银行、政策性银行、外资行、券商	Open Market Operations	公开市场业务	23 家一级交易商，以投资银行为主
各类借贷便利或贷款（MLF、SLF、PSL 等）	部分政策性银行和全国性商业银行	Overnight Reverse Repurchase Agreement Facility	隔夜逆回购协议（公开市场业务的补充）	16 家银行、14 家美国政府赞助企业（GSEs）、31 家机构管理的 101 只货币市场基金
存款准备金	商业银行、信用社、信托投资公司、财务公司、金融租赁公司、外资银行等金融机构	Reserve Requirements	存款准备金	商业银行、储蓄银行、储蓄和贷款协会、信用社、外国银行的美国分支机构等存款性机构
利率政策（存贷款基准利率）	存贷款机构	Interest on Required Reserve Balances and Excess Balances	准备金利息和超额准备金利息	存款性机构及其他合格机构

续表

中国	参与对象	美国		参与对象
中央银行贷款	在人民银行开立存款账户的商业银行、政策性银行及其分支机构。非银行金融机构再贴现须经人民银行批准	Discount Rate	贴现利率	存款性机构
		Term Deposit Facility	定期存款工具	存款性机构

资料来源：中国人民银行官方网站、美联储官方网站。

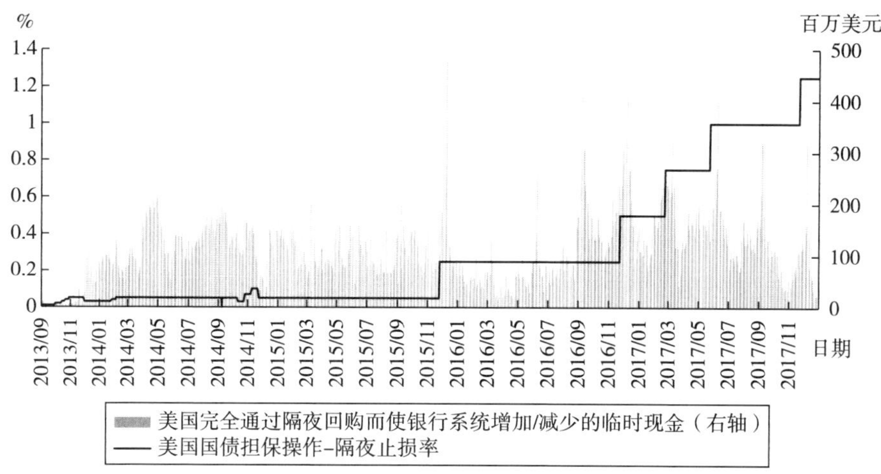

图 13－21　美联储隔夜逆回购操作量和利率

（资料来源：Bloomberg，中信证券研究部）

不同市场的套利使得货币市场利率处于目标利率区间。首先，GSE 等机构在联邦基金市场和隔夜逆回购市场上的套利使得联邦基金利率 FFR 和银行间隔夜融资利率 ON BFR 保持在 IOER 和 ON RRP 之间，IOER 和 ON RRP 正好对应于美联储的联邦基金目标利率区间。其次，存款类机构在全市场一般抵押品回购利率 GCF Repo 与联邦基金利率

FFR 之间的套利行为使得 GCF Repo 与联邦基金利率 FFR 保持在较小的利差范围内。

二、欧洲央行利率走廊体系

欧洲央行早已建立了以边际借贷便利利率（Marginal Lending Facility rate）为上限、欧元存款便利利率（EUORDEPO Index）为下限、主要再融资利率（公开市场回购利率）为政策利率的利率走廊框架。金融危机前欧洲央行利率走廊机制运行良好，其中欧元隔夜加权平均利率（EONIA）始终处于利率走廊内，且围绕目标利率小幅波动。金融危机后，随着欧洲央行释放大量流动性刺激经济，流动性泛滥趋势货币市场利率趋于利率走廊下限；随着多轮量化宽松政策的开展，欧洲央行利率走廊系统已经演化成地板系统，货币市场利率几乎等于利率走廊的下限。

在机制设计上，欧元体系货币政策框架制定之时就会尽量确保广泛的交易对手都能参与。只要金融机构财力健全、满足最低限度储备

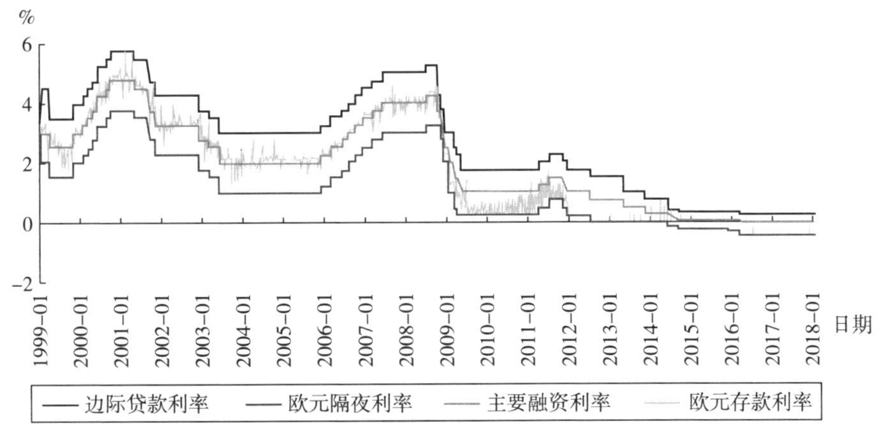

图 13－22　欧洲央行利率走廊体系

（资料来源：Bloomberg，中信证券研究部）

金要求、接受监督、遵守操作要求，便有资格参与欧元体系的公开市场操作和借贷便利。广泛的市场参与者使得欧洲央行避免了流动性投放的结构性问题，欧洲央行利率走廊机制运行效果较好。

第五节 两类因素、四大因子预判短端利率调控框架

以利率走廊为代表的价格型调控工具和以公开市场操作为主的数量型调控工具共同构成了当前我国货币政策基本框架。在该框架下，价格型利率走廊机制的主要目标是货币市场均衡利率，人民银行通过设定和调整利率走廊上下限来调控货币市场的均衡利率水平；以逆回购和 MLF 操作等数量型工具通过投放和回收流动性，灵活精准地调节银行体系资金面水平，平抑货币市场利率波动。

“利率走廊 + 公开市场操作”实现了量价工具的分离。正如前文分析的，在一定的市场条件下，中央银行只需要调整利率走廊上下限便能实现对货币市场利率的调控，且调控过程中并不会形成任何流动性释放和回笼，价格型货币政策调控方式简洁而精准。同时，量价工具的配合可进一步平抑短端利率波动。

货币政策的中介目标和短期目标是维持以货币市场利率为代表的短端利率的平稳。在“利率走廊 + 公开市场操作”的货币政策框架下，要精准摆布两类货币政策调控工具，首先需要理解短端利率的相关因素有哪些？是什么造成短端利率水平变化和波动？

一、政策因素和流动性条件影响短端利率走势

以货币市场利率为代表的短端利率是利率体系中最为重要和敏感的品种。一般而言，在利率走廊和公开市场操作双头并举的货币政策

框架下，可以将影响短端利率的因素分为两大类，包括政策性因素及市场流动性需求和条件因素。

第一类，政策性因素，包括利率走廊上下限调整、公开市场流动性净投放、金融监管政策等。

其一，在利率走廊机制下，利率走廊上下限的调整将直接影响货币市场均衡利率，进而影响短端利率水平。根据前文的分析，理想条件下的利率走廊系统中，货币市场均衡利率是利率走廊上下限的均值，货币市场真实利率则将在均衡利率附近波动。因而，中央银行通过调整利率走廊上下限并实质上影响到货币市场均衡利率时，货币市场利率将迅速向均衡利率靠近。

具体到我国而言，由于作为利率走廊下限的法定存款准备金利率始终保持不变，因而每当调整 SLF 利率时，短端利率走势都跟随利率走廊上限变化。尤其是 2016 年底人民银行两次提高政策利率和 SLF 利率，DR007 和 Shibor 1 周都迅速抬升。在利率走廊上下限保持不变的情况下，短端利率的波动则主要是公开市场操作流动性净投放产生的影响。

其二，公开市场操作频次增加、操作规模扩大是 2016 年以来影响货币市场利率波动性的一大原因。

回溯货币市场在这期间的走势可以发现，短端利率波动性从 2015 年初的高位持续了近一年的时间，2015 年第三季度波动性快速下行。特别关注到，2016 年第三季度后货币市场利率的波动性明显提高，并持续上升到 2017 年中。此后，在 2017 年 11 月、2018 年 1 月、2018 年 4 月均出现了波动率明显抬升。首先，我们从流动性投放的角度来考察这些时间段，2015 年下半年央行开始逐步提高公开市场操作的频率，随着公开市场操作频率增加，货币市场利率波动性明显降低。其次，进入 2017 年后，由于货币政策取向发生微调，央行公开市场操作投放的量明显降低，货币市场利率波动性明显增强。最后，剔除公开市场操作净投放单日高投放（一般为MLF操作），2017年以来的4次波动性增加都伴随着公开市场操作流动性净投放规模的降低，表现为长期净回笼。

其三，金融监管政策落地、政策检查力度加大等因素也是引起短端利率变化和波动的一大因素。在金融去杠杆持续深化的过程中，监管机构出重拳整治同业、委外和通道业务。在货币政策保持稳健中性取向的背景下，金融监管政策加码提高了银行和其他金融机构的负债难度和负债端成本，短端利率呈现上行趋势。尤其是2017年以来金融监管政策不断出台，短端利率大幅上行、波动率明显增强，还传导到了长端利率上。2016年10月开始货币市场利率波动性扩大，流动性净投放并没有明显收紧，反倒是连月的大额流动性净投放，这一阶段短端利率波动的原因在于金融监管力度加码。

表13－7　2016年以来公开市场流动性净投放情况

日期	投放量	回笼量	净投放
2016年9月	28250	－22132	6118
2016年10月	28544	－22075	6469
2016年11月	40040	－33650	6390
2016年12月	39930	－34165	5765
2017年1月	28210	－23205	5005
2017年2月	17235	－23450	－6215
2017年3月	12570	－15540	－2970
2017年4月	13755	－11215	2540
2017年5月	18990	－18295	695
2017年6月	19180	－18113	1067
2017年7月	23400	－18675	4725
2017年8月	30295	－34375	－4080
2017年9月	16880	－17030	－150

续表

日期	投放量	回笼量	净投放
2017年10月	26280	-17395	8885
2017年11月	39540	-34460	5080
2017年12月	18560	-23150	-4590
2018年1月	24080	-30895	-6815
2018年2月	11230	-6335	4895
2018年3月	9725	-13450	-3725
2018年4月	11275	-12075	-800

资料来源：Wind，中信证券研究部。

第二类，市场流动性需求和条件，包括流动性分层、流动性需求结构变化，以及季节性、临时性因素对流动性水平的扰动。

其一，流动性结构性不均衡在利率水平高企时更为显著。在刚刚过去的2017年，货币市场利率的分化现象不断加强，表征银行资金面情况的DR007与表征非银机构资金面情况的R007和GC007出现了明显分化，银行资金面普遍好于非银机构资金面，说明大小银行及非银金融机构并非面临相同的流动性环境，在人民银行维持流动性总量处于适中水平的背景下，流动性出现了结构性分层，且其分化程度存在不断强化的趋势。

流动性结构性分层、货币市场利率分离严重的原因离不开当前人民银行结构性流动性短缺的货币政策框架下公开市场一级交易商制度限制流动性均衡投放。由于流动性传导摩擦和阻碍因素的存在，在利率水平高企时，流动性相对充裕的大型银行的防御性需求导致了其资金融出意愿较低；而进入体系流动性总量较为适中，人民银行不会进行流动性投放，中小型银行处境更加艰难。因而出现了流动性分层严重与利率高企共存的局面。

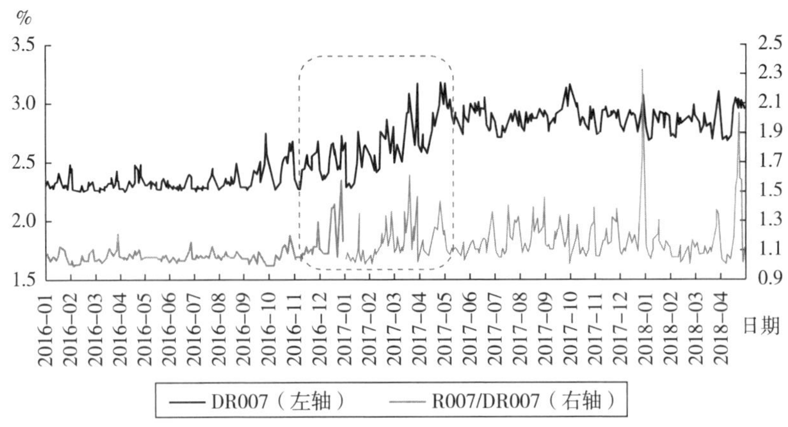

图 13－23　利率水平抬升过程，流动性分层越明显

（资料来源：Wind，中信证券研究部）

随着利率持续走高、流动性分层现象越来越严重，市场期待人民银行引水救火。但经过仔细分析流动性净投放量和流动性分层对应关系，我们发现流动性分层现象的加剧并没有显著地触发人民银行开展

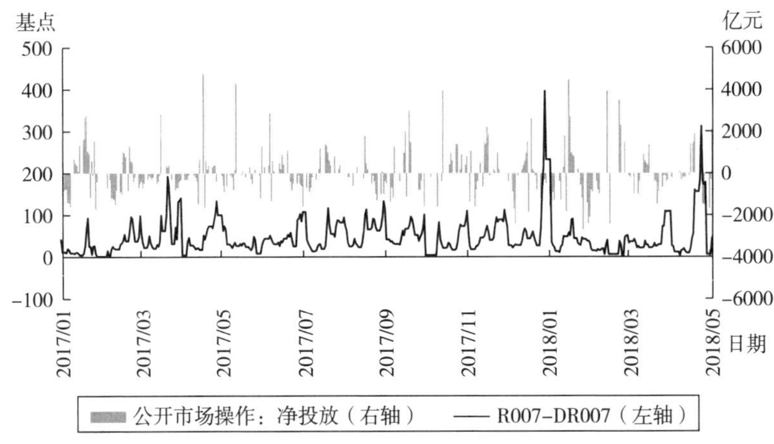

图 13－24　流动性分层并非触发流动性投放之因，而是流动性回笼之果

（资料来源：Wind，中信证券研究部）

流动性投放，而流动性分层现象却正是流动性持续回笼的结果。如图13－24所示，R007和DR007利差不断扩大正好是在流动性净回笼的环境下，而且也并没有紧随着流动性的净投放。此外，人民银行对流动性分层的容忍程度也不断提高，并不会因为流动性市场摩擦而过多开展流动性投放有悖于当前金融去杠杆的大前提。

其二，隔夜回购交易规模占比反映的流动性需求期限结构与短期利率走势密切相关。质押式回购市场已经成为金融机构融入融出资金的主要场所，其中又以隔夜回购交易规模最大。受隔夜资金成本低的天然优势吸引，许多金融机构通过“滚隔夜”、期限错配、以短搏长的策略降低融资成本，利率水平下行更加剧了机构进行隔夜回购交易的冲动，隔夜回购交易量占比提升；当短端利率水平上行时，机构更倾向于融入稍长期资金，隔夜回购交易量占比下降。如图13－25所示，一方面，利率快速上行阶段往往伴随着隔夜回购规模占比的急剧下降；另一方面，隔夜回购交易规模占比稳步下行阶段正是利率水平稳步上行期。

隔夜回购交易量占比与利率水平变化谁为因果似乎并不重要。然而金融监管出于防范风险的考虑，不能容忍“滚隔夜”造成期限错配风险的进一步扩大。监管机构在隔夜回购交易占比较高时开展窗口指导，防范和化解风险。一旦隔夜回购交易下降，利率水平往往有所抬升。

其三，季节性和临时性因素也会对市场流动性水平造成冲击，改变市场流动性。主要的季节性、临时性因素为月中税期、银行缴准需求、月末财政支出对流动性的影响，以及季末、年末跨季节资金需求旺盛。一般而言，月中企业缴税、银行缴准将占用一定流动性，市场资金面将边际收紧；政府月末财政支出存在一定规律性，季末月份往往有较大规模财政支出，有利于流动性改善；季末、年末资金需求旺盛，流动性面临一定冲击。

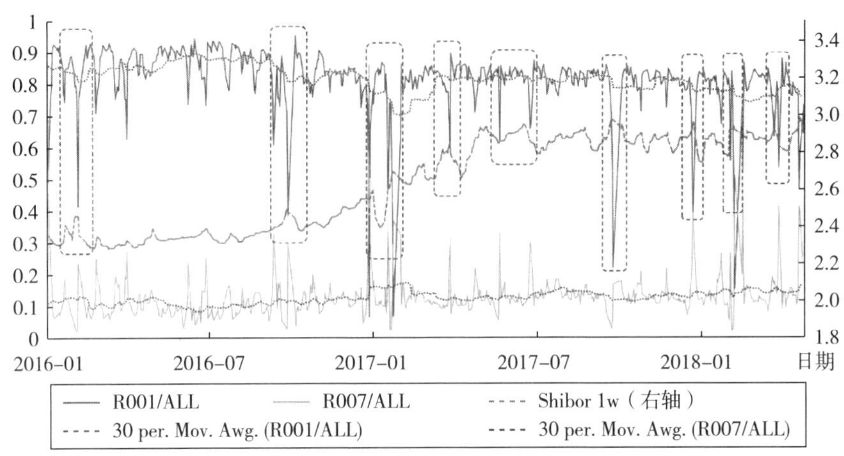

图 13-25　隔夜回购交易规模占比与短期利率走势的关系

（资料来源：Wind，中信证券研究部）

二、四大因子预判货币政策操作：利率偏离度最重要

筛选出对短端利率水平影响的关键因素后，货币政策将关注关键变量的变化而并采取相应的工具进行利率调控。

首先，利率走廊机制下，人民银行只需要通过调整政策利率来实现货币市场利率的调整。由于货币市场利率作为基准利率，其调整将带动中长端利率调整并传导至实体经济，人民银行在进行利率调控时不仅需考虑国内货币市场情况，还需要综合考虑国内经济基本面、海外经济形势、全球货币政策等因素。下文仅就货币市场利率与政策目标利率的偏离来尝试解释利率走廊上下限调整的原因和触发因素。

目前市场存在 7 天逆回购利率为政策目标利率、DR007 为货币市场基准利率的预期，在这一前提下，要维持稳定利率走廊系统、实现市场利率与政策利率的趋于一致，则市场利率与政策利率之间的利差值得关注。自2015年下半年起，DR007与7天逆回购操作利率之间的利差慢慢走阔，绝对水平上变动较小。与此同时，利率走廊宽度也出现收窄。将利差水平标准化后（利差/利率走廊宽度）可以发现，2016年后利差相对于利率走廊宽度持续走阔，一度突破0.15。在结合国内经济金融形势、海外货币政策因素，人民银行在2016年底和2017年初两次随行就市提高政策利率，利差稍有收窄后继续扩大。2017年4月起货币市场利率受监管压力影响大幅走高，利差进一步走阔，始终维持在0.2个利率走廊宽度之上。2017年12月14日，人民银行随行就市跟随美联储加息，压缩市场利率与政策利率之间的利差。0.2倍利率走廊宽度的利差可以作为人民银行考虑调整政策利率的一个参考指标。

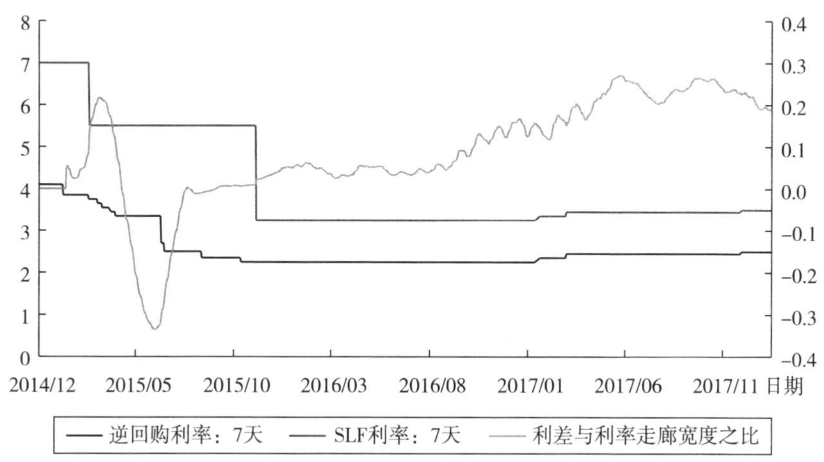

图13－26　货币市场利率与逆回购利率利差占利率走廊的宽度

（资料来源：Wind，中信证券研究部）

其次，市场利率波动性也是人民银行开展货币政策时需要特别关注的。在利率走廊＋公开市场操作框架下，通过投放或回落流动性实现平抑资金面和利率波动。对照人民银行公开市场操作每日流动性净投放与标准化后的货币市场利率［即（货币市场利率－前14天利率均值）/前 14 天年化波动率］的走势可以发现，货币市场利率的偏离程度与流动性净投放量存在较高的一一对应关系。货币市场利率高于前 14 日利率均值一定水平时，人民银行大多数情况下均开展了流动性净投放操作；货币市场利率低于前 14 日利率均值一定水平时，人民银行绝大多数情况下采取的是流动性回笼操作。以上对应关系反映了人民银行开展公开市场操作的预判性。

基于以上对应关系，寻找流动性净投放转向时货币市场利率的最小偏离程度。2016 年大多数流动性净投放或净回笼都具有以下触发条件：当货币市场利率高于前 14 日均值 0.05 个标准差时，人民银行大概率将开启流动性净投放；当货币市场利率低于前 14 日均值 0.15 个标准差时，人民银行大概率开启流动性净回笼。2017 年公开市场操作以“削峰填谷”和提前安排布局为主要思路，大多数流动性净投放或净回笼触发条件如下：当货币市场利率高于前 14 日均值 0.15 个标准差时，人民银行大概率将开启流动性净投放；当货币市场利率行至前 14 日均值 0.1 个标准差之内时，人民银行大概率开启流动性净回笼，开启净回笼的条件较 2016 年明显放宽。2018 年第一季度季节性和临时

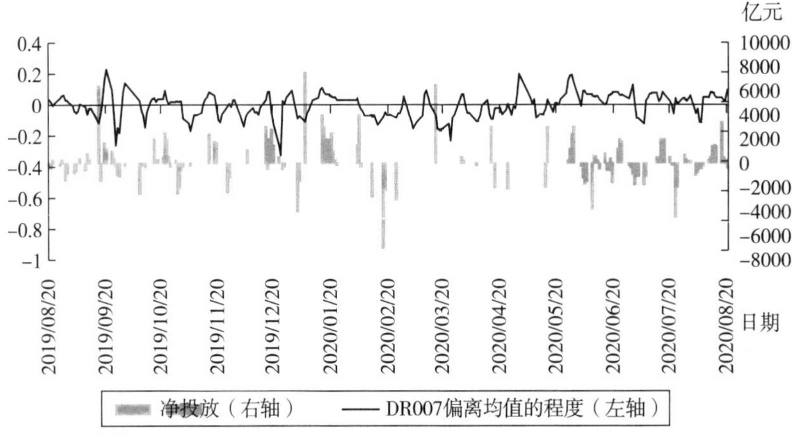

图 13－27　DR007 偏离均值的程度与流动性净投放/回落对应度高

（资料来源：Wind，中信证券研究部）

性因素较多，对央行公开市场操作节奏造成了一定扰动，从目前来看，当货币市场利率高于前 14 日均值 0.1 个标准差时，人民银行大概率将开启流动性净投放；当货币市场利率行低于前 14 日均值 0.1 个标准差时，人民银行大概率开启流动性净回笼。

最后，为了进一步深化推进金融去杠杆、防范和化解系统性风险，金融监管部门也开始着眼于债券质押式回购市场，通过窗口指导等方式要求金融机构压缩隔夜回购交易规模，遏制金融机构“滚隔夜”、期限错配、以短搏长的策略。2013 年以来，隔夜回购规模占比大致经历了三个阶段：第一阶段，2013 年初至 2015 年 3 月，隔夜回购规模占比在 80% 上下震荡，振幅约 10 个百分点；第二阶段，2015 年 4 月至 2016 年底，隔夜回购规模占比保持在 80% ~90% 之间，短期曾突破 90%；第三阶段，2017 年至今，隔夜回购规模占比始终维持在 80% 上下窄幅波动。

值得注意的是，2016 年 8 月市场曾传言监管机构对主要参与人进行窗口指导，要求压低隔夜回购交易占比，随后隔夜债券质押回购规

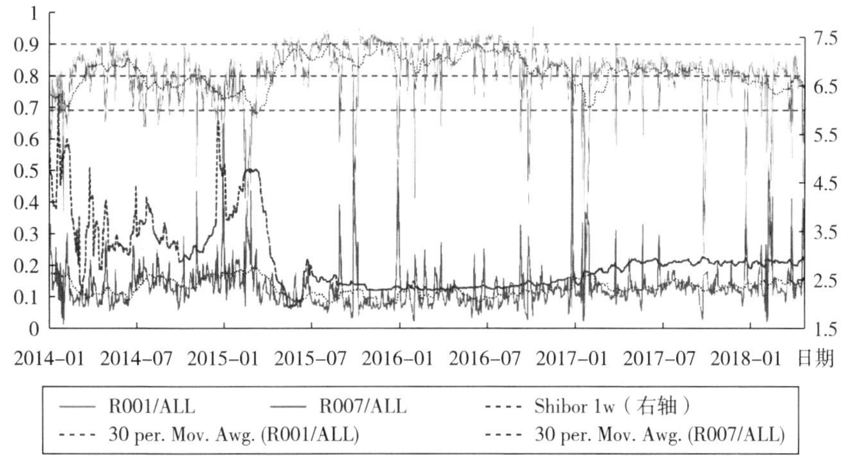

图 13－28　隔夜回购规模占比处于 80%左右

（资料来源：Wind，中信证券研究部）

模占比快速下行最低至 70%，2017 年初回升至 80% 左右。2017 年以来，隔夜回购规模占比始终保持在 80% 左右的水平。有理由相信，80% 或许会成为隔夜回购交易规模占比的上限，一旦突破，监管机构或开展窗口指导要求减少隔夜回购交易。

第六节　常见的银行间杠杆测算方式

加杠杆是金融资产投资中经常用来实现收益放大的一个重要方式，投资者通过较低的成本借入资金，并投资于风险收益相对较高的金融资产，以提高资金收益率。加杠杆策略在债券市场中较为常见，这是因为基础资产价格波动相对较小，加杠杆的潜在风险相对较低，获利的机会往往更大。特别是在资金成本相对较低，且趋势相对明确的单边上涨市场投资中，更会诱使投资者抬高杠杆。但是，用加杠杆放大收益的同时，投资者也相应地承担了更高的市场风险，尤其是银行间市场，过高的杠杆率会带来极大的金融风险，威胁整个金融市场的稳定。因此对于监管部门来说，银行间杠杆情况一直是重点关注的指标。在此，我们从几种常见的金融机构加杠杆路径来梳理银行间杠杆的指标测算方式。

一、同业杠杆

同业业务对于银行，既能规避宏观贷款额度监管、减少资本消耗、改善存贷比，又能协助实现规模扩张、不良资产出表等功能，在经营与监管间找到了微妙的平衡。虽然自 2016 年起，在金融去杠杆、削减同业套利的严监管环境下，同业业务的操作空间不断压缩，但如果银行间利率下跌明显时，各类银行——尤其是中小银行——仍有动力借同业存单进行负债管理，实现快速扩张。因此，一个重要的观测指标就是同业存单的发行额度或存量数据，如果某月同业存单净融资量大增或者存量规模突然增高，那么背后就很有可能是银行机构依靠同业存单扩展资金来源，带动银行间杠杆率的走高。

从更广义的角度直接来看同业负债情况的话，其实可以不仅仅局限于同业存单这一种融资方式。根据央行公布的其他存款类金融机构资产负债表，笔者重点关注“对其他存款性公司负债”和“对其他金融性公司负债”，前者包括从其他存款性公司吸收的存款和拆入款等，包括同业存单、同业拆借等；而后者是指从其他金融性公司吸收的存款和拆入款项，包括证券公司的客户保证金、券商资管和基金公司存款、住房公积金中心存款等。如果这两项数据明显增长，或者在存款性机构的总负债中占比陡增，那么也代表存在借助同业加杠杆套利，甚至是资金空转的现象。

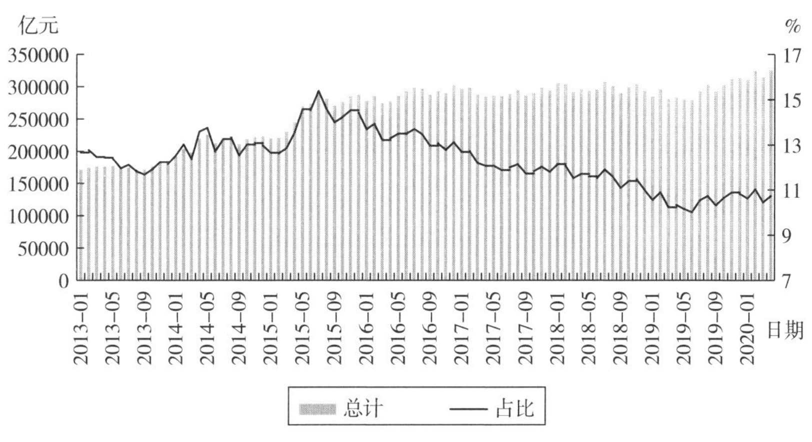

图 13－29　我国银行同业负债情况

（资料来源：Wind，中信证券研究部）

二、回购杠杆

杠杆策略在债券投资中更常见。当商业银行缺乏合适的资产来投资或者所投资的资产回报率太低时，如果流动性相对宽松，那么机构便会通过增加套利短期息差的杠杆来提高收益。其中，场内加杠杆融入资金以银行间质押式回购交易为主，因此通过其交易量可以管窥加杠杆的程度。但交易量的波动性较大，数据整体上也会随着经济发展和市场扩大而走高，特别是当资金面较为宽松，回购交易量随着市场整体规模增大而增大也实属常情。因此在通过这一方式判断杠杆率的情况时，要注意排除经济自然发展规律下交易量的正常增长，挖掘在某一区间内出现的较为突兀或反常的情况。

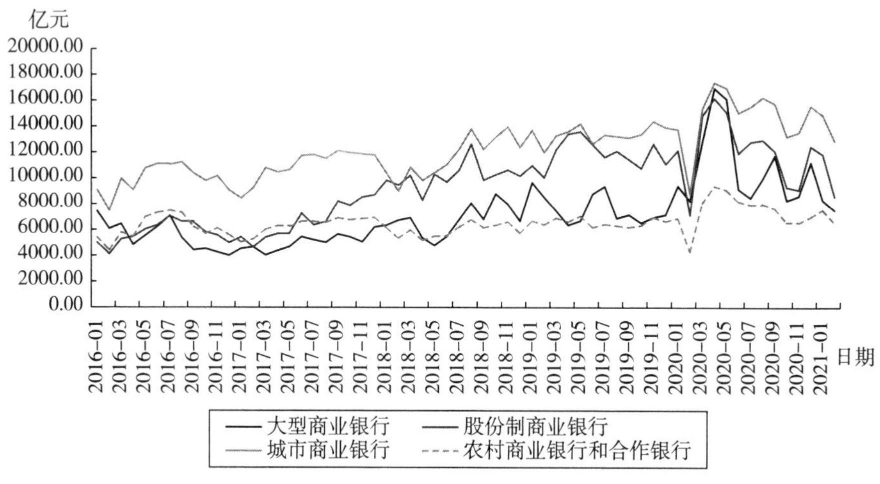

图 13－30　质押式回购交易情况

（资料来源：Wind，中信证券研究部）

当前国内对银行间市场杠杆率的测算还没有统一的标准，我们认为从一般杠杆率的定义出发，以债券融入资金与自有资金之比作为衡量债券市场杠杆率的指标，即场内杠杆率 = 债券回购融入资金/ 自有资金 +1。那么如果是站在整个市场的角度来说，就要将银行间债券市场期末未到期的质押式回购规模作为债券市场的负债，从而得到债券市场的杠杆率计算公式：

杠杆率 = 银行间市场可质押债券托管量/（可质押债券托管量 - 待回购债券余额）

在中国债券信息网可以查询到每月的中债托管数据，“待购回债券余额”即为未到期的回购量，从中债的杠杆率可以大致估算银行间债券市场杠杆率。需要注意的是，考虑隐性杠杆，以及部分机构质押债券获取的资金并不全是用于投资债券或者回购，可能转做其他用途，因此，以托管量作为总资产实际是偏低的，实际杠杆率可能更高。

三、机构杠杆率测算

最后，除了整体市场的杠杆率，我们还可以细化计算每个金融机构的杠杆水平，即落脚到微观领域。微观层面上，杠杆率的常见测算方法分为三种：资产负债杠杆率、经济杠杆率和内嵌杠杆率，经济杠杆依赖于市场的未来现金流，指金融机构所持头寸的价值面临变化的风险价值超过所支付数额的占比；内嵌杠杆则是指结构性金融工具本身所具有的杠杆，这两类在实务中应用的并不多，资产负债杠杆是较为直观且最常使用的杠杆率界定方式。

对于所有经济主体来说，“杠杆率”一般是指资产负债的数量关系。负债端反映某一时点负债总额及其结构，揭示企业现今与未来需要支付的债务数额、偿债紧迫性和偿债压力大小；资产端反映企业资产总额及其构成，揭示企业在某一时点所拥有的经济资源、分布情况及盈利能力，二者结合起来，可据以评估企业的绩效，分析其财务的弹性和安全性。在统计上资产与股东权益之比、资产与负债之比等指标，都可用于衡量杠杆率。这个逻辑对于金融机构的分析也不例外，所以关键是要确认金融机构在场内活动时，如何准确界定其资产规模、负债规模和自有资金规模（以上三个指标知道其中两个便可求得余下的一个）。

对于金融机构场内杠杆，我们从“资产规模/自有资金”角度来衡量分析，用债券托管量代表资产规模，用债券托管量减待回购债券余额衡量自有资金。其中计算资产规模时，考虑到买断式回购的逆回购方在期初买入债券后享有再行回购或另行卖出债券的完整权利，因此实际上资产需要加上买断式待购回余额并扣除待返售余额，最终公式如下：

杠杆率＝（债券托管量－买断式待返售余额＋买断式待购回余额）/（债券托管量质押式待返售余额－质押式待购回余额）

参考文献

［1］巴曙松．流动性过剩的控制与机遇［J］．资本市场，2007（1）：72－75.

［2］卜永祥．流动性过剩的特征、成因及调控［J］．经济学动态，2007（3）：11－17.

［3］布莱恩·斯诺登，霍华德·R. 文．现代宏观经济学：起源、发展和现状［M］．南京：凤凰出版传媒集团、江苏人民出版社，2009.

［4］伯南克，劳巴克，米什金，波森．通货膨胀目标制：国际经验［M］．大连：东北财经大学出版社，2006.

［5］查尔斯·金德尔伯格．西欧金融史（第二版）［M］．北京：中国金融出版社，2007.

［6］陈全功，程蹊．国际收支对货币供给的影响分析［J］．广东金融学院学报，2004（5）.

［7］陈国华，陈收，房勇，汪寿阳．带有模糊收益率的投资组合选择模型［J］．系统理论工程与实践，2009，29（7）：8－15.

［8］范从来．论国际收支的货币冲击效应［J］．中国经济问题，2003（4）：38－46.

［9］冯蕾，金永军．美国经常账户逆差与全球流动性过剩［J］．生产力研究，2008（7）：109－111.

［10］弗里德曼，施瓦茨．美国货币史（1867～1960）［M］．北京：北京大学出版社，2009.

［11］郭海儒．约翰·凯恩斯与国际经济关系（1914～1945）［M］.北京：中国经济出版社，2007.

［12］郭树清．中国经济的内部平衡与外部平衡问题［J］．经济研究，2007（12）：4－10.

［13］郭涛，宋德勇．中国利率期限结构的货币政策含义［J］．经济研究，2008（3）：39－47.

［14］胡再勇．三元悖论困扰下的中国资本流动和货币政策［J］．当代财经，2011（7）：50－60.

［15］胡志强，王婷．基于 Nelson－Siegel 模型的国债利率期限结构预测［J］．经济评论，2009（6）：57－66.

［16］江小涓．大国双引擎增长模式——中国经济增长中的内需和外需［J］．管理世界，2010（6）：1－7.

［17］江小涓．制度变革与产业发展［M］北京：北京师范大学出版社，2010.

［18］克鲁格曼．国际经济学［M］．北京：中国人民大学出版社，2001.

［19］李稻葵．增加高质量资产的供给解决流动性过剩［J］．新财富，2007（4）：34－35.

［20］李扬，殷剑峰，刘煜辉．应对流动性过剩的两个基本战略［J］．中国金融，2007（3）：26－29.

［21］罗伯特·斯基德尔斯基．凯恩斯传［M］．北京：生活·读书·新知三联书店，2006.

［22］罗伯特·蒙代尔．蒙代尔文集：第四卷［M］．北京：中国金融出版社，2003.

［23］罗伯特·特里芬．黄金与美元危机：自由兑换的未来［M］．北京：商务印书馆，1997.

［24］刘明明，高岩．摩擦市场中允许卖空的最优投资组合选择［J］．中国管理科学，2006，14（5）：23－27.

［25］陆磊．论银行体系的流动性过剩［J］．金融研究，2007（1）：1－11.

［26］马明，白雅娟．国际金融危机时期中国货币乘数及预测公式分析［J］．武汉金融，2010（7）：19－22.

［27］彭兴韵．国际收支与货币供给［J］．金融研究，1997（3）：15－20.

［28］任碧云．中国流动性过剩原因辨析［J］．经济理论与经济管理，2007（2）：19－25.

［29］施建刚，黄清林．投资组合理论在房地产投资风险控制中的应用［J］．同济大学学报（自然科学版），2005，11（33）：1551－1554.

[30] 史宇峰，张世英．基于时变相关系数的动态投资组合策略 [J]．管理科学，2008，21 (5)：105 - 110.

[31] 斯坦利・费希尔．货币政策的规则与相机抉择之争 [M]．载本杰明・弗里德曼与弗兰克・哈恩编．货币经济学手册，第2卷，经济科学出版社，2002.

[32] 沈根祥．货币政策对利率期限结构的影响——基于动态 Nelson - Siegel 模型的实证分析 [J]．当代财经，2011 (3)：59 - 66.

[33] 泰勒 (Mark P. Taylor) “冲销干预”新帕尔格雷夫货币金融大辞典 [M]．第三卷，北京：经济科学出版社，2000：543 - 546.

[34] 唐安宝，何凌云．人民币汇率传导机制的有效性分析 [J]．国际贸易，2007 (10)：39 - 43.

[35] 屠新曙，王健．求解证券组合最优权重的几何方法 [J]．中国管理科学，2000，8 (3)：20 - 25.

[36] 王秀国，邱菀华．均值方差偏好和下方风险控制下的动态投资组合决策模型 [J]．数量经济技术经济研究，2005，22 (12)：107 - 115.

[37] 王晓燕，吕效国，李敏，王永胜．5 种外汇储备资产币种的投资组合 [J]．高师理科学刊，2011，31 (3).

[38] 王雪．我国结售汇制下企业持汇行为的研究 [J]．中山大学研究生学刊 (社会科学版)，2011，32 (1).

[39] 吴军．银行体系流动性过剩与货币政策有效性研究 [J]．广东金融学院学报，2008 (1)：22 - 33.

[40] 沃尔特・埃尔提斯 (Walt Eltis)．金融危机与信用周期，新帕尔格雷夫货币金融大辞典 [M]．第二卷，北京：经济科学出版社，2000.

[41] 威廉．阿伦．硬币——流动机制新帕尔格雷夫货币金融大辞典 [M]．第三卷，北京：经济科学出版社，508 - 9，2000.

[42] 魏杰．我国当前的流动性过剩：困境与选择 [J]．经济管理，2007 (9)：70 - 75.

[43] 夏斌，陈道富．中国流动性报告 [N]．第一财经日报，2007 - 07 - 9 (B04).

[44] 谢平，张晓朴．货币政策与汇率政策的三次冲突——1994—2000 年中国的实证分析 [J]．财政金融，2002 (5)：30 - 35.

[45] 谢百三，蔡文洁．疏导流动性过剩的唯一选择 [J]．上海投资，2007 (5)：

38 – 42.

[46] 项俊波．我国本外币政策协调问题探讨 [J]．金融研究，2007 (2)：1 – 11.

[47] 徐明东，田素华．中国国际收支双顺差与货币供给动态关系：1994—2007——基于抵消系数和冲销系数模型的分析 [J]．财经研究，2007 (12)：4 – 16.

[48] 徐爽，姚长辉．人民币升值预期、物价稳定与热钱控制的三元和谐 [J]．金融研究，2007 (10)：15 – 20.

[49] 徐震宇．全球流动性输入对中国经济的影响——基于 SVAR 模型的实证研究 [J]．审计与经济研究，2010 (5)：90 – 96.

[50] 休谟．休谟经济论文选 [M]．北京：商务印书馆，1984.

[51] 杨胜刚，刘宗华．国际资本流动对中国货币供给的影响及政策分析 [J]．世界经济，2001 (6)：61 – 66.

[52] 易宪容．也谈流动性过剩负向影响与化解 [J]．金融管理与研究，2007 (5)：47.

[53] 约翰·克拉藩．现代英国经济史 [M]．三卷本，商务印书馆，1974.

[54] 余永定．理解流动性过剩 [J]．国际经济评论，2007 (4)：5 – 7.

[55] 余永定，覃东海．中国的双顺差性质、根源和解决办法[J]．世界经济，2006 (3)：31 – 41.

[56] 于鑫．宏观经济对利率期限结构的动态影响研究 [J]．南方经济，2009 (6)：25 – 33.

[57] 赵爱清，杨五洲．关于全球流动性过剩问题的文献综述[J]．经济纵横，2009 (11)：123 – 125.

[58] 张波，陈睿君，路璐．粒子群算法在投资组合中的应用[J]．系统工程，2007，25 (8)：108 – 110.

[59] 张军．该怎么理解流动性过剩 [N]．上海证券报，2007 – 06 – 14 (B08).

[60] 曾康霖．流动性过剩研究的新视角 [J]．财贸经济，2007 (1)：43 – 46.

[61] 朱太辉．美元环流、全球经济结构失衡和金融危机 [J]．国际金融研究，2010 (10)：37 – 45.

[62] 朱光健，汤志江．我国国际收支对货币供给的影响分析[J]．现代管理科学，2002 (7)：22 – 25.

［63］周铁军，刘传哲．中国国际收支与货币供给关联性的实证分析［J］．国际金融研究，2009（3）：82－87.

［64］左小蕾．警惕全球流动性的过剩输入［J］．经济界，2006（4）：24－26.

［65］张云，刘骏民．全球流动性膨胀的原因及其后果［J］．世界经济研究，2008（8）：54－64.

［66］张晓慧．国际收支顺差下货币政策工具的选择［J］．中国金融，2011（9）：29－31.

［67］中国人民银行．货币政策执行报告2006年第三季度［R］．2006.

［68］中国社科院金融所宏观经济分析课题组．流动性过剩背景下的经济、金融形势——2006年形势总结［J］．保险研究，2007（1）：19－23.

［69］A. Bruggeman. Can Excess Liquidity Signal an Asset Price Boom?［R］. NBB Working Paper No. 117, 2007：1－23.

［70］A team lead by Andrea Maechler. Technical Note for G－20 Sub－Working Group on Measuring Global Liquidity［R］. IMF March 2011.

［71］Barry Eichengreen. Globalizing Capital：A History of the International Monetary System［M］. Princeton University Press, 2008, 2nd Edition.

［72］Barry Eichengreen. The Bank of France and the Sterilization of Gold, 1926－1932［J］. Explorations in Economic History, 1986（23）：56－84.

［73］Bekaert G. S., Cho & A. Moreno. New Keynesian Macroeconomics and the Term Structure［J］. Journal of Money, Credit and Banking, 2010（42）：33－62.

［74］Ben S. Bernanke. Frequently Asked Question. At the Economic Club of Washington D. C. December 7, 2009.

［75］Bernanke, B. & V. R. Reinhart. Conducting monetary policy at very low short－term interest rates［J］. The American Economic Review, 2004, 94（2）.

［76］Bernardo, A. and I. Welch（2004）. "Liquidity and Financial Market Runs", Quarterly Journal of Economics, 199（1）：135－158.

［77］Borio, C. The implementation of monetary policy in industrial countries：A survey［R］. BIS Economic Paper 1997, No. 47.

［78］Borio, C. & W. Nelson. Monetary operations and the financial turmoil［R］. BIS Paper 2008, No. 40.

[79] Borio, C. & P. Disyatat. Unconventional monetary policies: An appraisal [R]. BIS Working Paper, 2009, No. 292.

[80] Brennen, M. and Schwartz, E. A Continuous Time Approach to the Pricing of Bonds [J]. Journal of Banking and Finance, 1979 (3): 133 - 155.

[81] C. Borio, N. Kennedy and S. D. Prowse. Exploring aggregate asset price fluctuations across countries [R]. BIS Economic Papers 1994.

[82] Chari V. V. , Kehoe, P. J. Hot Money [J]. Journal of Political Economy, 2003 (6): 262 - 292.

[83] Cox, J. J. Ingersoll and Ross, S. An Analysis of Variable Rate Loan Contracts [J]. The Journal of Finance, 1980 (35): 389 - 403.

[84] Cox, J. J. Ingersoll and Ross, S. An Intertemporal General Equilibrium Model of Asset Prices [J]. Econometrica, 1985a (2): 363 - 384.

[85] Cox, J. J. Ingersoll and Ross, S. A Theory of the Term Structure of Interest Rates [J]. Econometrica, 1985b (53): 385 - 408.

[86] Culbertson, J. The Term Structure of Interest Rates [J]. Quarterly Journal of Economics, 1957 (71): 485 - 517.

[87] C. Wyplosz. Excess Liquidity in the Euro Area: Briefing Notes to the Committee for Economic and Monetary Affairs of the European Parliament [M]. Graduate Institute of International Studies, Geneva: witzerland, 2005.

[88] David Marsh. The Bundesbank: The Bank that Rules Europe [M]. London: Heinemann, 1992.

[89] D. Dollar and M. Hallward - Driemeier. Crisis, Adjustment and Reform in Thailand's Industrial Firms [J]. World Bank Research Observer, 2000 (15): 1 - 22.

[90] Diamond, D. and R. Rajan (2000). "A Theory of Bank Capital", Journal of Finance, 55 (6): 2431 - 2465.

[91] Diebold, F. and Li, C. Forecasting the Term Structure of Government Bond Yields [J]. Journal of Econometrics, 2006 (130): 337 - 364.

[92] Diebold F. , D. Rudebusch, B. Aruoba. The Macroeconomy and Yield Curve: a Dynamic Latent Factor Approach [J]. Journal of Econometrics, 2006 (127): 309 - 338.

[93] D. Ostry, Atish R. Ghosh, Karl Habermeier, Marcos Chamon, Mahvash

S. Qureshi, and Dennis B. S. Reinhardt. Capital Inflows: The Role of Controls [R]. IMF February 2010.

[94] Douglas A. Irwin . "Did France Cause the Great Depression?" [R]. NBER Working Paper No. 16350, September 2010.

[95] Eggertssson, G. B. & M. Woodford Optimal monetary policy in a liquidity trap [R]. NBER Working Paper 2003, 9968.

[96] European Central Bank. Monthly Bulletin October 2004 [R]. ECB, 2004.

[97] Fabio D. Freitas, Alberto F. De Souza, Ailson R. de Almeida. Prediction – based portfolio optimization model using neural networks [J]. Neurocomputing, 2009, 72: 2155 – 2170.

[98] Fatum, R. and M. M. Hutchison. Effectiveness of Official Daily Foreign Exchange Market Intervention Operations in Japan [R]. NBER Working Paper No. 9648.

[99] Frank Hahn, Liquidity [C]. in: B. M. Friedman and F. H. Hahn, eds. , Handbook of Monetary Economics, 1990, Volume 1, Amsterdam: North – Holland.

[100] G. Kaminsky and C. Reinhart. The Twin Crises: The Causes of Banking and Balance – of – Payments Problems [J]. American Economic Review, 1999 (89): 473 – 500.

[101] Glodfajn and Valdes (1995). Currency Crises and Collapses [N]. Brookings Papers on Economic Activity, Brookings Institution Press, 219 – 293.

[102] Guillermo A. Calvo "Perils of Sterilization" [R]. IMF Staff Papers WP/90/13, March 1990.

[103] Heath, D. Jarrow, R. and Morton, A. Bond Pricing and the Term Structure of Interest Rates: Anew Methodology for Contingent Claims Valuation [J]. Econometrica, 1992 (60): 77 – 105.

[104] Ho, T. and Lee, S. Term Structure Movements and Pricing Interest Rate Contingent Claims [J]. Journal of Finance, 1986 (41): 1011 – 1029.

[105] H. Markowitz. Portfolio selection [J]. The Journal of Finance, 1952, 7 (1): 77 – 91.

[106] Hicks, J. Value and Capital [M]. Oxford University Press, 1939.

[107] Hiroshi, U. Effects of the quantitative easing policy, A survey of empirical analy-

ses [R]. Bank of Japan WP Series, July, 2006.

[108] Hull, J. and White, A. Pricing Interest Rate Derivative Securities [J]. Review of Financial Studies, 1990 (3): 573 -592.

[109] Ishi, K., M. Stone & E. B. Yehoue. Unconventional central bank measures for emerging economies [R]. IMF Working Paper, 2009, WP/2009/226.

[110] Irving Fisher. Appreciation and Interest [M]. American Economic Association, 1896.

[111] Jacob A. Frenkel and Morris Goldstein "The Internationalization of the Deutsche Mark" [M]. Oxford University Press, 1999. Chapter 14: 685 -729.

[112] J. Ganley, Surplus Liquidity: Implications for Central Banks [J]. Bank of England Lecture Seriesno, 2006 (3): 1 -36.

[113] J. J. Hallman, R. D. Porter and D. H. Small. Is the Price Level Tied to the M_2 Monetary Aggregate in the Long Run? [J]. American Economic Review, 1991 (81): 841 -858.

[114] J. Sousa and A. Zaghini. Monetary Policy Shocks in the Euro Area and Global Liquidity Spillovers [J]. International Journal of Finance and Economics, 2007.

[115] J. R. Artus. Exchange Rate Stability and Managed Floating: The Experience of the Federal Republic of Germany [R]. IMF Staff Papers Vol. 23, No. 2, July, 1976.

[116] Kaminsky, G. and C. Reinhart (2000). Bank Lending and Contagion: Evidence from the Asian Crisis [N]. Regional and Global Capital Flows: Macroeconomics Causes and Consequences, University of Chicago Press, 10, 73 -116.

[117] Keynes, John Maynard. "The General Theory of Employment, Interest and Money." [M]. Macmillan and Co., Ltd., 1936.

[118] K. J. Forbe&R. Rigobon. International Financial Contagion [M]. Boston: MA. Kluwer Academic Publishers, 2000.

[119] K. P. Anagnostopoulos, G. Mamanis. A portfolio optimization model with three objectives and discrete variables [J]. Computers &Operations Research, 2010, 37: 1285 -1297.

[120] Krugman, P. Its back! Japans slump and the return of the liquidity trap [R]. Brookings Papers on Economic Activity, 1998, 2.

[121] Kumhof M. Sterilization of Short – Term Capital Inflows through Lower Interest Rates [J]. Journal of International Money and Finance, 2004 (23): 209 – 221.

[122] L. H. Summers. International Financial Crisis: Causes, Prevention, and Cures [J]. American Economic Review, 2000 (90): 1 – 16.

[123] Longstaff, F. and Schwartz, E. Interest Rate Volatility and the Term Structure: A Two – Factor General Equilibrium Model [J]. Journal of Finance, 1992 (52): 1259 – 1282.

[124] Lorenzo Bini Smaghi. Conventional and Uneonventional Monetary policy, at the International Center for Monetary and banking Studies, Geneva, April 28, 2009.

[125] Masahiro Kawai and Mario B. Lamberte. Managing Capital Flows in Asia: Policy Issues and Challenges [R]. ADB Institute Research Policy Brief 26, June 2008.

[126] Maurice Obstfeld. Exchange Rates, Inflation, and the Sterilization Problem: Germany, 1975 – 1981 [R]. NBER Working Paper 963, August 1982.

[127] Maurice Obstfeld. "International Macroeconomics: Beyond the Mundell – Flemming Model" [R]. NBER Working Paper 8369, July 2001.

[128] M. Borio and P. Lowe. Asset Prices, Financial and Monetary Stability: Exploring the Nexus [R]. 2002, BIS WP 114.

[129] Meier, A. Panacea, Curse, or Nonevent? Unconventional Monetary Policy in the United Kingdom [R]. IMF Working Paper, 2009.

[130] M. Nissanke and E. Aryeetey. Financial Integration and Development in Sub – Saharan Africa [M]. Routledge: London and New York, 1998.

[131] Modigliani F. and Sutch R. Innovations in Interest Rate Policy [J]. American Economic Review, Papers and Proceedings Supplement, 1966 (56): 178 – 197.

[132] Morgan, P. The role and effectiveness of unconventional monetary policy [R]. ADBI Working Paper Series. 2009.

[133] M. Saxegaard. Excess Liquidity and Effectiveness of Monetary Policy: Evidence from Sub – Saharan Africa [R]. IMF Working Paper WP/06/115, 2006: 1 – 50.

[134] Nelson, C. R. and Siegel, A. R. Parsimonious Modeling of Yield Curves [J]. Journal of Business, 1987 (60): 473 – 487.

[135] Neuman M. The Doctrine of Liquidity [J]. The Review of Economic Studies,

1936 (3): 81 -99.

[136] Pankaj Gupta, Mukesh Kumar Mehlawat, Anand Saxena. Asset portfolio optimization using fuzzy mathematical programming [J]. Information Sciences, 2008, 178: 1734 -1755.

[137] Paul Krugman. "A Model of Balance of Payments Crisis" [J]. Journal of Money, Credit, and Banking, 1979 (11): 311 -325.

[138] P. R. Agénor, J. Aizenman and A. Hoffmaister. The Credit Crunch in East Asia: What Can Bank Excess Liquid Assets Tell Us? [J]. Journal of International Money and Finance, 2004 (23): 27 -49.

[139] Rachel Campbell, Ronald Huisman, Kees Koedijk. Optiomal portfolio selection in a Value - at - risk framework [J]. Journal of Banking & Finance, 2001, 25: 1789 -1804.

[140] Robert Mundell. "Capital Mobility and Stabilization Policy under Fixed and Flexible Exchange Rates" [J]. The Canadian Journal of Economics and Political Science, Vol. 29, No. 4 (November 1963). Reprinted in Readings in International Economics, ed. By the American Economic Association, London: George Allen and Unwin Ltd., 1968: 487 -499.

[141] Roger, S. The Management of Foreign Exchange Reserve [J]. BIS Economics Papers. No. 38. Bank for International Settlements, 1993.

[142] Ronald McKinnon. The International Dollar Standard and the Sustainability of the U. S. Current Account Deficit [J]. Brookings Papers on Economic Activity, 2005 (1): 227 -239.

[143] R. Rüffer and L. Stracca. What is Global Excess Liquidity, And does It Matter? [R]. ECB Working Paper No. 696, 2006: 1 -48.

[144] Rudebusch D., T. Wu. A Macro - Finance Model of the Term Structure, Monetary Policy and the Economy [J]. The Economic Journal, 2008 (118): 906 -926.

[145] S. Gouteron and D. Szpiro. Excess Monetary Liquidity and Asset Prices [R]. Bank of France, 2005: 1 -53.

[146] Simon T Gray (2006): Central bank management of surplus liquidity [Z]. Lecture Series No. 6.

[147] Svensson, L. E. O. Monetary policy and Japan's liquidity trap [R]. 2006.

[148] The group chaired by Jean - Pierre Landau. Global Liquidity - Concept, Measurement and Policy Implication CGFS Papers [R]. BIS Nov. 2011.

[149] T. Slk and M. Kennedy. Factors Driving Risk Premia [R]. 2004, BIS WP385.

[150] Vasicek, O. A. An Equilibrium Characterization of the Term Structure [J]. Journal of Financial Economics, 1977 (5): 177 - 188.

后　记

在本书最后，我想讨论一些更广义的问题。

首先是流动性的结构性功能问题。这些年，结构性政策越来越多地被重视，不光是传统的结构性政策——财政政策，结构性的货币政策也越来越多被采用，包括欧美央行的 QE 政策，因为 QE 政策本身就带有显著的结构性特征，中央银行通过对不同资产的购买，实现了结构性投放，而国内这些年开展的定向降准、再贷款等政策也是明显的结构性货币政策。结构性政策大行其道背后的原因是，全球经济格局的极大变化，特别是 2008 年金融危机之后，全球进入长期低增长和低通胀的阶段，导致 0 利率，甚至负利率出现。不管是长期停滞学说，还是债务周期等理论，总体的结论都是全球经济面临更多的结构性问题，比如老龄化、贫富差距等，而不是周期问题。所以，要解决结构性问题，就应该运用结构性政策应对。

如何来看待结构性货币政策？首先，结构性货币政策的理论基础实际上是流动性结构性特征，因为只有流动性具有结构性特征，货币政策才可以通过结构性调整发挥结构性功能。那么，流动性是否具有结构性特征？乍一听，这似乎与传统课本的知识点不同，因为古典理论认为货币（流动性）是一种总量因子，就好像水一样，泼出去的水总会均匀地分布在地上。但是，新的理论也在一定程度上承认流动性具有一定的结构性功能，比如在局部投入大量流动性，就会改善该部门的福利，从而发挥结构性调整的功能。最简单的例子就是金融行业，因为金融行业作为最先获得流动性的部门获得了相对优势，并在配置金融资源的过程中获得了高于国民经济其他行业的平均利润。所以，是不是持续对小微企业投放流动性，就会发挥结构性调控的功能，使得小微企业的增速高于平均增速？从目前的文献来看，实证证明还存在分歧，从实践效果来看，小微企业确实获得了更低的融资成本和更高的信贷增速，所以可以肯定的是结构性货币政策对于解决结构性经济矛盾发挥了积极地作用。

与此同时，还需要注意到两个问题，流动性分层和流动性集中，实际上，这两个问题也是结构性问题。

首先讨论流动性分层问题，它有不同的表现形式，比如银行和非银金融机的流动性分层，高等级信用债和低等级信用债的流动性分层。对于银行和非银金融机构的流动性分层问题，表面上看是流动性传导的问题，因为银行可以直接从央行获取流动性，所以银行的流动性更稳定、成本更低，而非银金融机构无法从央行获取流动性，只能从市场融资，所以流动性不稳定，成本更贵。但从深层次来看，这是由金融体系的结构性特征所决定的，因为银行机构规模更大，对国民经济中的影响更强，而且从历史沿革来看，银行机构具有先天的优势，所以它具有流动性优势，而它们二者的流动性差异就直接体现在了 DR 和 R 的价差上。

对于高等级和低等级信用债的流动性分层形成机制则更为复杂，从表现形式来看，近年来信用债市场的一个明显特点就是高等级信用债的流动性好，信用利差越来越小，而低等级的信用债流动性较差，信用利差越来越大，而且趋势越来越极致。甚至市场中有种说法是高等级信用债下不去手，因为利差太小，低等级的信用债也下去手，因为没人敢买。那么什么原因导致了高低等级信用债的流动性、价格差异如此之大？第一个原因是刚兑，刚兑是我国金融市场的历史问题，包括理财产品、高等级信用债，比如国企、城投债都有类似的标签，但是刚兑本身就是一个不正常的行为，因为不符合风险收益匹配的恒等要求，但是因为各种周期性、体制性、行为性因素导致刚兑的出现，甚至被市场演绎为了一种信仰，从而使得此类高等级信用债享有流动性溢价，而这种流动性溢价从根源上来说就是一种刚兑溢价，因为市场机构的风险回避情绪，大家愿意为刚兑资产支付更高的对价。第二个原因是价格和风险的匹配，实际上金融市场并不是无风险的，高风险获得高收益恰恰是金融的魅力所在，所以信用市场流动性分层的另一个原因是因为低等级信用债的利率价格并没有覆盖其信用风险，对比而言，海外的高收益债或者垃圾债市场往往流动性比国债市场更高，就是因为高风险对应的高收益更加吸引投资者参与。第三个原因是市场基础设施、市场结构方面的，这些因素更为复杂，比如上面的第二个原因，为什么国内的低等级信用债市场提供不了高收益，其实背后也有很多复杂的结构性原因，比如评级如何反映真实的企业风险，违约处置如何做到法制化和市场化，债券发行价格如何更加公开透明市场化。可以看到流动性分层的原因是结构化的，从本质来说并不是流动性出了问题，而是配置机制出了问题，并最终通过流动性的形式表现了出来。

第二个相关的问题是流动性集中。这个问题的表现是多样的，例如在股票市场上有资金抱团的现象，在产业层面有龙头效应的现象，或者大家会讨论内卷、反垄断等相关话题。回到流动性本身，如果我们从广义流动性的角度出发，就会涉及资金流向趋同，抱团投资的问题。在本书中也详细介绍了狭义流动性和广义流动性的区别，在实践当中狭义流动性一般理解为银行体系流动性，或者是银行间市场流动性；而广义流动性一般理解为整个社会的融资环境，比如以广义社融、M_2 等指标为代表。广义流动性的方向会影响整个社会资源配置的方向，理想的广义流动性流向应该具有普惠性，至少是多样化的，这样才可以满足国民经济各个部门的需要。但是现实中，广义流动性的流向却是集中的，这种集中的方向会以某种具体的投资行为表现出来，比如抱团投资，即机构投资者集中投资某些公司（股票）的行为，抱团投资有很复杂的机理，比如对于投资标的来说，本身就是行业的龙头优势企业具有较强吸引力，市场给予这些公司更高的估值，则来自于监管考核导向、风险回避情绪和道德风险等，最终的结果会导致流动性的方向更加集中。而且更重要的是，这种流动性集中会导致一种正循环，也就是强者恒强，因为优势资产不仅行业地位高、份额大、盈利高，并且又能享受流动性溢价，这就与普惠政策或者结构性政策的初衷产生了背离。

对比上文对结构性货币政策的讨论，我们会发现一个问题，那就是结构性政策的原理是认为流动性是均匀分布的，所以为了发挥结构性功能，就要对局部进行超额流动性投放。但实际上流动性本身就是结构性的，会集中投向规模大、处于行业龙头优势地位的企业和资产。除了上面讨论的一些原因之外，流动性本身的变化也是一个原因。当市场从散户化变为机构化，机构的资金持有量大大增加，流动性的分布必然是更加集中的。对于一个上千亿元的大额基金来说，更重要的是选择更大、更有潜力的赛道，小公司、小行业对于大额基金来说性价比太低。同时，流动性的抱团集中也是一种自我保护机制，因为当大量资金集中起来，就可能起到结构性的福利改善功能，甚至还会带动中小资金跟风进行投资，最后产生了强者恒强的预期自我实现机制，流动性越集中，则局部的经济效益就会更好，而高额的投资收益激励了更多资金参与，从而循环往复，周而复始，不断加深。

综上所述，流动性的结构性特征已经非常显著。流动性作为一种经济资源，它的分布正在变得越来越不均匀，同时结构性政策也在不断调整流动性的分布，所以使得市场流动性从相对平静的内陆湖泊，变成了波涛汹涌的海洋，在海洋内部有各种能量巨大的洋流，如何识别、管理这些洋流，对于获取投资收益，规避风险，设计政策都非常重要。

我们将视线转到全球，在本书第一版中有专门章节分析全球流动性，提出了一些计量和研究全球流动性的方法和模型。几年后的今天，全球流动性的实践和理论再次出现了大量的创新和改变。变化最大的就是美元，近几年来美元在经历了 2016 ~ 2017 年的走强之后，再次大幅走弱，在 2020 年底美元指数一举跌破了 90，一时间市场上看空美元的声音不绝于耳。核心的观点是随着全球经济结构性矛盾加剧，特别是面对各种经济危机，比如 2020 年以来的新冠肺炎疫情，全球央行只有不断增加货币投放。因为在信用货币的时代，对于政府来说通过加印钞票可能是解决危机的最好或者也是唯一选择。美联储的资产负债表在 2020 年扩大了一倍，新增货币的供给必然导致币值的贬值，所以观点认为全球货币体系，特别是美元已经摇摇欲坠。

但是，全球流动性的问题不只是供给和需求的关系，更重要的是全球资源配置的框架。支撑美元的不只是美联储，而是美国跨国企业和资本市场的一个大循环。美国的跨国企业全球生产，本土采购消费，导致了美国经常项目逆差，并将美元输出到全球；同时，美国财政赤字向全球提供大量美债购买。从而导致了美国的双逆差，虽然人们不断质疑美国双逆差会导致美元长期走弱，但实际上美元仍然维持了传统的周期走势，并在 2016 年冲破了 100 大关，虽然总体来说美元的最高点是逐步下降的，在 1985 年是 160，在 2000 年初是 120，而 2016 年也就刚刚超过 100。不可否认的是，美元的周期性仍然存在，背后是美国经济和国际货币制度的支撑，虽然这二者都将面临越来越多的问题，但是短期来看还没有到最后一天。所以，笔者在 2020 年底就提出短期内不应过度看空美元，2021 年要防范美国经济反弹带来美国利率和汇率上升，这会对新型市场国家造成很大冲击。

2020 年至 2021 年美元和美债利率变化背后实际上是美国宏观政策从货币向财政切换的必然结构。笔者在此前就提到要高度注意耶伦出任美国财政部长这一变化，这意味着美国的财政政策将唱主角。时至今日还有很多人在讨论美国放水政策的影响，未免有些刻舟求剑。美债利率反弹了超过100个基点，美元流动性明显是收紧的。接下来就涉及货币和财政政策配合的问题，有观点认为今年美国1.9万亿美元刺激政策，必然要倒逼美联储更大规模的放水。但实际上经过仔细测算就会发现，今年的美债供给并没有2020年多，而且美国财政部在美联储资产负债表上还存有大量现金，说明财政刺激的资金供给很充足。更重要的是拜登政府实际上主打的是结构政策，也就是财政政策，比如主张提高富人的税率来缓解财政的收支缺口。所以，可以预见未来全球宏观政策可能更多是财政政策和结构性政策的比拼，这两项政策谁用得好，经济就会复苏的更快，反之则会长期陷入0利率的陷阱。

所以，全球流动性的问题实际上更为复杂，因为背后涉及不同国家的经济结构、政策结构、金融市场等，简单的线形外推研究是不够的。当然，大家可能会关心美元的霸主地位什么时候终结，笔者想也许需要等到出现下一个可以替代美元的国际货币，希望会是人民币。

同时笔者预计对现存货币体系挑战最大的是数字货币。未来的经济是数字经济，那么对应的货币也会是数字货币，数字货币的种种优势，比如加密、有限供给等问题都已经被大家所熟知。但是笔者认为数字货币目前缺失的是实际支付功能，比如Facebook提出Libra以各国货币和资产为基础可能是一种尝试，再比如BT币挂钩特斯拉也是一种尝试，我国的数字货币DC/EP聚焦零售场景也是一种尝试。但无论如何，未来国家间的数字货币也会有竞争，谁的功能设计得更好，就会更快被市场所接受，而最先的选手就会有先发优势，可以更快地构造新数字经济交易基础结构。

最后，笔者想聊聊这些年做市场研究的感受。本书出第一版时，笔者还在央行工作，再版时，笔者已经在中信工作了6年。人生有的时候就是这样，一切都好像加速了一样，人们经常说不要总回忆过去，这样会老得快，但是笔者觉得回忆是力量的来源。正是回忆定义了我们每一个人，没有回忆也就不是自己了，从这个意义上说，回忆好像世界赋予人类突破三维时间的能力，因为在回忆世界里时间是可以倒退的。而笔者所从事的市场研究工作则恰恰相反，市场研究永远是关于一门预测的学问，因为投资者只关心明天市场的涨跌。可惜的是世界并没有赋予我们预测未来的能力，如果未来可以被预测，这种未来就不会出现了。所以，我们在工作中尝试用各种方法证明悖论不可能被打破，比如线形外推就是最常用的办法，市场上最多的报告就是"现在是××年"，其实就是假设历史会重演，但是我们都知道历史不会重复。所以更多的时候，研究是归纳市场一致预期和纠偏的过程，好的研究员会帮助投资者发现机会、规避风险，投资者也会利用研究员广泛的信息集来证明或者证伪自己的观点，这就是市场研究的价值所在。这个过程让笔者非常着迷，因为在这里每天都是智力的交锋，没有绝对的优势，市场给予新人和老人的机会是一样的，公平竞争就是体现研究价值最好的尺子。所以这个行业里的人都很勤奋，笔者也很高兴有这样的伙伴，永远激励自己学习新知识，不断进步。笔者也非常感谢这一路来帮助过自己的人，6 年前换工作时也曾经非常忐忑，前路漫漫，能否成功都是未知数，一步一步走来，也曾经备受打击感到无助，但是庆幸的是得到很多帮助，笔者一直怀着一颗感恩的心，成年人的世界不易，每一份帮助都是珍贵的，希望这次再版是一个新的起点，未来我们将一起努力，也希望笔者还会一直写下去。